Reiseführer Natur

Südliches Skandinavien

BLV

Eckart Pott
Werner Küpker

Reiseführer Natur
Südliches Skandinavien

Die Deutsche Bibliothek – CIP-Einheitsaufnahme

Südliches Skandinavien / Eckart Pott;
Werner Küpker. - München; Wien; Zürich: BLV, 1991
ISBN 3-405-14068-4
NE: Pott, Eckart; Küpker, Werner

Umschlagfotos:
Werner Küpker (vorn: Sju Søstre/Storfjorden)
Eckart Pott (hinten: Weiße Seerose, Elch;
großes Foto: Holmsjön/Tiveden-Nationalpark)
Foto S. 1: »Abzweigung« Nærøyfjorden/Aurlandsfjorden
Foto S. 2/3: Fjell-Landschaft bei Dørålseter/
Rondane-Nationalpark

BLV Verlagsgesellschaft mbH
München Wien Zürich
8000 München 40

Umschlaggestaltung: Patscheider Design, Augsburg
Karten: Kartographie Huber, München
Redaktionelle Mitarbeit: Dr. Einhard Bezzel
Prof. Dr. Josef H. Reichholf
Lektorat: Dr. Friedrich Kögel
Layout: Volker Fehrenbach, München
Herstellung: Peter Rudolph
Satz: Filmsatz Schröter GmbH, München
Reproduktionen: Repro Ludwig, Zell a. See
Druck: Appl, Wemding
Bindung: Bückers GmbH, Anzing

Printed in Germany · ISBN 3-405-14068-4

Inhalt

Hauptreiseziele

Nebenreiseziele

Reiseplanung

Anhang

Zum Geleit

Reiseführer Natur – eine Chance für den sanften Tourismus?

Dem Massentourismus ist sehr viel Natur zum Opfer gefallen. Der Versuch, der Unwirtlichkeit der Städte und der Industriegesellschaft in eine »intakte Natur« für die kostbarsten Wochen des Jahres zu entfliehen, mißlang gründlich. Denn der Ruhe, Entspannung und Naturgenuß suchende Mensch wurde im Touristikboom schnell wieder in die Massen einbezogen und beinahe zu einer »Ware« degradiert. Der zähe Brei des Massentourismus wälzte sich, da er fortlaufend seine eigenen Existenzgrundlagen zerstört, immer weiter hinaus bis in die letzten Winkel der Erde. Mit größter Sorge betrachteten Naturschützer in aller Welt diese Entwicklung und versuchten – vergeblich – sich dagegen zu stemmen. Sie waren und sind machtlos gegen die Flut, die über sie und die wenigen geschützten Gebiete hereinbrach. Die Naturschützer hatten so gut wie keine Chancen, die Natur vor dem Massenansturm zu bewahren.

So wurde denn der Tourismus in Bausch und Bogen als nicht natur- und umweltverträglich verdammt und gebrandmarkt. Nicht ganz zu Recht, wie man bei objektiver Betrachtung der Sachlage zugeben muß. Denn nicht wenige der wichtigen, ja unersetzlichen Naturreservate der Welt konnten gerade wegen des Tourismus gesichert werden, der Staaten wie Tansania mit der weltberühmten Serengeti oder Ecuador mit seinen Galapagos-Inseln mehr harte Währung einbrachte, als eine Umwidmung der geschützten Flächen zu anderen Formen der Nutzung. Durch geschickte und gezielte Lenkung des Besuchersstromes ist es möglich, die Schäden gering zu halten, aber großen Nutzen einzubringen. Viele Beispiele gibt es hierfür. In Amerika, in Afrika und in Südostasien gelingt es offenbar weitaus besser, Naturreservate zu erhalten als hierzulande in Mitteleuropa, wo Naturschutzgebiete fast automatisch zu Sperrgebieten für Naturfreunde gemacht werden (während andere Nutzungsformen, insbesondere Jagd und Fischerei, in der Regel uneingeschränkt weiterlaufen dürfen).

Es fehlt an Information und an Personal, das die Schutzgebiete überwacht, Besucher betreut und für die Erhaltung der Natur wie für die Einhaltung der Schutzbestimmungen sorgt. Vielfach können gerade da, wo die Schutzgebiete mit strengem »Betreten verboten« ausgewiesen sind, die Schutzziele nicht eingehalten werden. Es fehlen die »Verbündeten«; sie sind als Naturfreunde ausgeschlossen und damit keine starken Partner.

Eine grundsätzliche Änderung, eine Wende zum Besseren ist derzeit nicht in Sicht. So bleibt der Naturfreund auf sich allein gestellt, Natur zu erleben, ohne sie zu stören oder gar zu zerstören.

Die neue Serie »Reiseführer Natur« folgt diesen Leitgedanken. Sie will den engagierten Naturfreunden die Möglichkeiten aufzeigen, sich schöne Landschaften mit einem reichhaltigen oder einzigartigen Tier- und Pflanzenleben auf eine »umweltverträgliche« Art und Weise zu erschließen. Ein Tourismus dieser Art, der auf Information aufbaut und dessen Ziel die Sicherung der Naturschönheiten ist, wird vielleicht die überfällige Wende bringen. Unberührte Natur, naturnahe Landschaften und freilebende Tiere und Pflanzen haben ihren besonderen Wert. Aber er wird nicht zum Nulltarif auf Dauer zu erhalten sein.

Einhard Bezzel
Josef H. Reichholf

Vorwort

Jahr für Jahr zieht es Touristen aus Mitteleuropa in den Norden des Kontinents. Die Gründe dafür mögen vor allem darin liegen, daß diese Menschen dem dichtbesiedelten Zentrum Europas entfliehen wollen. Sie suchen in Skandinavien Ruhe und Erholung, die von der Weite der Landschaft, vor allem aber davon ausgeht, daß manche Gebiete hier noch vom Menschen weitgehend unbeeinflußt, zumindest aber nicht überlaufen sind. Man könnte sagen, viele hoffen hier, wenigstens für eine begrenzte Zeit zu den Wurzeln zurückzukehren – zu unberührter Natur.
Die so lange Zeit bevorzugten Länder um das Mittelmeer herum haben Einbußen erfahren – zugunsten der nordischen Länder. Statt »Sonne, See, Sand und Sex« sind »Weite und Natur« gefragt, und Skandinavien vermittelt eben genau dies. Von einer »heilen Welt«, nach der sich viele Menschen heute sehnen, ist Skandinavien aber letztlich auch schon mehr oder weniger weit entfernt. Zwar gibt es dort weite Waldgebiete, große Seen ohne Ferienhäuser, Fjell-Landschaften und an die Eiszeit erinnernde Gletscherregionen, aber Umweltschäden machen nicht an Landesgrenzen halt. Die Versauerung vieler skandinavischer Seen durch in Mitteleuropa produzierte Industrieabgase ist dafür nur ein Beispiel, die Verseuchung von Böden, Pflanzen, Elchen und Rentieren durch radioaktive Niederschläge nach der Katastrophe von Tschernobyl ein anderes.

Dennoch: Dänemark, Schweden und Norwegen halten für den Naturfreund wie für den professionellen Biologen Gebiete bereit, die einzigartig in Europa sind. Viele der Gebiete stehen heute unter Schutz, und weitere werden folgen. Und gerade diese Schutzgebiete sind so anziehend für Touristen, daß schon wieder die Gefahr der Übernutzung droht. Bei der Erarbeitung dieses Reiseführers haben wir uns also in einem grundsätzlichen Dilemma befunden: Einerseits liegt uns der Schutz intakter Natur am Herzen, andererseits tragen wir dazu bei, schöne oder interessante Gebiete bekanntzumachen und zu erschließen.
Wir hoffen deshalb und wünschen uns, daß unsere Anregungen verstanden werden in dem Sinne, daß derjenige, der in einem Schutzgebiet unterwegs ist, auch Verantwortung übernimmt – sowohl gegenüber der ihn umgebenden Natur, als auch gegenüber den Mitmenschen. Schutzgebiete sind nämlich letztlich eingerichtet worden, um das natürliche Erbe für zukünftige Generationen zu bewahren.
Wir meinen aber auch, daß man nur lieben und schützen kann, was man mehr oder weniger gründlich kennengelernt hat. Deshalb haben wir versucht, so viele Informationen wie möglich zu geben. Daß bei der »Weite« der skandinavischen Landschaften mancher Hinweis unterblieben ist und manches schöne Gebiet nicht hat berücksichtigt werden können, liegt in der Natur der Sache. Entsprechende Hinweise und Anregungen nehmen Verlag und Autoren jederzeit gerne entgegen.

Bliebe jetzt noch Dank zu sagen an Erich und Gunna Priess, Willi Olsen, Helmut Schnieder, Benny Svensson und Winfried Wisniewski. Sie alle haben uns ihre Informationen und Erfahrungen zugänglich gemacht. Rolf Behlert hat mit seinen Kenntnissen geholfen, die Insel Bornholm berücksichtigen zu können; ihm sei besonders herzlich gedankt. Und die Fremdenverkehrsämter von Dänemark, Norwegen und Schweden haben uns in großzügiger Weise mit Material versorgt, wo immer wir es brauchten.

Dr. Eckart Pott
Werner Küpker

Einführung

Zur Benutzung des Buches

In diesem Reiseführer soll der Versuch gemacht werden, dem interessierten Naturfreund Informationen über die Naturschönheiten des südlichen Teils von Skandinavien zu geben. Die Beschränkung auf den südlichen Teil (= in etwa südlich einer Linie Trondheim – Sundsvall) wurde deshalb gewählt, weil so mancher die langen Strecken scheut, die etwa eine Reise nach Lappland mit sich bringen würde. Auf einer solchen Tour wäre dann auch kaum Zeit genug, die Naturreservate und Nationalparks im Süden näher kennenzulernen, sind doch verschiedene von ihnen riesengroß. Der Süden allein bietet außerdem viele typische Eindrücke und Erlebnisse, die teilweise denen im Norden Skandinaviens entsprechen.
Vom Konzept einer Reise her kann das südliche Skandinavien unterschiedlich erschlossen werden, je nachdem, wo die eigenen Interessensschwerpunkte liegen, bzw. vor allem, wie viel Zeit für die Reise zur Verfügung steht. Der eine wird sich auf Schweden beschränken, der andere auf Norwegen, der dritte plant eine Rundreise, die beide Länder einschließt. Da die Anreise in den meisten Fällen über Dänemark erfolgen wird, wurde dieses Land mit berücksichtigt. Wenn auch mehr »festlandseuropäisch« als »skandinavisch« einzustufen, ist Dänemark dennoch einfach zu erreichen und bietet durchaus viel für den Naturfreund.
Zum Aufbau und zur Benutzung dieses Reiseführers folgende Hinweise: In der **Einführung** wird ein Überblick über Dänemark, den Süden Schwedens und den Süden Norwegens gegeben. Der Leser findet hier allgemein interessierende Angaben – zur Geologie/Geomorphologie, zum Klima, zur Pflanzen- und Tierwelt und zum Naturschutz. Es wird sozusagen ein Rahmen gegeben, in den die Beobachtungen und Erlebnisse vor Ort eingeordnet werden können.

Den **Hauptteil** des Reiseführers nehmen die konkreten Beschreibungen der Reiseziele ein. Dabei wurde zwischen Hauptreisezielen und Nebenreisezielen unterschieden. Entsprechend ihrer Einstufung wurden die Beschreibungen der Haupt- und Nebenreiseziele unterschiedlich ausgeführt. Alle Reiseziele sind auf einer Karte dargestellt, die hinten auf den inneren Umschlagseiten zu finden ist. Diese Karte ermöglicht auch eine grobe Routen-Planung.
Als **Hauptreiseziele** werden Gebiete vorgeschlagen, die besonders interessant sind, d. h. sie bieten eine eindrucksvolle Landschaft, sie weisen bestimmte geologische oder glaziologische Formationen auf, oder man kann dort besondere Pflanzen- und Tierarten beobachten. Manche der Gebiete haben im Rahmen des Naturschutzes eine herausragend wichtige Funktion (Nationalparks) oder sind bedeutsam, weil sie Reste/Zeugen der ehemaligen Vegetation und Tierwelt oder der charakteristischen Nutzung durch den Menschen in der jeweiligen Landschaft sind. Die Größe des Gebietes ist dabei von untergeordneter Bedeutung.
An jedem Kapitelbeginn werden die »Hauptattraktionen« stichwortartig vorgestellt, um eine schnelle Orientierung zu erleichtern.
Das Erkennen von beobachteten Arten soll durch die vielen Fotos erleichtert werden. Verweise auf erwähnte Arten, die an anderer Stelle abgebildet sind, erfolgen durch »S. . . . «, Textstellenverweise durch »s. S. . . . «. Kurze Essays (durch blaue Unterlegung kenntlich) geben zusätzliche Informationen zu wichtigen Themen.
Die **Nebenreiseziele** bieten weitere interessante Eindrücke für den reisenden Naturfreund. Es handelt sich etwa um Gebiete, in denen man nur zu bestimmten Jahreszeiten das naturkundlich Wesentliche erfassen kann, die abseits einer möglichen Rundreiseroute liegen, nur schwer zu erreichen/er-

schließen oder vom Charakter her ähnlich einem nahen Hauptreiseziel sind. Dies muß folglich nicht unbedingt bedeuten, daß das beschriebene Gebiet klein ist.
Zur Vorbereitung einer Reise sind aber weitere Informationen wenn nicht nötig, so doch zumindest hilfreich. Deshalb schließt sich an die Behandlung der Haupt- und Nebenreiseziele ein Kapitel <u>Reiseplanung</u> an. Hier steht das Wichtigste bzw. Spezifische, das man wissen sollte, bevor man nach Skandinavien aufbricht.
Im <u>Anhang</u> werden noch Hinweise auf **Kartenmaterial** gegeben, und wer sich über die in diesem Führer gegebenen Informationen hinaus vorbereiten möchte, findet in der **Literaturliste** entsprechende Anregungen. Dort sind auch Titel angegeben, die das Bestimmen von Pflanzen und Tieren in Skandinavien erleichtern. Das **Wörterbuch** enthält die deutschen und die wissenschaftlichen Namen der im Text erwähnten Pflanzen und Tierarten. Das **Register** wurde in zwei Teile untergliedert. Im ersten Teil sind die Pflanzen- und Tierarten aufgelistet. Der zweite Teil enthält die Ortsnamen, die Sachbegriffe und die Namen erwähnter Personen.

Zeichenerklärung für die im Text verwendeten Karten
Um die Übersichtlichkeit der Karten zu gewährleisten, wurden vor allem die für den Touristen interessanten Informationen aufgenommen. Die verwendeten Symbole und Abkürzungen werden in der folgenden Übersicht erklärt. Weitere Sonderzeichen sind in der jeweiligen Karte erläutert, wenn sie nur in diesem Gebiet verwendet werden.

Verwendete Kartensymbole :

- Straße (jeglicher Breite und Ausbaustufe)
- Wanderweg
- Skiwanderweg
- Eisenbahn
- Fährverbindung
- Staatsgrenze
- Fluß
- Land
- See, Meer
- Gletscher
- Nationalpark
- Naturreservat
- Landschaftsschutzgebiet
- Wald
- Stadt/(Ort)
- Ortschaft/(Stadt)
- markanter Punkt
- Berg
- Aussichtspunkt
- Campingplatz
- Unterkunft (Hotel, Pension usw.)
- Informationszentrum
- Parkplatz
- Leuchtturm
- Beobachtungsturm
- Besuchspunkte, Wanderwege usw. (mit Querverweisen im Text)

Einführung

Kleine Landeskunde

Lage und Größe

Das Gebiet dieses Reiseführers erstreckt sich von Süd nach Nord über rund 900 km und von Ost nach West über rund 750 km (zum Vergleich: Deutschland hat eine Nord-Süd-Ausdehnung von 880 km).

Dänemark hat eine Fläche von 43 069 km^2. Die Einwohnerzahl beträgt 5,1 Mio. Die Bevölkerungsdichte liegt bei 119 Einwohnern/km^2. Allerdings leben allein im Großraum Kopenhagen 1,3 Mio. Menschen (zum Vergleich: Deutschland hat eine Fläche von 357 048 km^2 mit 79 Mio. Menschen; Bevölkerungsdichte 220 Einwohner/km^2).

Schwedens Fläche beträgt 449 964 km^2, davon nehmen die Binnengewässer 38 485 km^2 (= 8,6%) ein. In Schweden leben 8,4 Mio. Menschen, davon allein in Stockholm 670 000. Die Bevölkerungsdichte liegt bei 19 Einwohnern/km^2. Sie nimmt allerdings nach Norden hin drastisch ab: In Lappland – allein dieser Teil Schwedens ist etwa so groß wie die Bundesrepublik Deutschland vor der Wiedervereinigung – lebt nur noch 1 Einwohner auf 1 km^2!

Norwegen erstreckt sich in Nord-Süd-Richtung über rund 14 Breitengrade (Luftlinie 1752 km). Interessant ist die West-Ost-Erstrekkung über 27 Längengrade hinweg, was etwa der Spanne Brüssel – Kiew entspricht. Das Land hat (ohne Spitzbergen und Jan Mayen) eine Fläche von 323 877 km^2. Davon entfallen 15 963 km^2 (= 4,9%) auf Binnengewässer. Die Einwohnerzahl liegt bei 4,2 Mio. (Oslo: 450 000 Einwohner). Das bedeutet eine Bevölkerungsdichte von nur 13 Einwohnern/km^2. Da ist – wie in Schweden – »viel Platz für Natur«. Das in diesem Reiseführer behandelte Gebiet umfaßt allerdings neben Dänemark vor allem die vergleichsweise dicht besiedelten Teile des südlichen bis mittleren Schwedens und Norwegens.

Entstehung und Landschaften

Die drei skandinavischen Länder Dänemark, Schweden und Norwegen haben eine unterschiedliche erdgeschichtliche Entwicklung. Norwegen und Schweden weisen einige wesentliche gemeinsame Merkmale auf. Beide Länder sind Produkt der kaledonischen Orogenese (Gebirgsfaltung) und gehören zum fenno-sarmatischen Festlandssockel. Demgegenüber muß Dänemark – zumindest was den Hauptteil (außer Bornholm) betrifft – der mitteleuropäischen Erdgeschichte zugerechnet werden.

Dänemark

Der Hauptteil Dänemarks liegt im Bereich eines großen Senkungsgebietes. Es entwikkelte sich (bzw. entwickelt sich noch) wie Teile von Deutschland, den Niederlanden und England. Das Urgestein ist erst in Tiefen von 1300 m – in Nordjütland sogar erst von 5000 bis 6000 m – unter der heutigen Oberfläche zu finden. Nur in Bornholm treten Granite und Gneise zutage (s. S. 36).

Das im Perm – also vor rund 220 Mio. Jahren – vorhandene riesige Binnenmeer lagerte Salz ab. Dieses wurde in (auch von Norddeutschland her bekannten) Salzstöcken aufgepreßt und ist heute in Tiefen von 200 bis 300 m unter der Erdoberfläche zu finden. In der Folgezeit hat das Kreidemeer, das vor etwa 170 bis 70 Mio. Jahren das nördliche Mitteleuropa bedeckte, Ablagerungen von bis zu 400 m Mächtigkeit gebildet. Sie treten an den bekannten Kreidefelsen Møns Klint und Stevns Klint an der dänischen Küste und auf der Insel Rügen zutage. Auch die Meerestransgression (weitflächige Überflutungen) in der Erdneuzeit – vor allem im Tertiär – hinterließ Spuren, die heute noch in Form von Ton-, Sand- und Braunkohleablagerungen zu entdecken sind.

Seine heutige Form erhielt Dänemark aber

Insel Mors (Limfjordslandet/Dänemark), Blick vom Hanklit aus. Charakteristisch ist das leicht wellige Relief der von eiszeitlichen Moränen geprägten Landschaft.

erst im Quartär, also in der Jetztzeit (Beginn vor etwa 2 Mio. Jahren). Die nordischen Inlandeismassen, die während der Eiszeiten auch bis an den Rand der Mittelgebirgsregionen Deutschlands vordrangen, begruben Dänemark unter einem dicken Panzer, der beim Abschmelzen glazialen Schutt in riesigen Mengen hinterließ. Die Saale- und die Weichsel-Eiszeit als vorläufig letzte Gletschervorstöße (aus dem Saale-Glazial stammt das Altmoränenland, aus dem Weichsel-Glazial das Jungmoränenland) prägten das heutige Relief. Die älteren Moränenböden liegen in Westjütland und reichen nach Norden hin bis etwa zum südlichen Limfjord. Das Land hat ein vergleichsweise flaches, gleichförmiges, langweiliges Gesicht. Der Ostrand des Altmoränenlandes war gleichzeitig Stillstandslinie der jüngsten (= Weichsel-)eiszeitlichen Gletscher. Ihre Schmelzwässer überströmten das Altmoränenland nahezu vollständig und überlagerten es mit Sand und gröberem Schuttmaterial. Der Altmoränenboden wurde dadurch in seiner Fruchtbarkeit stark gestört.

Das Relief im Jungmoränenland weist im Vergleich zum Altmoränenland eine stärkere Profilierung auf, die Landschaft ist kuppiger, abwechslungsreicher. Überall spürt man an der Vielfalt der Vegetation und am besseren Wuchs der Pflanzen die höhere Bodenfruchtbarkeit. Dies ist praktisch auf der ganzen übrigen Fläche Dänemarks – mit Ausnahme Bornholms – der Fall.

Der heutige Verlauf der Küstenlinie Dänemarks hat seine Ursache in einer Absenkung des Meeresspiegels und der Landhebung nach dem Abschmelzen des Eises, was mit einem Wiederanstieg des Meeresspiegels einherging. Dieses Geschehen ist folgendermaßen zu erklären: In der letzten Eiszeit bildeten sich Eismassen von etwa 2000 m maxi-

maler Dicke. Unmengen von Wasser wurden also in Form von Eis festgehalten, wodurch der Meeresspiegel um ca. 100 m sank. Das Abschmelzen der Eismassen am Ende der Eiszeit führte einerseits zu einem Wiederanstieg des Meeresspiegels (eustatische Meerespiegelschwankung), andererseits zur Hebung des Landes (glazialisostatische Hebung). Land, das während der Eiszeit trockengefallen war, wurde wieder überflutet (Beispiel: Limfjord). Land, das vom Druck des Eispanzers entlastet wurde, hob sich. Die Landhebung dauert immer noch an; sie ist in Nordjütland im Dreieck Ålborg – Frederikshavn – Hirtshals am ausgeprägtesten (Hebung seit der letzten Eiszeit um 15 m). In diesem Gebiet Dänemarks finden wir auch Sedimente aus dem Yoldia-Meer, die nach der letzten Eiszeit dort abgelagert wurden. Im Gebiet der heutigen Ostsee hatte sich zunächst durch Aufstauen des Schmelzwassers der Baltische Eissee, ein Süßwassersee, gebildet. Er wurde durch das Yoldia-Meer (benannt nach der Meeresmuschel *Yoldia arctica*) abgelöst, das durch Verbindung des ehemaligen Eissees zum Atlantik entstand. Jetzt begann die glazialisostatische Landhebung, die Verbindung zum Atlantik wurde unterbrochen, und es entstand wieder ein Süßwassersee. Nach der Schnecke *Ancylus fluviatilis* bezeichnet man diesen See als Ancylus-See. Die Landhebung verlangsamte sich, der Meerespiegel stieg, das Littorina-Meer (benannt nach der Meeresschnecke *Littorina littorea*) und schließlich die Ostsee bildeten sich aus. Sedimente aus dem Littorina-Meer findet man bei Frederikshavn.
Endgültig ausgeformt wurde die Küstenlinie Dänemarks dann erst vor etwa 6000 Jahren durch das Ansteigen des Meerespiegels auf das derzeitige Niveau.

Norwegen
Die erdgeschichtliche Entwicklung Norwegens weicht von der Dänemarks deutlich ab. Ausgangspunkt ist der sogenannte fenno-sarmatische Festlandssockel, der aus der alten Kontinentalmasse Megagäa stammt (1 Milliarde Jahre alt). An diesen Sockel (bestehend aus Graniten) wurden vor etwa 500 Mio. Jahren während der kaledonischen Gebirgsfaltung Teile des Gebirgszuges angeschweißt, der sich insgesamt von Irland über Schottland nach Skandinavien erstreckt. Der skandinavische Teil dieses kaledonischen Faltengebirges, der sich von Stavanger im Süden bis zum Varanger-Fjord im Norden zieht, sind die »Skanden« – in Ableitung von »Skandinavische Anden«, wie sie der schwedische Geologe Erik Ljungner benannt hat. Ein Vergleich mit den südamerikanischen Anden ist durchaus berechtigt, weil von dort ähnliche Prozesse gut erforscht sind.
Die Skanden muß man sich ähnlich wie die (erdgeschichtlich viel jüngeren) Alpen vorstellen: zackige Gipfel, steile und enge Täler. Verwitterungsprozesse führten zu einer ersten Glättung des Profils. Im Devon, vor etwa 400 Mio. Jahren, führten lange, trockene Perioden – es herrschte Wüstenklima – mit teilweise extremen Regengüssen zu starken Erosionen. Vor rund 250 Mio. Jahren (Perm) kam es im Bereich Südostnorwegens zu einer Störungszone, dem bekannten Oslo-Graben, der sich bis in die Rhône-Furche hinein fortsetzt. Dieser Bereich ist durch vulkanische Tätigkeit geprägt. Im Erdmittealter (Mesozoikum) wurden Teile Norwegens von Meeresspiegelschwankungen beeinflußt, d. h. es wurden gebietsweise Sedimente abgelagert. Entscheidend ausmodelliert wurde das Relief Norwegens dann in den Eiszeiten (Pleistozän). Die Gletscher hobelten die steilen, schroffen Gipfel ab, die ehemaligen V-Täler wurden zu U-Tälern ausgeschliffen. Nur wenige Gipfel ragten aus den Eismassen heraus (Jotunheimen, Sogne-Fjord). Das bis zu den Eiszeiten verwitterte Material wurde vollständig verfrachtet. Im Bereich des Oslo-Grabens wurde es mit dem Verwitterungsmaterial vulkanischen Ursprungs vermischt. Dies führte zu den fruchtbaren Böden, die heute landwirtschaftlich genutzt werden. Die glazialisostatische Landhebung spielt nur im Gebiet von Trondheim und im Südosten Norwegens eine geringe Rolle.

Schweden

Die Entstehungsgeschichte Schwedens läßt sich an folgenden Komponenten aufzeigen: Zunächst ist der oben schon erwähnte fennosarmatische Festlandssockel zu nennen. Er bildet den Untergrund für den größten Teil des Landes und fällt zur Ostsee hin stufig ab, was auf die einzelnen Wellen der kaledonischen Gebirgsfaltung zurückzuführen ist. Nach Finnland hin wölbt sich der Sockel wieder auf.

Als zweite Komponente spielt in der erdgeschichtlichen Entwicklung Schwedens das kaledonische Faltengebirge eine Rolle. Es erstreckt sich vom Härjedalen im Südwesten des Landes entlang der norwegischen Grenze bis zum Dreiländereck im Norden. Südschweden wurde vor allem durch Abtragungsvorgänge bis in die Erdneuzeit geprägt. Hier wirken sich auch Sedimentationsvorgänge des Mesozoikums aus.

Die glaziale Überdeckung hat auch in Schweden das jetzige Relief maßgeblich geformt. Viele Seen und Flüsse markieren heute noch die Richtungen der früheren Gletscherbewegungen. Das zentrale Nährgebiet der Gletscher lag um Skellefteå.

Im Süden – im Svealand und im Götaland – gibt es bedeutende glaziale Ablagerungen in Form von Endmoränen. Die nacheiszeitlichen Seen und Meere beeinflußten die Bodenbildung in Südschweden in ähnlicher Weise, wie es schon für Dänemark beschrieben wurde. Die beiden großen schwedischen Seen Vänern und Vättern liegen in einem Senkungsgebiet des Yoldia-Meeres, in dem große Mengen Tone und Sande sedimentierten. Die Böden in diesem Raum werden heute landwirtschaftlich genutzt.

Die nacheiszeitliche Landhebung hat in Schweden die stärksten Ausmaße überhaupt angenommen. In der ersten Phase nach der Entlastung der Landmassen vom Eis hoben sich diese um 10 m pro Jahrhundert. Heute beträgt die Hebung immer noch 0,5 – 1 m pro Jahrhundert. So ist zu erklären, daß beispielsweise der Mälaren bei Stockholm noch im Jahr 1200 eine Verbindung zur Ostsee hatte, während er heute ein Binnensee ist. Und um einen Extremwert zu nennen: Das Land um Umeå herum hat sich vom Ende der Eiszeit bis heute um 270 m gehoben.

Klima

Dänemark ist von allen Seiten vom Meer umgeben, das folglich einen starken Einfluß auf das Klima im Land ausübt. Im wesentlichen gleicht die im Meer gespeicherte Wärme die Temperaturspitzen aus. Dänemark hat also ein Seeklima mit nicht zu warmen Sommern und nicht zu kalten Wintern. Die Jahresmitteltemperatur liegt bei etwa 7,5 °C (zum Vergleich: Frankfurt etwa 10 °C). Die Julimitteltemperatur liegt in Kopenhagen bei 17,2 °C. Westwinde herrschen vor, die Wärme von der Nordsee und damit vom Golfstrom heranführen. Solange die Ostsee nicht zufriert, wirkt sie vor allem ausgleichend auf das Winterklima. Die mittlere Februartemperatur (kältester Monat) liegt in Dänemark bei 0,3 °C. Friert die Ostsee allerdings zu, können kalte Luftmassen aus dem Osten herangeführt werden.

Im Jahresmittel betragen die Niederschläge in Kopenhagen 579 mm (zum Vergleich: Frankfurt 629 mm). Der niederschlagsreichste Monat ist der August.

Wegen seiner Lage, der starken Zergliederung des Landes und der vorherrschenden Windrichtungen weist Dänemark insgesamt ein recht wechselhaftes Wetter auf. Mit »schönem« Wetter kann man in der Zeit zwischen April und Juni rechnen. Die Zeit zwischen August und Oktober weist dagegen kräftige Regenperioden auf.

Schweden hat – wie Dänemark – ein vom Golfstrom günstig beeinflußtes, mildes Klima. Im Sommerhalbjahr weist das Land durchschnittlich mehr Sonnenscheinstunden auf als beispielsweise Deutschland (s. Tabelle S. 14). Dies ist natürlich auch durch die nördlichere Lage und den damit verbundenen anderen Sonnenstand bedingt.

Sonnenstunden im Durchschnitt

	Mai	Juni	Juli	Aug.	Sept.
Schweden	269	299	308	214	154
Deutschland	212	204	181	166	141
Österreich	187	190	210	198	180
Schweiz	203	225	248	225	169
Norwegen	244	272	259	205	156

Klimadaten Schweden

(die jeweils erste angegebene Zahl gibt die durchschnittliche Anzahl Sonnenstunden im Monat an, die untere Zahl ist die höchste gemessene Durchschnittstemperatur in °C über 24 Stunden)

	April	Mai	Juni	Juli	Aug.	Sept.
Malmö	180	271	263	256	225	175
	10,1	15,8	19,3	21,1	20,5	17,0
Göteborg	201	274	286	285	245	178
	9,2	15,5	18,9	21,1	20,1	16,0
Stockholm	208	292	318	295	248	174
	8,3	14,6	19,2	21,9	20,2	15,3
Östersund	168	250	221	247	228	126
	5,9	12,6	16,2	20,0	18,1	12,5

Auch Norwegen hat ein für die nördliche Lage verhältnismäßig mildes Klima. Die Julitemperaturen liegen im Durchschnitt zwischen 14 und 22 °C; das Jahresmittel liegt zwischen 3 und 6 °C. Ursache hierfür ist der Golfstrom, der warmes Meerwasser vor die Küsten Norwegens transportiert. Einerseits bleiben daher viele norwegische Häfen den Winter über eisfrei. Andererseits aber weisen die Küstengebiete hohe Niederschläge auf, während die Gebiete im Landesinneren sogar recht trockene Sommer haben können.

Klimadaten Norwegen

(Durchschnittstemperaturen in °C, Daten von 1988)

	Mai	Juni	Juli	Aug.	Sept.	Okt.
Oslo	12,2	18,6	16,2	14,9	12,0	5,0
Stavanger	11,6	13,4	15,2	14,3	12,3	8,2
Bergen	11,9	14,2	15,4	14,4	12,1	8,1
Lillehammer	10,9	17,0	15,6	13,9	10,7	2,6
Trondheim	10,6	13,2	16,7	14,6	11,7	6,0

Pflanzen- und Tierwelt

Vegetation

In den südlichen Teilen Dänemarks und Schwedens wächst sommergrüner Laubwald. Die potentielle natürliche Vegetation auf den westjütländischen Sanderflächen ist der **Eichen-Birken-Wald** (Stieleiche, Hängebirke). Intensive Forstwirtschaft veränderte diese Bestockung hin zu Nadelforsten, in denen Fichte und Waldkiefer dominieren. Das Areal des ursprünglich vorhandenen Eichen-Birken-Waldes endet am Südende des Limfjords.

Die mächtigen Moränenlandschaften Nord- und Ostdänemarks sind Buchengebiet (Rotbuche). Die Areale im Norden sind heute wegen der intensiven Bewirtschaftung mit Nadelwald bestockt. In Ostdänemark dagegen wird von der Forstverwaltung auch heute noch eine relativ naturnahe Baumarten-Zusammensetzung beibehalten. Die Rotbuche liefert wertvolles Nutzholz, und es wäre nur bedingt rentabel, die Buchenwälder durch Nadelforste zu ersetzen.

Der natürliche **Buchenwaldgürtel** setzt sich in Südschweden fort. Von den Wäldern in diesem Gebiet sind nur noch Relikte vorhanden; die größten Flächen Südschwedens werden heute landwirtschaftlich genutzt. Auf den Felsstandorten mit geringer Bodenentwicklung haben sich in Südschweden Waldgesellschaften mit Stiel- und Traubeneiche entwickelt.

Nach Norden hin finden wir in die Laubholzbestände eingesprengt immer mehr Nadelbäume. Dann erfolgt der Übergang in eine Zone, in der Nadelhölzer (Fichte und Waldkiefer) vorherrschen. Man spricht hier vom borealen Nadelwald. Nach einem russischen Wort wird die Zone auch **Taiga** genannt.

Diese Pflanzenformation legt sich wie ein Gürtel um die gesamte Nordhalbkugel und ist heute das größte zusammenhängende Waldgebiet der Erde. Natürlicherweise würde sie in großen Teilen Mittel- und vor

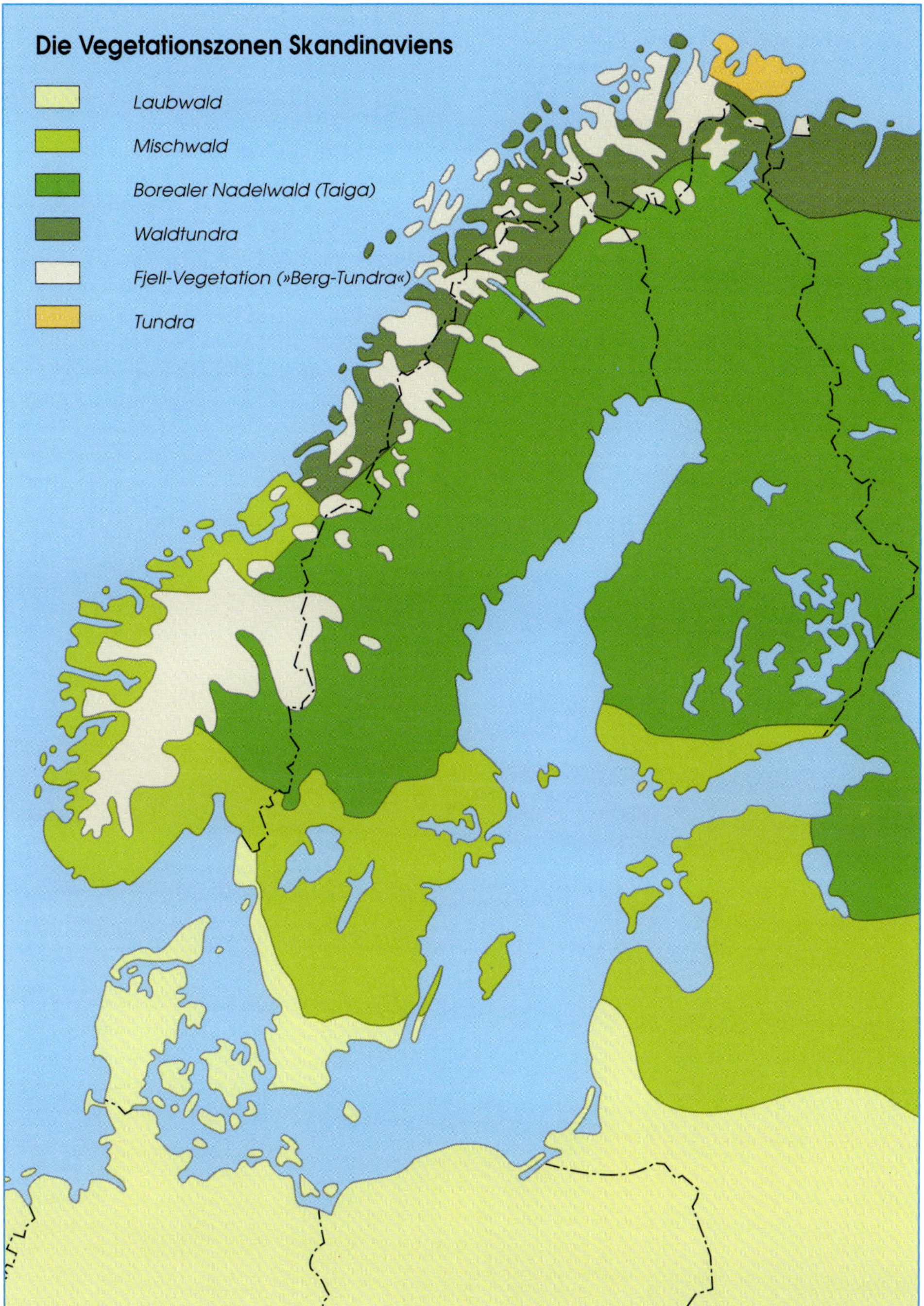
Die Vegetationszonen Skandinaviens
Laubwald
Mischwald
Borealer Nadelwald (Taiga)
Waldtundra
Fjell-Vegetation (»Berg-Tundra«)
Tundra

allem Nordskandinaviens das Bild der Landschaft bestimmen.
Die Südgrenze der Taiga verläuft dort, wo die Dauer der Zeit mit Tagesmitteltemperaturen über 10 °C unter 120 Tage sinkt und die kalte Jahreszeit über 6 Monate dauert. Das im Gebiet der borealen Zone herrschende Klima ist also durch kurze und recht kühle Sommer einerseits und lange Winter mit teilweise extrem niedrigen Temperaturen andererseits charakterisiert. Die Niederschläge sind in der Taiga nicht sehr hoch, etwa 500 mm pro Jahr. Dennoch kann es hier stellenweise recht feucht sein. In den Senken sind Sumpfgebiete und Moore ausgebildet, die auf den Wasserhaushalt der Umgebung Einfluß haben. Die Nadelwälder werden weiter von kleinen und größeren Fließgewässern durchzogen, auch finden sich Weiher und Seen. Diese Wasserflächen erhöhen ebenfalls die Luftfeuchtigkeit.
Neben Nadelbäumen wachsen in der Taiga Skandinaviens noch Birken, Espen und Weiden, die aber hauptsächlich an offenen Stellen hochkommen. Strauch- und Krautschicht sind oft nur schwach ausgebildet. In der Krautschicht findet man verschiedene Zwergsträucher wie Heidelbeere, Moorbeere und Preiselbeere. Moose und Flechten bilden häufig regelrechte Teppiche. Diese Schicht kann in der Taiga also durchaus üppig ausgebildet sein.

Naturlandschaft im südlichen Norwegen: ein See auf dem Fjell in der nördlichen Hardangervidda.

Die Taigagebiete im südlichen und mittleren Skandinavien bilden heute einen Schwerpunkt der europäischen Holzwirtschaft. Große Flächen wurden auch abgeholzt, um dem Ackerbau Platz zu machen. Die Viehwirtschaft spielt dagegen eine untergeordnete Rolle.

Nach Norden verdünnt sich der Baumbestand merklich. Eine ähnliche Veränderung der Vegetation kann man wahrnehmen, wenn man sich in der Vertikalen bewegt. Dies läßt sich gerade im südlichen Norwegen schön beobachten, wo man an vielen Stellen von Meeresniveau bis in recht hohe Gebirgslagen gelangen kann. Oberhalb einer Zone mit niedriger Buschvegetation (vor allem Birken) gelangt man in die Weite der **Tundra** (nach dem finnischen Wort »tunturi«, was soviel wie »unbewaldeter Hügel« bedeutet) oder – genauer – der Bergtundra. In Norwegen nennt man diese Pflanzenformation **Fjell**, die Schweden schreiben **Fjäll**. Die Tundra stellt keine einheitliche Fläche dar, sie ist vielmehr ein Mosaik aus Flechten-, Gras- und Zwergstrauchheiden, Flachmooren, offenen Wasserflächen, Schneeböden, Blockhalden und Schuttfluren.

Die ökologischen Bedingungen in der Tundra sind extrem. Die Wintertemperaturen können auf −50 °C absinken. Die mittleren Julitemperaturen betragen nur bis zu 10 °C. Wegen der extremen Verhältnisse ist das

Kulturlandschaft im südlichen Norwegen: das Gudbrandsdalen (Blick nach Süden).

Die meisten skandinavischen Moore sind noch intakt, aber einige werden auch abgetorft.

Pflanzenwachstum sehr begrenzt, und nur gut angepaßte Arten können überleben. Viele Pflanzen schmiegen sich dicht an den Boden an. Die meisten Blütenpflanzen sind mehrjährige Stauden, die Überdauerungsorgane entwickelt haben.

Eine besonders interessante Anpassung ist die Viviparie. Solche »lebendgebärenden« Pflanzen können zwar Blüten ausbilden, als Folge der klimatischen Bedingungen können jedoch Früchte oft nicht mehr reifen. Die Pflanzen bilden deshalb zusätzlich Brutknöllchen oder Bulbillen aus, aus denen sich schon auf der Mutterpflanze kleine Jungpflanzen entwickeln, die abfallen und gleich weiterwachsen können (S. 155).

Auch wenn die Pflanzenwelt der Tundra als Folge der langen sommerlichen Sonnenscheindauer einen üppigen Eindruck macht, ist sie dennoch sehr empfindlich. Wird sie irgendwie zerstört, braucht sie oft Jahre, wenn nicht gar Jahrzehnte, um sich zu erholen. Deshalb ist verständlich, daß in den Broschüren, die man in Skandinaviens Nationalparks und Naturschutzgebieten bekommen kann, auf die Sensibilität der Pflanzenwelt – vor allem der Tundragebiete – besonders hingewiesen wird.

Fauna

Zum Verständnis und als Leitfaden zu eigenen Beobachtungen der süd- und mittelskandinavischen Tierwelt mag hilfreich sein, von folgenden Großlebensräumen auszugehen: Laubwälder, boreale Nadelwälder, Bergtundra, Binnenseen (bzw. Feuchtgebiete) und Meeresküsten.

Die Tierwelt der Laubwälder Dänemarks und Südschwedens ist der Mitteleuropas vergleichbar. Man trifft dieselben Arten an, etwa Reh, Rothirsch, Fuchs und Dachs. In Dänemark ist zudem der Damhirsch weit verbreitet und häufig. In Südschweden tritt der Elch

hinzu, der allerdings auf große Waldgebiete angewiesen ist. Eine starke Beeinträchtigung hat die Tierwelt erfahren, weil die gesamte Landschaft heute dicht besiedelt ist und intensiv bewirtschaftet wird. Vom Menschen unberührte Flächen gibt es kaum mehr.
In den borealen Nadelwäldern im südlichen Schweden und Norwegen kommen ebenfalls Arten vor, die auch in Mitteleuropa verbreitet sind, beispielsweise Auerhuhn, Schwarzspecht, Haubenmeise, Tannenmeise und Waldbaumläufer. Hinzu kommen aber teilweise Arten, die – wie der Dreizehenspecht oder die Ringdrossel – nur in den Bergwäldern der Alpen (bzw. in anderen mittel- und südeuropäischen Hochgebirgen) leben. Ein typisches nordisches Element, das hier neu auftaucht, ist z. B. der Unglückshäher.
Die Bergtundra in den Fjell-Landschaften Norwegens und Schwedens wiederum bietet Eindrücke, wie sie aus Mitteleuropa nicht bekannt sind. Hier kommen u. a. Rentier, Moschusochse, Lemming, Eisfuchs und Vielfraß vor – Arten, die den nach Skandinavien reisenden Naturfreund besonders interessieren werden. Allerdings sind die genannten Tierarten teilweise auch bereits beim Aufstieg auf das Fjell zu beobachten. Typische Fjell-Vögel sind z. B. Mornellregenpfeifer, Schnee-Eule, Spornammer, Schneeammer und Ohrenlerche. Interessant ist, daß der Mornellregenpfeifer auch in den österreichischen Alpen einige kleine, isolierte Brutvorkommen hat.
An den skandinavischen Binnenseen kann man z. B. Schellente und Bergente beobachten, die zwar im Winter in Mitteleuropa auftreten, ihre Brutreviere aber im Norden haben. Dasselbe gilt für Pracht- und Sterntaucher. In den Mooren brütet der Kranich, der wiederum auf dem Zug auch in Mitteleuropa erscheint. Das Birkhuhn ist in den skandinavischen Mooren noch in erfreulich hoher Zahl vertreten. Die skandinavischen Feuchtgebiete zeichnen sich aber vor allem durch ihren Reichtum an Limikolen (Rotschenkel, Grünschenkel, Waldwasserläufer, Bruchwasserläufer, Alpenstrandläufer usw.) aus.
Die meisten der Vögel, die beispielsweise im Wattenmeer vor der deutschen Nordseeküste durchziehen oder überwintern, haben ihre Brutgebiete in Skandinavien.
An den Meeresküsten und auf den meernahen Wiesenflächen im südlichen Skandinavien kann man Tierarten beobachten, die auch an der deutschen und niederländischen Nordseeküste vorkommen. An Vögeln etwa sind zu nennen: Kiebitz, Rotschenkel, Austern-

Aus Mitteleuropa bekannt: der Austernfischer.

Nur in Skandinavien zu beobachten: der Vielfraß.

Um die Natur zu erhalten, gelten Spielregeln. Informationstafeln in den Schutzgebieten geben Hinweise.

fischer, Lachmöwe, Silbermöwe usw. Interessanter sind die Felsküsten, die man in Deutschland nur auf der Insel Helgoland antrifft. Helgoland weist denn auch einen »Vogelfelsen« auf mit Arten wie Dreizehenmöwe, Trottellumme, Tordalk und Eissturmvogel. Diese Arten haben an geeigneten Stellen der südskandinavischen Küsten ebenfalls Brutplätze. Zusätzlich kann man hier Gryllteiste, Krähenscharbe, Baßtölpel, Papageitaucher und Mantelmöwe am Brutplatz beobachten. Die Küsten sind auch der Lebensraum von Robben (Seehund und Kegelrobbe); man wird die Tiere aber nur selten sehen können. Wo Fels ansteht, sind die Küsten schließlich von einer artenreichen Wirbellosenfauna besiedelt.

Naturschutz

Schutzbemühungen

In Dänemark sind 156000 ha unter Naturschutz gestellt. Das entspricht etwa 3,5% der Landesfläche. Es sollen Gebiete für zukünftige Generationen erhalten werden, die wegen ihrer Lage und ihrer Eigenart von besonderem Wert sind. Grenzen sind dem dänischen Naturschutz durch die dichte Besiedlung und die intensive Nutzung fast des gesamten Landes gesteckt. Schutzgebiete bedeuten in Dänemark deshalb kaum, daß hier Wildnis erhalten werden soll. Vielmehr werden oftmals Flächen geschützt, die ganz oder teilweise nach wie vor landwirtschaftlich genutzt werden. In manchen Gebieten wird die Nutzung sogar ganz gezielt aufrechterhalten, weil sie zu der jetzt herrschenden Vegetation und Tierwelt geführt hat.

Die Vorstellungen der Schweden hinsichtlich ihrer Nationalparks formuliert das »Naturvårdsverket« so: »Durch die Einrichtung der schwedischen Nationalparks soll die natürliche Beschaffenheit größerer Gebiete für Forschung und Freizeitgestaltung bewahrt werden. Sie sollen für jedermann zugänglich sein, ohne daß ihr ursprünglicher Charakter verlorengeht.« Neben dem Schutz der Natur und dem Bewahren der ursprünglichen (das bedeutet hier tatsächlich oft: vom Menschen völlig unbeeinflußten) Pflanzen- und Tierwelt besteht also bewußt das Ziel, Gebiete zu erhalten, die der Erholung der Menschen dienen sollen.

Auch Norwegen hat der Tatsache Rechnung getragen, daß es heute ohne gezielten Naturschutz nicht mehr geht. So wurde im Sommer 1988 der 16. Nationalpark eingeweiht, und die Zahl der Schutzgebiete steigt weiter. Mit der Einrichtung von Schutzgebieten verfolgen die Norweger das Ziel, ursprüngliche Landschaften und ihre vielfältige Pflanzen- und Tierwelt zu erhalten. Wie in Schweden ist »ursprünglich« auch in Norwegen vielerorts wörtlich zu nehmen: Es wird Wildnis unter Schutz gestellt, in die der Mensch noch nie oder nur unwesentlich wirtschaftend eingegriffen hat. Der Naturschutz ist auch in Norwegen nicht Selbstzweck. Vielmehr bestehen in den Schutzgebieten häufig gute Wandermöglichkeiten, und vielfach besteht auch die Möglichkeit, in Hütten zu übernachten. Die Schutzgebiete sind also – wie in Schweden – nicht nur für die Natur da, sondern auch für den Menschen (Freizeit, Erholung), der aber aufgefordert ist, entsprechend Rücksicht zu nehmen.

Schutzgebiete

Dänemark, Schweden und Norwegen besitzen eine ganze Anzahl Schutzgebiete von unterschiedlichem Status. In Dänemark beispielsweise gibt es keine Nationalparks, wie sie internationalem Standard entsprächen. Dagegen verfügt das Land über viele kleinere Gebiete, die unter Schutz gestellt wurden. Schweden und Norwegen haben jeweils Nationalparks eingerichtet, die z. T. recht klein sind, z. T. aber auch sehr große Fläche einnehmen. Letzteres ist besonders im dünnbesiedelten Norden der Fall. Daneben bestehen Schutzgebiete von unterschiedlichem Status.

Die schwedischen (links) und norwegischen (rechts) Nationalparks im Überblick

Name	Lage	Größe
Dalby Hage	Skåne	0,4 km²
Stenshuvud	Skåne	3,9 km²
Store Mosse	Småland	78,5 km²
Blå Jungfrun	Småland	2,0 km²
Gotska Sandön	Gotland	44,9 km²
Norra Kvill	Småland	0,3 km²
Tiveden	Närke / Västergötland	13,5 km²
Garphyttan	Närke	1,1 km²
Ängsö	Uppland	1,7 km²
Hamra	Dalarna	0,3 km²
Sonfjället	Härjedalen	103 km²
Töfsingdalen	Härjedalen	16,2 km²
Skuleskogen	Ångermanland	23,6 km²
Pieljekaise	Lappland	153,4 km²
Muddus	Lappland	493,4 km²
Padjelanta	Lappland	1984 km²
Sarek	Lappland	1970 km²
Stora Sjöfallet	Lappland	1278 km²
Abisko	Lappland	77 km²
Vadvetjåkko	Lappland	26,3 km²

Name	Lage	Größe
Hardangervidda	Provinzen Buskerud / Telemark / Hordaland	3422 km²
Jotunheimen	Provinzen Oppland / Sogn og Fjordane	1145 km²
Ormtjernkampen	Provinz Oppland	9 km²
Rondane	Provinzen Oppland / Hedmark	580 km²
Gutulia	Provinz Hedmark	19 km²
Femundsmarka	Provinz Hedmark	390 km²
Dovrefjell	Provinzen Oppland / Sør-Trøndelag	256 km²
Gressåmoen	Provinz Nord-Trøndelag	182 km²
Borgefjell	Provinzen Nord-Trøndelag / Nordland	1107 km²
Saltfjellet-Svartisen	Provinz Nordland	1840 km²
Rago	Provinz Nordland	167 km²
Ånderdalen	Provinz Troms	69 km²
Reisa	Provinz Finnmark	803 km²
Øvre Dividal	Provinz Troms	743 km²
Øvre Anarjåkka	Provinz Finnmark	1399 km²
Stabbursdalen	Provinz Finnmark	98 km²
Øvre Pasvik	Provinz Finnmark	67 km²

Zelten in der freien skandinavischen Landschaft ist reizvoll, erfordert aber auch Rücksicht.

Jedermannsrecht

Ein für den »Reisenden in Sachen Natur« wichtiges »Recht« soll an den Schluß dieser Einführung gestellt werden: das für Schweden und Norwegen typische »Jedermannsrecht« (in schwedisch »allemansrätten«). Hintergrund und Inhalt werden klar, wenn man folgende Passage aus »Norwegen – Das offzielle Reisehandbuch« liest: »Dieses an keiner Stelle schriftlich festgehaltene Gesetz regelt den Aufenthalt und die Fortbewegung in freier Natur. Es stammt aus einer Zeit, in der man im allgemeinen nicht zum Vergnügen reiste und an Massentourismus überhaupt nicht zu denken war. Das Jedermannsrecht erlaubte, über Privatgrundstücke zu gehen, wenn es keine anderen Wege gab, auf fremdem Grundbesitz zu übernachten und sich von der Natur zu ernähren. Obwohl sich die Bedingungen inzwischen grundlegend geändert haben, wird das Jedermannsrecht noch immer großzügig gehandhabt. Man darf sich also überall auf nicht bewirtschaftetem Gebiet frei bewegen, ohne dabei allerdings andere Menschen, Tiere und die gesamte übrige Natur zu beeinträchtigen oder gar zu beschädigen.«

In der ähnlich aufgemachten schwedischen Broschüre wird spezifiziert: »Sie dürfen sich auf dem Grund und Boden und Gewässern anderer bewegen – aber Privatgrundstücke, Schonungen und Saaten nicht betreten. – Sie dürfen für eine Nacht Ihr Zelt aufschlagen, sofern der Boden nicht landwirtschaftlich genutzt wird. Fragen Sie bitte in jedem Fall den Besitzer des Geländes um Erlaubnis. Wollen Sie mit einer Gruppe oder mehrere Nächte am selben Platz zelten, müssen Sie um Erlaubnis bitten. – Sie dürfen wilde Beeren sammeln, Pilze suchen und wilde Blumen pflücken, sofern sie nicht unter Naturschutz stehen. – Sie dürfen keine Bäume oder Sträucher absägen, und Sie dürfen auch keine Zweige oder Rinde abreißen. – Sie dürfen baden, vorübergehend mit einem Boot anlegen und an Land gehen – aber nicht auf Privatgrundstücken oder wenn Landungsverbot besteht. – Für Motorfahrzeuge herrscht außerhalb befestigter Wege im Gelände striktes Fahrverbot. – Schon bei der geringsten Gefahr für Brand ist verboten, Feuer zu machen. Machen Sie nie Feuer auf Felsen – sie zerspringen. – Es ist verboten, Unrat in der Natur wegzuwerfen.« Dies alles wird in ausführlichen Broschüren noch eingehender dargestellt – ein Zeichen, wie ernst es den Schweden und Norwegern mit dem Jedermannsrecht ist.
Es bestehen also in Schweden und Norwegen viele Freiheiten, die aber gerade von uns als Ausländern nicht exzessiv ausgenutzt werden sollten. Die Schweden formulieren das zusammenfassend so: »Die schwedische Natur konnte bisher trotz aller Umweltbelastungen weitgehend unzerstört erhalten werden. Und sie darf von jedermann frei genutzt werden – allerdings mit Verantwortungsgefühl. Das bedeutet, daß auch Sie mit der Natur nicht tun und machen dürfen, was Sie wollen, sondern stets Rücksicht nehmen auf andere Menschen, Tiere und Pflanzen. Die Grundregel lautet: nicht stören oder zerstören.« Diesen Vorstellungen kann sich wohl jeder Naturfreund anschließen, und er sollte sich entsprechend verhalten.

1 Limfjordslandet

Vielfältig zergliederter Meeresarm im Norden Jütlands mit angrenzenden Brack- und Süßwasserbiotopen, Heideflächen, Wiesen und Feldern; schöne Vogelschutzgebiete; geologisch-paläontologisch interessante Formation (Moler).

Der Norden Jütlands wird geprägt durch eine Verbindung von Meer zu Meer, vielfach gegliedert in Buchten und Inseln. Das Land um den Limfjord ist sehr abwechslungreich und bietet dem Naturfreund viel. Der Name Limfjord muß uralt sein. Die erste Silbe bezieht sich auf den seinerzeit anstehenden, weißen Kalkstein, der heute verwittert bzw. von einer Pflanzendecke bedeckt ist. Die zweite Silbe ist dagegen eigentlich nicht berechtigt. Man geht zwar davon aus, daß die Eiszeiten bei der Entstehung des Limfjords eine Rolle gespielt haben, muß aber auch tektonische Prozesse einbeziehen. Die Entstehung des Limfjords ist also nicht mit der der norwegischen Fjorde zu vergleichen, wie sie besonders im Vestland so eindrucksvoll ausgeprägt sind (s. Hauptreiseziel 27).

Der 170 km lange Limfjord verläuft etwa in West-Ost-Richtung von der Nordsee zum Kattegat, und er läßt sich nach dem recht heterogenen Landschaftsbild in drei Abschnitte gliedern: von der westlichen Öffnung bis Oddesund, von Oddesund bis Ålborg, von Ålborg bis Hals an der östlichen Öffnung. Die westliche Öffnung versandete übrigens um 1100 n. Chr., und erst 1825

Dünenlandschaft am westlichen Ausgang des Limfjords bei Agger (Aggertange).

wurde hier künstlich eine neue Verbindung zum Meer hergestellt, die bis heute mit technischen Mitteln offengehalten werden muß. Geologisch interessant sind die Moler-Vorkommen im Limfjord-Gebiet, besonders schön auf den Inseln Mors und Fur zu sehen. Moler besteht in der Hauptsache aus Ablagerungen von Kieselalgen, die als Plankton in einem Meer schwebten, das vor etwa 50 Mio. Jahren große Teile Jütlands bedeckt hat.

Pflanzen und Tiere

Die Pflanzenwelt des Limfjordslandet wird zum einen geprägt vom Brackwassereinfluß. Andere Gebiete stehen aber unter Süwassereinfluß, und man trifft auf teilweise sehr ausgedehnte Schilfröhrichte. In der weiteren Umgebung des Limfjords gibt es ausgedehnte Heideflächen, in deren Senken sich stellenweise Moorvegetation angesiedelt hat. Um der Sandflucht Einhalt zu gebieten, hat man um 1800 damit begonnen, Wald anzupflanzen. Diese Waldinseln (Plantagen), hauptsächlich aus Blaufichte und Waldkiefer bestehend, ziehen sich wie eine Kette an der dänischen Nordküste entlang, und teilweise stoßen sie fast an den Fjord an.
An Tieren fallen im Limfjordslandet am ehesten die Vögel auf. Verschiedene Arten von Seevögeln brüten hier. Hinzu kommen Arten, wie sie für Süßwasser-Feuchtgebiete typisch sind. Da das gesamte Gebiet ein Einfallstor von Norden her darstellt, kommen auf dem Zug aber auch viele andere Vogelarten vor.

Küstenseeschwalbe landet am Nest.

Moler

Unter Moler versteht man eine Schichtenfolge aus dem Tertiär (Eozän), ein hellgelbes, leichtes und sehr poröses Material. In der Hauptsache besteht Moler aus Ablagerungen von Kieselalgen (Diatomeen), die als Plankton vor etwa 50 Mio. Jahren in einem Meer schwebten, das sich in diesem Teil des Landes ausgebildet hatte. Starben die Algen ab, sanken sie auf den Meeresgrund, und im Laufe langer Zeiträume sammelten sich mächtige Lager (50–60 m stark) an.
Im Moler kommen zahlreiche dunkle Bänder vor. Sie sind auf Vulkanausbrüche zurückzuführen, die im Skagerrak vor der norwegischen Küste stattgefunden haben. Die Eruptionen waren mit Aschenregen verbunden, und die Asche hat sich im damaligen Meer abgelagert, wurde wieder von einer Schicht abgestorbener Kieselalgen bedeckt usw.
Die Moler-Vorkommen am Limfjord sind also für Geologen wie für Vulkanologen aus aller Welt interessant, aber auch für Paläontologen, denn im Moler werden neben Kieselalgen zahllose andere Fossilien gefunden. Das Spektrum umfaßt versteinerte Fische (Haie, Dorsche, Lachse, Makrelen, Thunfische), Reptilien, Vögel, Insekten und Pflanzen. Ein besonders interessanter Fund wurde vor Jahren am Knudeklint auf Fur gemacht. Aus den Resten des Skeletts mit dem gut erhaltenen Schädel konnten die Wissenschaftler schließen, daß sich vor Millionen Jahren 1,50 m lange Meeresschildkröten im Limfjord-Gebiet getummelt haben.

Im Gebiet unterwegs

Die westliche Öffnung des Limfjords wird von Harboør Tange im Süden und Aggertange im Norden gebildet. Auf **Aggertange** ① gibt es Brackwasserflächen, die durch einen Deich vom Fjord abgegrenzt sind. Dieses Gebiet ist vor allem ornithologisch interessant. Es brüten z. B. Rohrweihe (S. 102), Säbelschnäbler, Kampfläufer (S. 76), Uferschnepfe, Brandseeschwalbe, Flußseeschwalbe, Küstenseeschwalbe, Zwergseeschwalbe (S. 79) und Sumpfohreule (S. 93). Im Spätherbst ziehen Singschwan (S. 116), Zwergschwan, Kurzschnabelgans, Ringelgans, Pfeifente, Krickente (S. 40), Spießente, Pfuhlschnepfe, Goldregenpfeifer (S. 78) und Alpenstrandläufer durch. Von den Straßen aus, die von Agger nach Süden führen, kann man das Gebiet gut übersehen. Der Dünenweg ist allerdings nur für Berechtigte offen oder für Radfahrer bzw. Fußgänger.
Auf der **Insel Mors** (s. auch S. 11) steht stellenweise Moler an. Die bekannteste Stelle ist Hanklit im Norden der Insel, immerhin 61 m hoch ②. Dem Thema »Moler« (Geologie und

Im angeschnittenen Moler erkennt man eine feine Schichtung: Helle und dunkle Bänder wechseln ab.

Versteinerter Fisch aus dem Moler – das Stück ist im Museum in Nederby auf der Insel Fur zu sehen.

Hanklit – 61 m hoch – im Norden der Insel Mors. Hier steht Moler an.

Blühende Besenheide (Heidekraut). Die hübschen rosa Blüten öffnen sich im August.

Paläontologie) widmet sich übrigens das Moler Museet in Hesselbjerg im Norden von Mors ③. Im Süden der Insel (Karby Odde, Munkholm Odde) ④a, ④b kommt wieder der Vogelbeobachter auf seine Kosten. Unter den Brutvögeln sind besonders Säbelschnäbler und Küstenseeschwalbe zu erwähnen. Zur Zugzeit kommen z. B. Goldregenpfeifer in großen Zahlen durch.
Moler-Vorkommen gibt es auch auf der Nachbarinsel **Fur**. Moler wird hier auch industriell genutzt. Die rohe Molererde wird zu Dämmsteinen verarbeitet, aber auch zu Granulaten und Pulvern für spezielle Zwecke (z. B. Katzenstreu, Ölbinder, Trägermaterial für Kunstdünger). Eine Besichtigung der Werke ist möglich; man erkundige sich vor Ort nach den Einzelheiten. In dem Ort Nederby gibt es ein Museum ⑤, das über die Entstehung der Insel und der gesamten Landschaft des Limfjords informiert. Das Museum besitzt eine schöne Sammlung von 50 Mio. Jahre alten Fossilien. Abgerundet wird sein Bestand durch eine kulturgeschichtliche Sammlung.
Livø ist eine kleine, nur 330 ha große Insel nördlich der Insel Fur. Auf der nach Süden zeigenden, fingerförmigen Landzunge kann man Seehunde an ihren Ruheplätzen beobachten (aber bitte nur aus weiter Entfernung mit dem Fernglas!). Es besteht eine Schiffsverbindung zwischen Rønbjerg und der Insel (im Sommer zusätzlich zwischen der Insel Fur und Livø).
Vestelige Vejler ⑥ liegt wieder am Nordufer des Limfjords. Lønnerup Fjord, Østerild Fjord und Arup Vejle bilden zusammen einen Flachwasserkomplex mit Lagunen, Süßwassersumpfgebieten und ausgedehnten Schilfröhrichten. Zu den Brutvögeln zählen Rothalstaucher (S. 103), Rohrdommel (S. 103), Graugans, Rohrweihe, Tüpfelsumpfhuhn, Säbelschnäbler und Lachmöwe (Kolonie mit mehreren tausend Paaren). Auf dem Herbstzug kann man in diesem Gebiet Singschwan, Zwergschwan, Saatgans, Goldregenpfeifer und Dunklen Wasserläufer beobachten. Vestelige Vejler ist durch Wege nicht erschlos-

Meeresnahes Feuchtgebiet auf Aggertange im Westen des Limfjordslandet. Hier brüten und rasten viele Vögel.

sen, von den Straßen aus kann man das Gebiet aber ganz gut einsehen.
Fährt man weiter nach Osten, kommt man zum **Tømmerby Fjord** ⑦ und nach **Østelige Vejler** ⑧. Vom Charakter her ist dieses Gebiet ähnlich wie Vestelige Vejler. U. a. kommen Rothalstaucher, Schwarzhalstaucher, Große Rohrdommel, Graugans, Rohrweihe, Tüpfelsumpfhuhn, Uferschnepfe und Alpenstrandläufer als Brutvögel vor. Wie in Vestelige Veijler ist man auch in diesem Gebiet auf die Straßen angewiesen, um seine Beobachtungen zu machen.
Noch weiter im Osten, zwischen Osterby und Gjol liegt **Ulvedybet** ⑨, wieder ein eingedeichter Ausläufer des Limfjords. Von der Straße aus, die südlich am Gebiet vorbeiführt, kann man das Gelände einsehen. Hier mausern Höckerschwäne, Tafelente (S. 90) und Schellente (S. 124). Verschiedene Entenarten, Mittel- und Gänsesäger (S. 200), Säbelschnäbler, Goldregenpfeifer, Zwerg- und

Uferschnepfe – mit typischem Stocherschnabel.

Alpenstrandläufer – im Brutkleid mit schwarzem Bauch.

Graugans – ein Brutvogel der Feuchtgebiete am Limfjord.

Alpenstrandläufer ziehen durch. Ulvedybet muß in Zusammenhang mit dem Gebiet Nibe Bredning ⑩ auf der gegenüberliegenden Seite des Limfjords betrachtet werden. Abschließend sei noch erwähnt, daß das Amt Viborg unter dem Motto »Ud i naturen« geführte Wanderungen für Naturfreunde veranstaltet. Das Programm besorgt man sich am besten an Ort und Stelle.

Praktische Tips

Anreise

Limfjordslandet ist so groß, daß man sich vorher überlegen sollte, welche Teile man näher erkunden möchte. Autofahrer nehmen die E 45 (Hamburg – Flensburg – Kolding – Århus – Ålborg), um das Gebiet von Osten her zu erschließen. Man kann sich aber auch nördlich von Kolding – in Veilje – entscheiden, über die Straße 13 auf Viborg und weiter auf das Zentrum des Limfjordslandet zuzusteuern. Von Veilje aus kann man schließlich über die Straße 18 und ab Holstebro die Straße 11 das Ostende des Fjords erreichen.

Reisezeit

»In Nordjütland gibt es kein schlechtes Wetter. ... Es kann nur die Rede von falscher Bekleidung sein« – so sagen die Verkehrsvereine der Kreise Nordjütland und Limfjord. Für den Pflanzenfreund wird vor allem die Frühsommerzeit für einen Besuch angeraten. Die Heide allerdings steht erst im August in voller Blüte. Für den Vogelfreund gelten zum einen die Brutzeit der Vögel (Mai/Juni), zum anderen der Herbst (Durchzug im September/Oktober) als ideale Reisezeit. Insgesamt

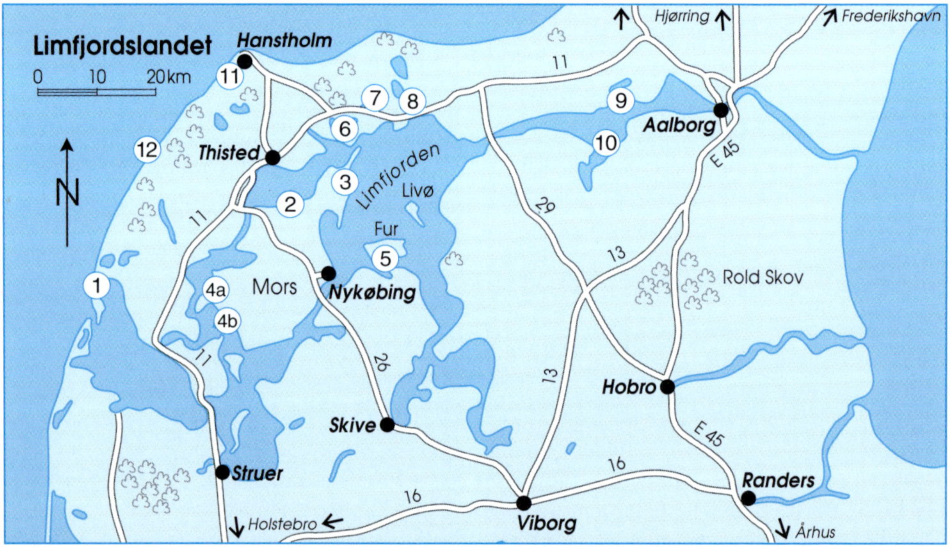

Großflächige Schilfröhrichte bestimmen den Charakter des Feuchtgebietes Østelige Vejler.

wechselt das Sommerwetter in Jütland oft. Vor allem ändern sich die Windrichtung und die Windstärke schnell. Mit Wind muß man eigentlich stets rechnen. Er mag Pflanzenfotografen zur Verzweiflung treiben, andererseits läßt er sich umweltschonend in Elektrizität umwandeln, wie die zahlreichen Windgeneratoren in der Gegend des Limfjords bezeugen.

Unterkunft / Information

Das gesamte Limfjordslandet ist eine Gegend mit intensivem Tourismus. Deshalb findet man dort vom Campingplatz über Ferienwohnungen/ Ferienhäuser bis zum Hotel jede Art von Übernachtungsmöglichkeit. Ein erster Blick auf eine Übersichtskarte macht bereits deutlich, wie dicht etwa die Campingplätze gesät sind.

Touristenbüros bestehen in Thisted, Løgstør, Skive und Viborg.

Blick in die Umgebung

Zum weiteren Limfjord-Gebiet gehört das **Hanstholm-Reservat** ⑪. Es umfaßt die größte Heidefläche Dänemarks und einige flache Weiher. Zu den Brutvögeln gehören Kranich, Tüpfelsumpfhuhn, Kampfläufer und Haubenlerche. Im Spätherbst ziehen Saat- und Kurzschnabelgänse durch. Vom Weg, der vom Hafen Hanstholm der Küste entlang geführt ist, kann man das Reservat einsehen. Nördlich des Hafens liegt ein Punkt, von dem aus man den herbstlichen Vogelzug über See beobachten kann. Und südlich des Reservats liegt Nors Sø, ein See, den man von Nors aus erreichen kann. Hier kann man im Herbst Singschwan, Zwergschwan und Saatgans auf dem Durchzug beobachten.

Südlich von Hanstholm trifft man an der Küste auf den Ort **Vorupør**. Das dortige Nordsee-Aquarium (»Nordsø Akvariet«) ermöglicht einen schönen Einblick in die Unterwasserwelt dieses Meeres ⑫.

Einen Besuch wert, aber immerhin 60 km von Ålborg entfernt, ist auch das Nordsee-Museum in **Hirtshals** mit einem großen Aquarium, einem Seehundbecken und einem Ausstellungstrakt.

Noch weiter entfernt, aber eventuell mit einem Besuch in Hirtshals zu verbinden, ist die Nordspitze Dänemarks mit dem Städtchen **Skagen**. Wo das Land endet (»Grenen«), liegt ein großes **Wanderdünengebiet**. Die höchste Düne, Råbjerg Mile, ist immerhin über 40 m hoch. Sie wandert jedes Jahr 8 m nach Osten.

2 Møn

Insel im Südosten Dänemarks mit naturnahen, krautreichen Buchenwäldern und dem steil zur Ostsee hin abfallenden Kreidefelsen Møns Klint; im Norden ein interessantes Vogelschutzgebiet.

Die reizvolle »Sonneninsel« Møn ist 30 km lang und 6 km breit und hat eine Fläche von 217 km^2. Sie gehört zum Jungmoränenland mit seinen fruchtbaren Böden, die zum großen Teil landwirtschaftlich genutzt werden. Der Süden der Insel ist flach oder leicht wellig und wird im wesentlichen als Ackerland genutzt. Der Norden ist ebenfalls relativ flach. Hier bestimmen aber Wiesen und Feuchtgebiete auf großer Fläche das Bild. Dieser Teil gehört zu den postglazialen Hebungszonen Dänemarks.

Møns Hauptattraktion ist der bekannte Kreidefelsen Møns Klint. Dieses Relikt aus der Kreidezeit konnte während der Eiszeiten von den Eismassen nicht vollständig erodiert werden. Hier ist eine der wenigen Stellen in Dänemark, an denen der präglaziale Untergrund an die Erdoberfläche tritt (dasselbe gilt für Stevns Klint, s. unten). Die Kreidefelsen ziehen sich über einige Kilometer an der Küste entlang und ragen heute an ihrem höchsten Punkt 143 m aus dem Meer. Am Fuß der Kreidefelsen finden Fossilienfreunde ein reiches Betätigungsfeld. Sie können hier ausgiebig nach Versteinerungen von Korallen, Moostierchen, Muscheln, Tintenfischen und Seeigeln suchen. Hin und wieder findet man auch Bernstein am Strand und im flachen Wasser. Dieses fossile Baumharz stammt natürlich aus einer erdgeschichtlich jüngeren Periode (Alter: 40 bis 50 Mio. Jahre) und taucht nur durch Anschwemmung auf.

Møns Store Klint ist wohl das eindrucksvollste Naturphänomen Dänemarks. An mehreren Stellen kann man zum Meer absteigen und dann am Strand entlangwandern.

Der Bärenlauch blüht im Mai/Juni. Die Pflanze bemerkt man am Knoblauchgeruch schon von weitem.

Schwarz-weiß gefärbt, blaugraue Beine, aufgeworfener Schnabel: der Säbelschnäbler.

Pflanzen und Tiere

Die fruchtbaren Böden des Jungmoränenlandes sind natürliche Kalk-Buchenwald-Standorte. Heute sind die Wälder allerdings durch die landwirtschaftliche Nutzung auf relativ kleine Flächen zurückgedrängt. Sie weisen eine typische, artenreiche Begleitflora auf, die sich im Frühjahr in ihrer ganzen Fülle präsentiert. Dann blühen Arten wie: Buschwindröschen, Leberblümchen, Nickendes Perlgras, Bärenlauch, Türkenbundlilie, Gewöhnliche Akelei und Gewöhnlicher Seidelbast. Später im Jahr blühen verschiedene Orchideenarten.

In den Wäldern sind Rehe recht häufig zu beobachten, an den Waldrändern und Feldhainen auch Feldhasen und Fasanen. Im Buchen-Hochwald brüten Bunt- und Schwarzspecht. Meisen, Dohle und Hohltaube stellen sich als Nachfolger der Spechte in deren Bruthöhlen ein.

Im Norden von Møn findet man meernahe Süß- und Brackwasser-Sumpfgebiete und flache Buchten, die bei Niedrigwasser trockenfallen. Hier kommen Kampfläufer (S. 76), Alpenstrandläufer (S. 27) und verschiedene Entenarten vor. Bekannt ist die Brutkolonie von Säbelschnäblern.

Im Gebiet unterwegs

Die südlichen und mittleren Teile der Insel kann man auf verschiedenen Straßen erkunden. Diese Gebiete sind aber für den Naturfreund viel weniger reizvoll als der Osten und der Norden. Zu den **Kreidefelsen**, die sich über 8 km an der Ostküste entlangziehen, gelangt man, indem man Stege und Magleby ansteuert und von dort aus weiter nach Osten fährt. Vom Hauptparkplatz am Ende der Straße aus (bzw. Parkplätzen nördlich und südlich davon) führen verschiedene Fußwege an die Kreidefelsen heran ①. Im Randbereich wachsen stark verkrüppelte Buchen, deren ungeheure Formenvielfalt die Phantasie jedes Besuchers anregt. An mehreren Stellen kann man dann zum Meer hinabsteigen. Von hier aus zeigt sich das Klint in seiner vollen Größe. Am Strand liegen immer wieder reizvolle Fossilien aus der Kreide.

An der Nordspitze von Møn liegt das kleine, aber recht interessante **Naturschutzgebiet Ulvshale/Nyord** ②. Wald (Eiche, Hainbuche), Wacholderheide und Strandwiesen machen die Halbinsel aus. Nyord, die Insel vor Ulvshale, wird von Feldern und Strandwiesen bestimmt. Von Stege aus fährt man auf einer kleinen Straße über Hegningen in Richtung

Strand im Gebiet Ulvshale/Nyord. Vogel- und Pflanzenfreunde sollten sich hier näher umsehen.

Nyord. Am Eingang des Schutzgebietes findet man ein Informationsschild, bei dem ein Rundweg seinen Ausgang nimmt. Links der Straße folgt dann eine Wacholderheide. Fährt man weiter, überquert man die Ostsee auf einem Damm, von dem aus man die verschiedenen Vogelarten gut beobachten kann. Besonders achte man auf den Säbelschnäbler, der in Ulvshale brütet. Im Sommer kommen als charakteristische Vogelarten hinzu: Höckerschwan, Graugans (S. 28), Spießente, Löffelente (S. 103), Uferschnepfe (S. 27), Kampfläufer, Küstenseeschwalbe (S. 24), Turmfalke und Bachstelze (typische Winterarten sind hier: Singschwan [S. 116], Großer Brachvogel [S. 93], Reiherente, Schellente [S. 124], Eisente, Rauhfußbussard [S. 145], Kornweihe, Raubwürger und Schneeammer [S. 129]). Auf einem weiteren Weg vor dem Damm (dort Parkplatz) kann man das Gebiet »Horsnæs enge« näher erkunden. Auf **Nyord** selbst liegt dann rechts der Straße ein Beobachtungsstand. Von hier aus und von dem »Ausguck« bei Nyord kann man die umliegende Landschaft am besten überblicken.

Rechts oben: Rehbock.

Rechts unten: Leberblümchen (Blütezeit: März/April).

In der Kreide findet man viele Versteinerungen, etwa solche Belemniten, die Schulpe von Tintenfischen.

Praktische Tips

Anreise
Møn liegt fast direkt an der Vogelfluglinie, der Hauptroute nach und von Skandinavien. Man braucht also nur einen kleinen Abstecher zu machen, um die Insel kennenzulernen. Auf dem Weg nach Norden biegt man nach Überqueren des Storstrømmen mit seiner langen Brücke von der E 47 auf die Landstraße 287 nach Osten ab. Von Norden kommend, biegt man von der E 47 auf die Hauptstraße 59 nach Osten ab.

Vom Wind geformte Rotbuche am Rand des Store Klint.

Reisezeit
Wer »nur« Møns Klint erleben will, ist von der Jahreszeit her nicht festgelegt. Die Pflanzenwelt der Buchenwälder allerdings präsentiert sich am schönsten in der Zeit (April)/ Mai/Juni. Ein Besuch der Insel während dieser Monate fällt auch zusammen mit der Brutzeit der Vögel. Das Gebiet Ulvshale/ Nyord ist auch zur Zugzeit der Vögel (September) und sogar im Winter interessant.

Unterkunft / Information
Einen Campingplatz findet man z. B. in der Nähe von Møns Klint. Nicht weit davon gibt es auch ein Hotel (am Parkplatz). Privatunterkunft findet man z. B. in Keldby und Stege. Im übrigen ist Møn eine von Touristen viel besuchte Insel mit einem breiten Spektrum an Übernachtungsmöglichkeiten. Das Touristenbüro in Stege hilft bei Fragen vor Ort gerne weiter.

Blick in die Umgebung

Im Gebiet des Storstrømmen kann man Höckerschwäne und Singschwäne auf dem Meer beobachten, je nach Jahreszeit in unterschiedlich großen Zahlen.
Wer Møn als Abstecher eingeplant hat und von hier aus seinen Weg Richtung Schweden fortsetzt, kann zur Abrundung auch noch den nördlich der Fakse Bugt liegenden Kreidefelsen **Stevns Klint** ansteuern. Von der E 4 / E 47 / E 55 biegt man bei Rønnede auf die Landstraße 154 nach Osten ab. Stevns Klint bildet den äußersten Rand der Landzunge zwischen Fakse Bugt im Süden und Koge Bugt im Norden. Auf dem Weg nach Store Heddinge und weiter zum Kreidefelsen kommt man durch **Fakse**, das ein Museum mit einer schönen geologischen und vor allem paläontologischen Sammlung aufweist. In der Nähe liegt ein Kalksteinbruch, wo man selber nach Fossilien suchen kann.

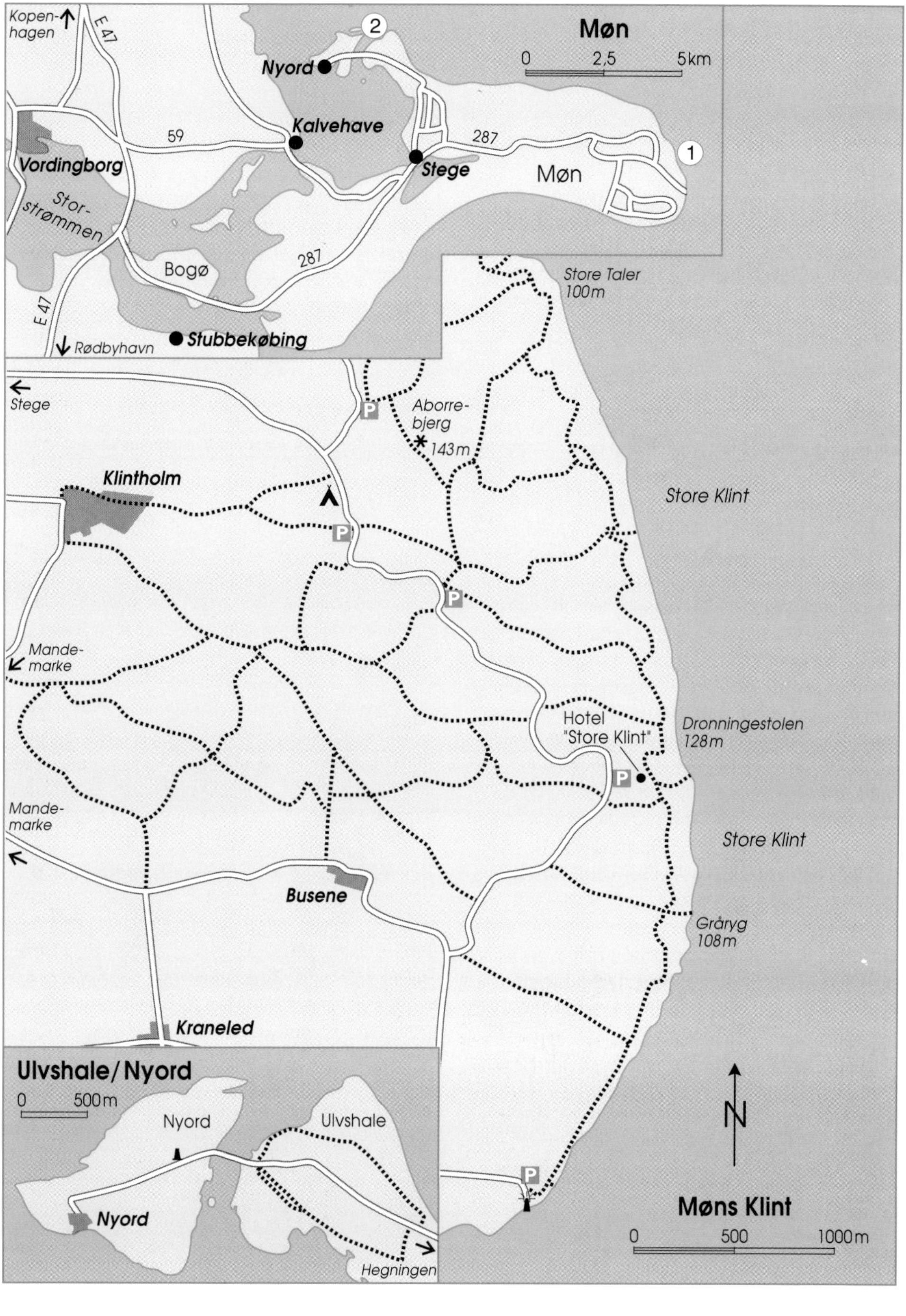

Kopen-hagen
E 47
Nyord
2
Møn
0
2,5
5 km
Kalvehave
59
287
1
Vordingborg
Stege
Møn
Stor-strømmen
287
Bogø
E 47
Rødbyhavn
Stubbekøbing
Store Taler 100 m
Stege
Aborre-bjerg
143 m
Klintholm
Store Klint
Mande-marke
Hotel "Store Klint"
Dronningestolen 128 m
Mande-marke
Store Klint
Busene
Gråryg 108 m
Kraneled
Ulvshale/Nyord
0
500 m
Nyord
Ulvshale
N
Nyord
Hegningen
Møns Klint
0
500
1000 m

3 Bornholm

Insel in der Ostsee mit überwiegend Urgestein als Untergrund; deutlich anderer Charakter als das übrige Dänemark; Felsküsten, Waldgebiete, Moore, Heide und Sandstrand; vielfältige Pflanzen- und Tierwelt; auf den vorgelagerten Erbseninseln einzige Brutplätze felsbrütender Seevögel in Dänemark.

Die Insel Bornholm liegt abseits des übrigen Dänemark (Entfernung von Kopenhagen: 150 km) südlich der schwedischen Südküste (Entfernung: knapp 40 km) in der Ostsee. Die Insel mißt von Rønne bis Svaneke (= von West nach Ost) 30 km, von Sandvig im Nordwesten bis Dueodde im Südosten 40 km und hat eine Fläche von 588 km^2.

Bornholm ist erdgeschichtlich anders als der Hauptteil Dänemarks entstanden und weist deshalb einen gänzlich unterschiedlichen Charakter auf. Während Urgestein im übrigen Dänemark erst in Tiefen von 1300 m – in Nordjütland sogar erst von 5000 bis 6000 m – unter der heutigen Oberfläche liegt, treten in Bornholm alte Granite und Gneise zutage. Insgesamt kann man sich die Insel als einen gekippten Urgesteinsblock mit steilen Felsklippen im Norden und flachem Gelände im Westen und Südosten vorstellen. Geologisch gesehen ist die Insel Bornholm im Zusammenhang mit Schweden zu betrachten. Insgesamt kennzeichnen Granit und Gneis, daneben aber auch Schiefer, Kalk- und Sandstein (bei Neksø) und schließlich mächtige Moränenablagerungen von groben Kiesen bis hin zu feinen Lehmen und Tonen den Untergrund der Insel.

Die Landschaft Bornholms läßt sich in drei große Zonen gliedern. Im Norden gibt es ausgedehnte Gebiete mit Felsküste und Heideflächen, auf denen üppige Bestände von Ginster wachsen. Die Küste bietet vor allem dem meereskundlich interessierten Naturfreund ein reiches Betätigungsfeld. Auf dem Wasser kann er verschiedene Möwenarten, Eiderente und Mittelsäger beobachten. Auf den Steinen sind Grün-, Braun- und Rot-

Anstehendes Urgestein bildet über weite Strecken die Küste Bornholms: die Helligdomsklipperne im Norden.

algen, dazwischen Tiere wie Seepocken angeheftet. Auf den küstennahen Grünlandstreifen wachsen eine Vielzahl von Orchideen und die auffällige Gelbe Spargelbohne. Dominierende Art der Heideflächen ist die Besenheide (S. 26).
Wald bedeckt teilweise das Innere der Insel. Von der ursprünglichen Waldbedeckung der Insel sind aber nur noch Reste vorhanden. Im 17. Jh. sind die Wälder kräftig dezimiert worden. Sie waren Allgemeinbesitz, was sich noch heute in dem Namen »Almindingen« (vgl. das deutsche Wort »Allmende«) für das zentrale Waldgebiet Bornholms widerspiegelt. Neuer Wald kam nicht mehr hoch, weil auf den frei gewordenen Flächen Vieh weidete; erst im 19. Jh. begann die Wiederaufforstung.
Sandstrand zieht sich etwa von Neksø bis Arnager an der Küste entlang. Im Südosten bei Dueodde liegen landeinwärts ausgedehnte Dünenfelder. Die Dünen und vor allem der Sandstrand sind gegenüber der Felsküste eher artenarm.
Die übrige Fläche der Insel wird vorwiegend landwirtschaftlich genutzt.

Silbermöwe im Flug.

Pflanzen und Tiere

Die geologischen und klimatischen Besonderheiten Bornholms haben zu einer artenreichen Flora geführt, die viele Besonderheiten aufweist. Auf Exkursionen kann der Besucher Felseneberesche, Elsbeere, Gewöhnliche und Schwarze Zwergmispel, Schwalbenwurz (S. 85), Weiße Fetthenne, Färberwaid, Mauer-Felsenblümchen, Glänzenden Storchschnabel, Kugelige Platterbse, Knolliges Rispengras und Herbst-Wendelähre in Augenschein nehmen, die auf Bornholm ein Rückzugsgebiet gefunden haben.
Zwischen den Felsen der ungenutzten Küstengrünlandbereiche kommen Mehlprimel, eine Vielzahl von Orchideen (u. a. Holunderknabenkraut, Breitblättriges Knabenkraut, Kleines Knabenkraut) und die Gelbe Spargelbohne vor.

Die »Sieben Schwestern« bei Læsâ, eine Fichte mit sieben nebeneinander aufragenden Stämmen.

Der Wald auf Bornholm ist kaum noch ursprünglich. Vielmehr wurden die meisten Wälder im vorigen Jahrhundert künstlich angelegt, so etwa die 600 ha große Rø Plantage um 1870. Sie bestehen im wesentlichen aus Fichte und Waldkiefer. Ursprünglichen Wald findet man noch im Dondal. In den Buchenwäldern zwischen Allinge und Gudhjem wachsen große Bestände von Bärenlauch (S. 32), die man schon von weitem an ihrem Knoblauchgeruch wahrnimmt.
Auf Bornholm kommen 9 Arten von Amphibien vor. Der Seefrosch hat hier sein einziges Vorkommen in Dänemark. In der Nähe von Tümpeln und Weihern hält sich ein guter Laubfroschbestand. In den Heidegebieten ist die Kreuzotter noch häufig. An Heideweihern und Moorseen begegnet man immer wieder der Ringelnatter.
Über 100 Brutvogelarten sind nachgewiesen worden. Weit verbreitet ist beispielsweise der Sprosser. Auf der Insel gibt es zudem mehrere große Saatkrähenkolonien (S. 110). Der Schwarzspecht hat sich 1965 auf Bornholm angesiedelt. Seit einigen Jahren ist auch der bis dato nur auf dem Zug erschienene Karmingimpel Brutvogel. Die geographische Lage und die klimatischen Besonderheiten haben in den 40er Jahren zu Bruten von Ringdrossel (S. 121) und Bienenfresser geführt.
Bornholm ist auch zur Zugzeit für den Vogelfreund interessant. Sehr schön lassen sich Kranich und Rauhfußbussard (S. 145) auf dem Durchzug beobachten.

Im Gebiet unterwegs

Entsprechend der großen Gliederung der Insel könnten Bornholm-Exkursionen vom Norden/ Nordwesten (Felsküste und Heideflächen) ausgehen, um dann das Innere der Insel (Wald und Heideflächen) und schließlich den Südosten (Sandstrand und Dünen) zu erkunden.
Beginnen sollte man im Gebiet **Hammeren** an der Nordspitze ①. Auf dem Weg zum Leuchtturm kommt man an dem höchsten Felsen Bornholms vorbei, dem 84 m hohen Stejleberg. Vom Leuchtturm bzw. von der Schloßruine Hammerhus aus hat man eine schöne Aussicht. Im südlichen Bereich des Hammeren liegt an der Westküste ein kleiner Vogelfelsen mit brütenden Silbermöwen, Sturmmöwen (S. 71) und Dohlen.
Der südöstliche Bereich ist geprägt durch den bis 1971 betriebenen Granit-Steinbruch, in dem sich ein großer See gebildet hat. In den Felsen brüten Silbermöwe, Sturmmöwe, Dohle und Turmfalke. Die vielen Tümpel und Weiher des Hammeren-Gebietes zeigen eine interessante Flora und Fauna; im Hammersø kommt eine endemische Teichmuschelart vor. Von Hammerhus nach Süden verläuft ein Wanderweg durch Slotslyngen ②, ein schönes Waldgebiet (»schönster Spazierweg im Königreich Dänemark«). Südlich von Allinge führt eine Straße/ein Weg an der **Felsküste** entlang. Sandkås, Tejn, Stammershalle, Helligdomsklipperne (»Heiligtumsklippen«) und Sølvklippen ③ sind die besonders markanten Punkte an diesem Teil der Küste Bornholms. Südöstlich von Gudhjem findet man noch einmal eindrucksvolle Klippen (Randkløve Skår ④).

Der Erpel der Reiherente ist auffällig schwarz-weiß gefärbt. Am Hinterkopf trägt er eine Federhaube.

Ginsterheide am Hammeren im Nordwesten der Insel.

Zwischen Badsted und Helligdomsklipperne liegt das 37 ha große **Naturschutzgebiet Dondal** (»Donnertal«) ⑤. In diesem vom Flüßchen Dondaleåen gegrabenen Tal ist ein schöner Galeriewald mit efeubewachsenen Bäumen ausgebildet. Ein Wasserfall rundet das Erlebnis ab. Die Wanderung vom Parkplatz zum Wasserfall und zurück dauert etwa 1 Stunde.

Nördlich von **Hasle** erstreckt sich ebenfalls eine steile Felsküste mit dem 40 m hohen Jons-Kapel-Felsen und Hvidkleven ⑥ als bemerkenswertesten Punkten. Südlich von Hasle wiederum findet man an der Küste Kiefernwälder und seewärts einen langen Sandstrand.

Zwischen Osterlars/Ostermarie und Åkirkeby erstreckt sich im Inneren Bornholms das große **Waldgebiet Almindingen** ⑦ (übrigens Dänemarks drittgrößtes Waldareal), das man

Links oben: Der Hammersø im Gebiet Hammeren.

Links unten: Schwimmender Krickentenerpel.

Bastemose – ein Feuchtgebiet, das dem Naturfreund viel Abwechslung bietet: interessante Wasser- und Moorpflanzen, Insekten (vor allem Libellen), Amphibien und Reptilien – und natürlich verschiedene Vogelarten.

auf markierten Wanderwegen gut erkunden kann. Zunächst sollte man **Rytterknægten** ansteuern, mit 162 m der höchste Punkt der Insel ⑧; einen Blick vom Aussichtsturm hinunter auf die umgebende Landschaft sollte man nicht versäumen. Weiter ist das **Ekkodalen** ⑨ zu erwandern, wo in Spaltentälern eine interessante Pflanzenwelt auf den Naturfreund wartet. Inmitten des zwischen 1800 und 1830 angelegten Staatswaldes liegen zudem sumpfige Senken, Moore und mehrere kleine Seen.

Im **Bastemose** ⑩ brüten u. a. Rothalstaucher (S. 103), Zwergtaucher, Krickente, Reiherente und Tafelente (S. 90). Baumfalke und Rotfußfalke jagen nicht selten über den offenen Wasserflächen des Moorgebietes. In den Flachwasserzonen wächst Froschbiß in beachtlichen Beständen. Wasserralle, Teichrohrsänger und Drosselrohrsänger brüten in den Schilfröhrichten. Im Randbereich des Moores kommen Geflecktes Knabenkraut und Breitblättriges Knabenkraut vor. Über all dies verschafft man sich vom Beobachtungsturm einen guten Überblick. Mit festem Schuhwerk ist es auch möglich, Bastemose zu umwandern. Vom Knüppeldamm im Moorbereich aus kann man sehr schön verschiedene Libellen und Amphibien, Ringel-

Kreuzkröte – erkennbar an dem hellen Rückenstreifen.

An der Südspitze Bornholms liegt Dueodde. Sandstrand und Dünen prägen hier die Landschaft – ganz anders als im Norden der Insel, wo anstehender Fels die Küste bildet.

natter und Karmingimpel beobachten. Interessant sind weiter die »Sieben Schwestern«, eine Fichte mit sieben nebeneinander aufragenden Stämmen in der Nähe des Parkplatzes, und die Quelle von Læså.
Im Nordwesten des Almindingen-Gebietes liegt **Gamlemose**, ein sehr versteckt liegendes Moor, das von einem Wald mit einer interessanten Krautschicht umgeben ist. Auf der Wasserfläche des Moores wächst die Kleine Teichrose. Im Norden von Almindingen liegt das kleine **Heidemoor Ravnekær**. Hier sind Weiße Seerose und Kleine Teichrose zu finden. Ähnlich strukturiert ist auch **Åremyre** mit seiner von Weißer Seerose bedeckten Wasserfläche. Auf der vom See abgewandten Seite steht an einer Wegkurve die Eiche der Königin Louise.
Die Brutvogelfauna von Almindingen umfaßt neben den schon erwähnten Arten Wespenbussard (S. 51) und Ziegenmelker, einen guten Bestand an Schwarzspecht und andere Waldvögel, die im übrigen Dänemark eher selten sind.

Von dem zwischen Ostermarie und Neksø liegenden Gebiet **Paradisbakkerne** (»Paradieshügel«) ⑪ wird gesagt, daß jeder Bornholm-Besucher etwas sehr Wesentliches versäumt, wenn er diese von Wald bedeckte Anhöhe nicht besucht. Das Gebiet ist von vier Punkten – Gamleborg, Paradisgård, Oksemyrevej und Lisegård – aus zu erwandern. Drei Routen sind in der Landschaft deutlich markiert. Die mit dem roten Punkt gekennzeichnete Strecke dauert 1 Stunde. Folgt man dem blauen Viereck, ist man etwa 2 Stunden unterwegs. Und für die mit dem gelben Dreieck gekennzeichnete Strecke benötigt man rund 3 Stunden. Das Gebiet bietet mit seinen verschiedenen Waldtypen von Bruchwald bis zu trockenem Kiefernwald, seinen Heideweihern und Moorseen viel Abwechslung. Sagenumwobene Großsteine und zu Kegeln aufgeschichtete Kleinfindlinge, die vor langer Zeit als Orientierungshilfen gedient haben, sind weitere Punkte zum Verweilen. Einen besonderen Reiz machen die verschiedenen Spaltentäler aus. Die Randzonen der

Quellbereiche sind oft von Torfmoosen (S. 91) und Farnen umgeben. In den Quellen selbst und in den Abflüssen findet man typische Kleintiere wie Strudelwürmer, Köcherfliegenlarven und Libellenlarven.
Gamledam ist ein noch intaktes Hochmoor mit einem umgebenden Schwingrasen, wo Sonnentau (S. 91), Sumpfschwertlilie, Sumpfblutauge und Wollgrasarten (S. 88) wachsen. **Borgesø** im Südwesten von Paradisbakkerne ist ein großes Feuchtgebiet mit Quellen, Kleinseggenrieden und Feuchtwiesen mit gutem Orchideenbestand.
Um den Leuchtturm von **Dueodde** an der Südspitze Bornholms herum liegen ein großes Dünengebiet und ein weiter Sandstrand ⑫. Wegen ihrer Eigenart und Schönheit sind die zahlreichen Dünen von Dueodde bereits 1936 unter Naturschutz gestellt worden. Im gesamten Naturschutzgebiet werden keine Küstenschutzmaßnahmen durchgeführt. Zur Ruhe gekommene Dünenbereiche sind teil-

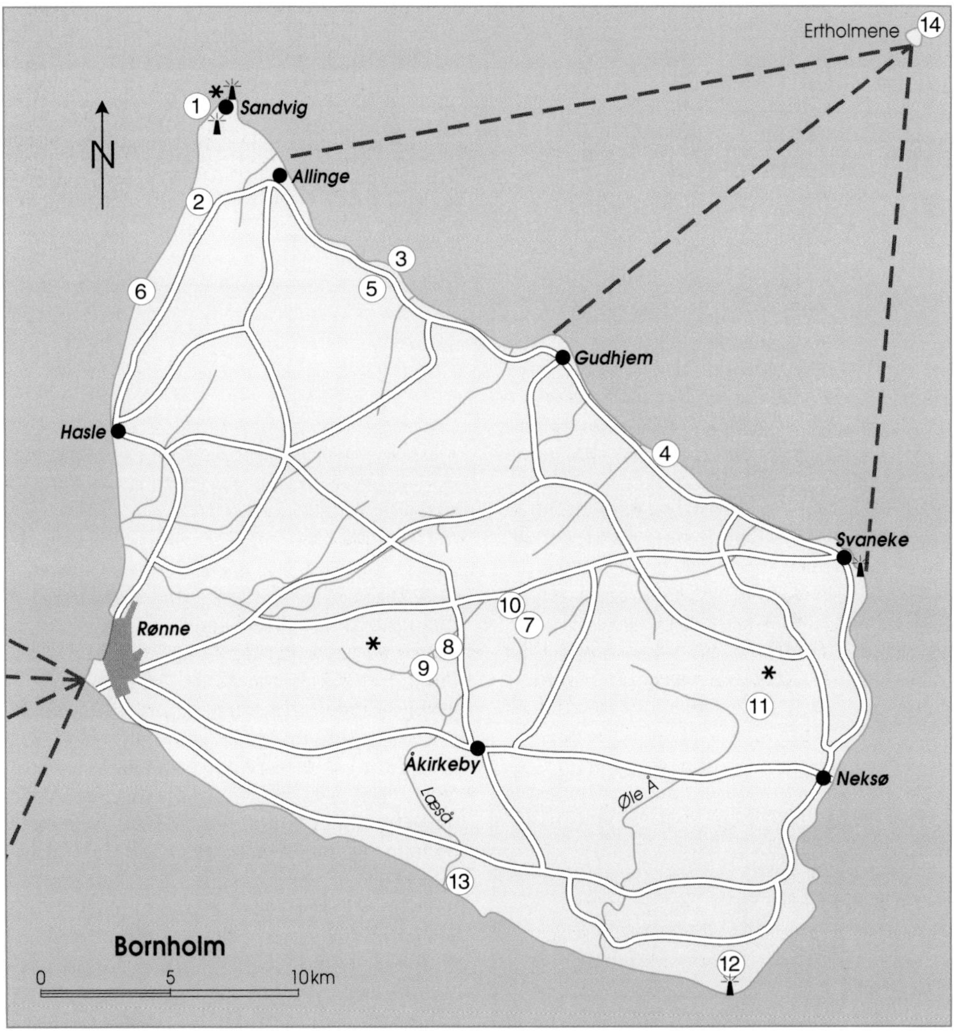

Wacholderheide am Hammeren im Nordwesten der Insel. Das Heidekraut blüht erst im August.

weise mit Krähenbeere und Besenheide bewachsen. Im südöstlichen Bereich der Dueodder Dünen ermöglichen Strandlagunen, periodisch überschwemmte Küstenbereiche, ein bedeutendes Kreuzkrötenvorkommen. Zwischen den Mündungen der Flüsse Læså und Grodby Å liegt ein schöner Küstenstrich ⑬. Wandert man von der Mündung der Læså bis zu ihrer Quelle beim Bastemose, so kann man am Profil des Gewässers die geologische Entwicklung der Insel Bornholm nachvollziehen. Das ganze Gebiet ist als Naturschutzgebiet ausgewiesen.

Als Anregung sei noch gesagt, daß neben Landwirtschaft und Tourismus die Fischerei die dritte große wirtschaftliche Säule von Bornholm ist. In den Fischereihäfen – etwa in Rønne, Tejn, Gudhjem oder Neksø – wird also der meereskundlich Interessierte Einblicke in die Fischfauna bekommen können.

Karmingimpel, Männchen.

Zusammenfassende Informationen über die Insel, auch über deren Flora und Fauna, findet man im Bornholm-Museum in Rønne. Wer sich über die vielen Naturschönheiten, die Bornholm bietet, hinaus mit (hauptsächlich ausländischen) Tieren beschäftigen will, mag einen Besuch von »Bornholms Dyre-og Naturpark« bei Allinge in sein Programm aufnehmen.

Praktische Tips

Anreise

Zur Insel Bornholm (Zielhafen ist Rønne im Südwesten der Insel) bestehen Fährverbindungen von Saßnitz (Dauer der Überfahrt: 3 Stunden und 45 Minuten), von Travemünde (Dauer: 9 Stunden), von Kopenhagen (Dauer: 7 Stunden) und von Ystad an der schwedischen Südküste (Dauer: 2 Stunden und 30 Minuten) aus. Saßnitz – Bornholm ist eine heute interessant gewordene Verbindung. Ystad – Bornholm ist die kürzeste Verbindung, aber man muß immerhin erst einmal nach Südschweden gelangen. Auf Bornholm selbst besteht ein gut ausgebautes Straßennetz. Die Insel ist aber nicht nur mit dem Auto, sondern auch mit dem Fahrrad gut zu erkunden. Fast die ganze Insel ist zudem auf Wanderwegen zu umrunden, die in der Nähe der Küste verlaufen.

Brutkolonie der Trottellumme auf der »Erbseninsel« Græsholm. Lummen fangen ihre Beute tauchend.

Reisezeit
Dem Pflanzenfreund sind vor allem die Monate Mai/Juni für einen Besuch Bornholms zu empfehlen. Die Heide steht allerdings erst im August in voller Blüte. Für den Vogelfreund sind Exkursionen zur Brutzeit der Vögel (Mai/Juni) lohnend, aber auch zur Zugzeit (September).

Unterkunft / Information
Bornholm ist eine Insel, die Jahr für Jahr von vielen Touristen besucht wird. Deshalb findet man vom Campingplatz über Ferienwohnungen/Ferienhäuser bis zum Hotel jede Art von Übernachtungsmöglichkeit. Ein erster Blick auf eine Übersichtskarte macht bereits deutlich, wie dicht etwa die Campingplätze gesät sind (Plätze liegen in/bei Rønne, Åkirkeby, Neksø, Svaneke, Gudhjem, Allinge, Hasle). Jugendherbergen (»vandrerhjem«) bestehen in/bei Rønne, Neksø, Svaneke, Gudhjem, Allinge und Hasle. Die Büros in Rønne oder Allinge helfen Touristen mit Informationen gerne weiter.

Blick in die Umgebung

Nordöstlich vor Bornholm liegt eine kleine Inselgruppe, die felsigen **Ertholmene** (»Erbseninseln«) ⑭. Während die beiden bewohnten, über eine Brücke verbundenen Inseln Christiansø und Frederiksø in erster Linie touristisch interessant sind, ist die unbewohnte **Insel Græsholm** eine biologische Kostbarkeit. Hier liegen nämlich die einzigen dänischen Brutplätze von Trottellumme (1600 Paare; S. 191) und Tordalk (200 Paare). Außerdem brüten auf Græsholm noch Eiderente (2000 Paare; S. 203) und Heringsmöwe (20–30 Paare). Aufgrund der biologischen Bedeutung ist die Insel Vogelschutzgebiet und darf nicht betreten werden. Man kann die Vögel aber durchaus auf dem Meer um die Insel herum zu sehen bekommen. Zu den Erbseninseln bestehen regelmäßige Schiffsverbindungen von Allinge, Gudhjem und Svaneke aus. Die Überfahrt dauert jeweils rund 1 Stunde.

Gelbe Spargelbohne (Blütezeit: Mai/Juni).

4 Falsterbo

Landzunge an der Südwestspitze Schwedens mit vielfältiger Vegetation auf relativ engem Raum: Sandstrand, Strandwiesen, Weiden, Heide und Wald; Brutgebiet für Seevögel und einer der lohnendsten Punkte Europas für Vogelzugbeobachtungen; Vogelstation; Rastplätze für Robben.

Die hammerförmige Landzunge von Falsterbo liegt etwa 30 km südwestlich von Malmö oder 75 km von Helsingborg entfernt. Vor der Landzunge liegt eine Vielzahl von Sandbänken, die die Schiffahrt lange gefährdet haben. Besonders vor der Südspitze ändert sich deren Form ständig, wovon auch die Spitze selbst und die vorgelagerte kleine Sandinsel Måkläppen betroffen ist. Um die Schiffahrt in den Gewässern um Falsterbo herum sicherer zu machen, wurde 1942 der Falsterbokanal fertiggestellt, der die Landzunge zwischen Höllviken und Ljunghusen durchschneidet und sie so in gewissem Sinn zu einer Insel macht.
Vor etwa 7000 bis 10 000 Jahren war der Südwesten Schwedens (Skåne = Schonen) noch mit Seeland verbunden, und die Halbinsel von Falsterbo war mit dichtem Birken- und Fichtenwald bedeckt. Immer wieder wurde aber Sand ins Innere der Halbinsel geweht, und vor etwa 400 Jahren bedeckte der Sand die ganze Gegend. Im 18. Jh. begann dann eine Zeit der Aufforstung, so daß heute einige Waldstücke auf der Halbinsel zu finden sind.
Nördlich von Höllviken ragt eine weitere Landzunge in den Öresund, die Landzunge von Hammar. Die äußerste Spitze ist Vogelschutzgebiet.
Die Landzunge von Falsterbo ist ein Knotenpunkt im europäischen Vogelzug. Im Frühjahr, vor allem aber im Herbst, ziehen Hunderttausende von Vögeln durch und machen auch Zwischenstation. Nicht ohne Grund hat Falsterbo eine Vogelstation (s. S. 51).

Pflanzen und Tiere

Einen Teil der Landzunge nehmen Weiden ein. Die Pflanzenwelt ist hier nicht anders als auf Weiden in Mitteleuropa auch. Interessanter sind die meernahen Wiesen, die unter Süß- bzw. Brackwassereinfluß stehen. In diesen Wiesen kommt die Bastardschwertlilie vor, die am Öresund ihre einzigen schwedischen Vorkommen hat. Zum Öresund hin

Sandregenpfeifer.

Kiebitz.

Blick über die meernahen, von Prielen durchzogenen Feuchtwiesen im Naturreservat Flommen.

bildet Sandstrand die Küste. In den Dünen wachsen Strandsalzmiere und Stranddistel, typische Pflanzen für die Dünen an Nord- und Ostsee. Wegen ihrer Eigenart hat man östlich von Skanör ein großes Heidegebiet (die einzige bedeutende Feuchtheide Schwedens) mit so typischen Pflanzen wie Besenheide (Heidekraut; S. 26), Glockenheide und Heidegagelstrauch erhalten und als Naturreservat ausgewiesen.
Die feuchten Wiesen und die Gebiete entlang der Küste bieten verschiedenen Vogelarten Brutmöglichkeiten. Zu nennen sind Rotschenkel, Sandregenpfeifer und Zwergseeschwalbe (S. 79). Viel interessanter ist Falsterbo aber als Durchzugs- und Rastgebiet für Zugvögel. Die Liste der Arten, die vor allem im Herbst durchziehen, ist von beträchtlicher Länge (bis zu acht Adlerarten können beobachtet werden!). Noch beeindruckender sind aber die Zahlen (bis zu 5000 Bussarde können an einem einzigen Tag durchziehen!).
Historisch interessant ist, daß Skanör und Falsterbo vom 12. bis 16. Jh. Zentren des Heringfangs gewesen sind. Damals müssen riesige Heringsschwärme vor der Küste Schonens entlanggezogen sein.

Im Gebiet unterwegs

Für den Pflanzenfreund und Botaniker sind vor allem das Gebiet **Knösen** nördlich von Skanör ① und das **Naturreservat Flommen** ganz im Westen südlich des Hafens von Skanör ② interessant. In den feuchten Wiesen von Knösen hört und sieht man vor allem Kiebitz, Rotschenkel und Austernfischer. Daneben kann man Reiherente (S. 39), Stockente, Brandgans und Höckerschwan beobachten. Bei einem Besuch im Juni steht hier die Bastardschwertlilie in voller Blüte. Zu den Dünen hin blüht auf größeren Flächen das Schmalblättrige Weidenröschen. In den Dünen selbst ist die Stranddistel zu finden. Schwertlilie und Stranddistel stehen in Schweden übrigens unter besonderem Schutz! In den Gebieten zwischen den feuchten Wiesen und der Küste brüten Sandregenpfeifer und Zwergseeschwalbe.

Die Strandsalzmiere, eine typische Pflanze der Dünen, blüht im Juni/Juli.

Im Mai/Juni blüht auf feuchten Wiesen die Bastardschwertlilie.

Zwischen Ljunghusen und Skanör/Falsterbo liegt das große **Heidegebiet Skanörs Ljung** ③. Dieses Gebiet lohnt besonders einen Besuch, wenn die Heide blüht. Im Hochsommer ist die ganze Fläche mit einem rosa Hauch überzogen. Neben der Besenheide kommen auch Glockenheide, Lungenenzian und Heidegagelstrauch vor. Im Herbst kann man über der Heide Tausende von Greifvögeln auf dem Durchzug beobachten, u. a. Wespenbussard und Mäusebussard in größerer Zahl. Die Greife nutzen die hier herrschenden Aufwinde, um kreisend Höhe zu gewinnen. Am besten postiert man sich entlang der Straße auf der westlichen Seite von Skanörs Ljung.

Überschreitet man die Reviergrenze, setzt sich der Rotschenkel auf eine erhöhte Warte und warnt.

Neben diesem Gebiet empfehlen sich für Beobachtungen des Vogelzuges vor allem folgende Punkte:

▷ um die Vogelstation ④ herum;
▷ Kolabacken und der Leuchtturm im Süden der Landzunge ⑤;
▷ Nabben, die Südspitze der Landzunge, ist ein guter Platz zur Beobachtung ziehender Enten und Gänse ⑥.
▷ Knösen im Norden und die Gebiete südlich davon ① sind ebenfalls vielversprechend.

Exkursionen entlang des Spülsaums am Strand – die Einheimischen sprechen von »einem der schönsten Sandstrände in ganz Schweden« – geben einen Einblick in die Unterwasserwelt der Ostsee. Neben verschiedenen Schnecken und Muscheln wird man immer wieder die Eier vom Katzenhai und die Gelege von Wellhornschnecken finden, aber auch angeschwemmte Quallen und Grünalgen wie den Meersalat. Ein Naturführer mit Abbildungen erleichtert das Bestimmen der Spülsaumfunde.

In den Dünen an Ost- und Nordsee wächst die Stranddistel (Blütezeit: Juni bis Oktober).

Im gleichen Lebensraum blüht im Juni/Juli die Strandplatterbse.

Zur Abrundung der Beobachtungen auf der Landzunge sei noch der Besuch des Museums von Falsterbo mit seinem reichhaltigen Anschauungsmaterial empfohlen (offen Juni bis August). Es liegt ganz in der Nähe der Vogelstation.

Praktische Tips

Anreise
Von Malmö aus führt die E 6 direkt nach Süden. Kommt man (gegebenenfalls mit der Fähre Travemünde – Trelleborg) von Trelleborg, nimmt man ebenfalls die E 6, diesmal aber in Richtung Nordwesten (= Richtung Malmö). Bei Vellinge biegt man auf die LV 100 ab, die über Höllviken nach Skanör/Falsterbo führt.

Reisezeit
Will man das Gebiet um Falsterbo vor allem wegen seiner landschaftlichen Eigenart und seiner Pflanzenwelt kennenlernen, empfiehlt sich die Zeit zwischen Anfang Juni und Mitte Juli. Die Heide blüht allerdings erst im August. Um den Vogelzug zu beobachten, sollte man zwischen Ende August und Mitte Oktober an Ort und Stelle sein. Das Zuggeschehen wird insgesamt sehr von der herrschenden Windrichtung beeinflußt. Tage mit West- oder Nordwestwind sind ideal. Kommt der Wind dagegen von Südosten, bestehen deutlich schlechtere Beobachtungsmöglichkeiten.

Unterkunft / Information
In den 4 Orten der Landzunge – Höllviken, Ljunghusen, Skanör und Falsterbo – findet man von Hütten über Zimmer und Ferienwohnungen bis zu Hotels alle Übernach-

Die Brandgans (= Brandente) brütet im Dünengelände. Als Höhlenbrüter bezieht sie gerne Kaninchenbaue.

Ein Vogel hat sich im Japannetz verfangen.

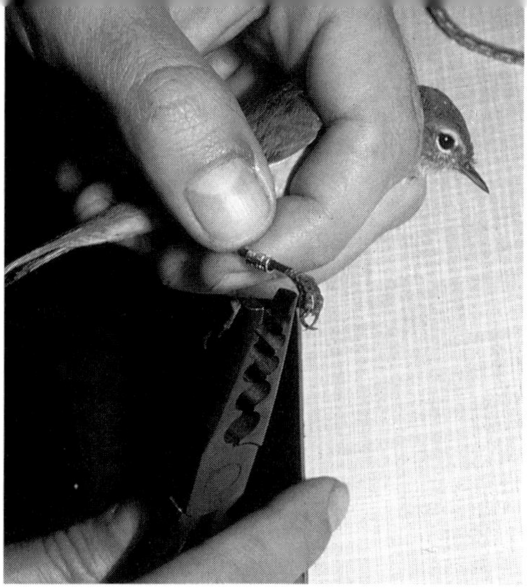

Das Beringen eines Vogels erfordert Sachverstand.

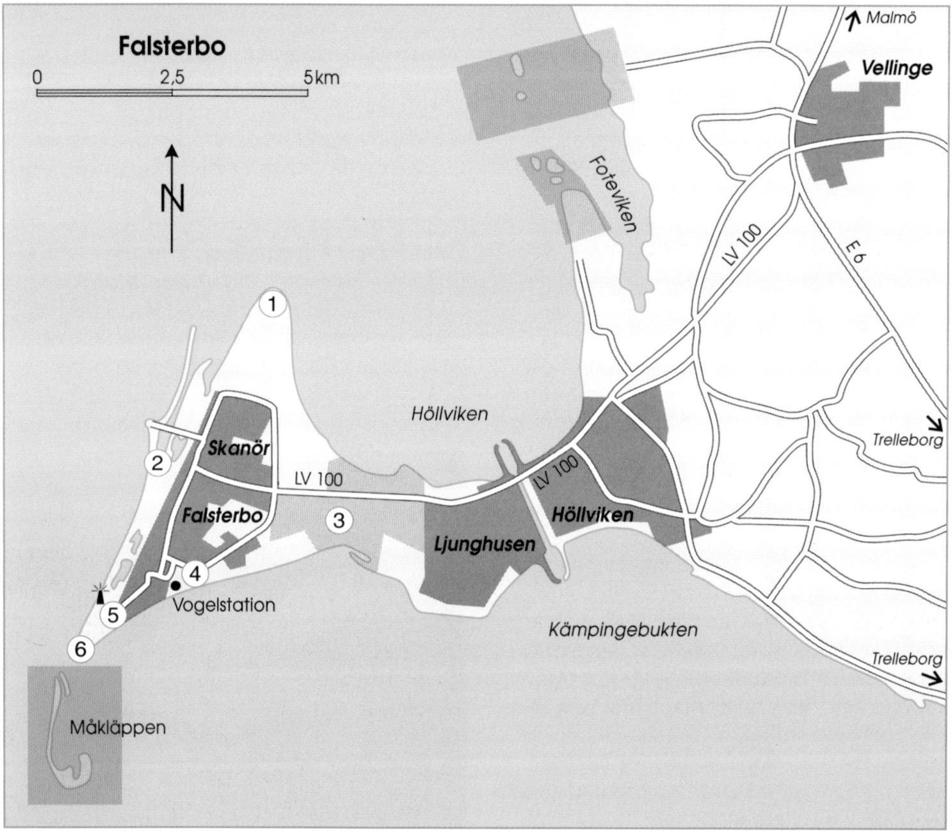

Vogelwarten und Vogelzugforschung

Eine wichtige Fragestellung der Ornithologie war und ist die Erforschung des Vogelzuges mit allen seinen verschiedenen Aspekten. Dabei kommt den Vogelwarten und ihren Mitarbeitern als wichtige Aufgabe das Beringen von Vögeln zu. Die Vögel werden in feinen Netzen oder speziell konstruierten Fallen gefangen und bekommen leichte Aluminiumringe um die Beine gelegt. Freigelassen, tragen die Vögel die Ringe dann bis zum Tod. Wenn ein solcher Ring auf bisweilen sehr ungewöhnlichen Wegen zurück in die Hände der Forscher gelangt, können diese anhand der Ringnummer feststellen, wo der betreffende Vogel beringt worden ist. Liegt eine entsprechende Anzahl von Wiederfunden vor, kann man etwa bestimmte Aussagen machen oder schon genaue Zugkarten zeichnen.

Die vielen Daten sind aber nur in »Beringungszentralen« zu verwalten. Deshalb wurden in der ersten Hälfte unseres Jahrhunderts Vogelwarten eingerichtet, von wo aus die gesamte Arbeit gesteuert wird. In Deutschland gibt es etwa die Vogelwarten Helgoland (mit Hauptsitz in Wilhelmshaven) und Radolfzell, Österreich verfügt über die Vogelwarte Neusiedler See, die Schweiz über die Vogelwarte Sempach, Schweden über die Station in Falsterbo.

Wenn die Wissenschaftler Vögel beim Beringen in die Hand bekommen, sammeln sie heute auch gleich eine Reihe anderer Daten. Die Vögel werden gemessen und gewogen, ihr Mauserzustand wird erfaßt, ihnen werden kleine Stücke von Federn entnommen usw. So können die Ornithologen viele Fragestellungen untersuchen, die nicht direkt mit den Wanderungen und Zugbewegungen zusammenhängen, beispielsweise die Verbreitung der betreffenden Art, aber auch die Ursachen ihres Rückgangs, die Belastung der Vögel mit Schadstoffen und Giften aus der Umwelt und vieles mehr. Weitere Fragestellungen können nur unter kontrollierten Bedingungen untersucht werden, und deshalb verfügen die Vogelwarten heute auch über Labors.

Insgesamt sind Vogelwarten also Institute, die sich (fast) ausschließlich der Vogelforschung widmen. Viele Fragestellungen der Forschung, die großen Umweltprobleme wie die Verschmutzung der Meere oder Klimaveränderungen und die Maßnahmen zum Schutz besonders gefährdeter Arten erfordern weltweite Zusammenarbeit und vor allem Abhilfe. Deshalb arbeiten die Ornithologen heute auf internationaler Basis eng zusammen.

tungsmöglichkeiten. Ein großer Campingplatz (hier sind auch Hütten zu mieten) liegt am Ortseingang von Falsterbo (Hinweisschild an der LV 100 beachten). Skanör hat auch eine Jugendherberge (»vandrarhem«). Ein Touristenbüro besteht in Höllviken.

Falsterbo ist berühmt für seinen Durchzug an Greifvögeln. Hier ein Wespenbussard im Flug.

Glockenheide (Blütezeit: Juli/August).

Lungenenzian (Blütezeit: Juli bis Oktober).

Heidegagelstrauch (Blütezeit: April/Mai).

Blick in die Umgebung

Südlich der Landzunge von Falsterbo liegt die Insel **Måkläppen**. Sie ist einerseits Brut- und Rastgebiet für verschiedene Arten von Seevögeln. Beispielsweise brüten hier 400–500 Paare Eiderenten (S. 203), Säbelschnäbler, Zwergseeschwalbe und – als Seltenheit – die Raubseeschwalbe. Andererseits haben auf der Insel Seehunde und Kegelrobben ihre Ruheplätze. Deshalb ist die Insel Måkläppen auch Naturschutzgebiet und darf in der Zeit vom 1. März bis zum 31. Oktober nicht betreten werden.

Nördlich von Höllviken liegt an der Spitze der fingerförmigen Landzunge Hammarsnäs das **Naturschutzgebiet Foteviken**. Es ist – wie Måkläppen – vom 1. März bis 31. Oktober gesperrt. In Foteviken brüten z. B. Säbelschnäbler, Kampfläufer (S. 76) und Seeregenpfeifer. Am reizvollsten ist das Gebiet zur Zugzeit. Dann kann man z. B. Goldregenpfeifer (S. 78), Uferschnepfe (S. 27), Kampfläufer, Säbelschnäbler, Kornweihe und Sumpfohreule beobachten.

5 Dalby-Hage-Nationalpark und -Naturreservat

Ein von naturnahem Laubwald geprägtes Gebiet, das einen Eindruck gibt, wie die potentiell natürliche Vegetation im südschwedischen Flachland in etwa ausgesehen hat bzw. welche Vegetation sich entwickeln würde, wenn die Bewirtschaftung durch den Menschen aufhörte.

Das Schutzgebiet Dalby Hage liegt im Südwesten Schwedens in der Landschaft Schonen. Es setzt sich zusammen aus dem 1918 eingerichteten Nationalpark Dalby Söderskog sowie dem unmittelbar angrenzenden Naturreservat mit dem Wald Dalby Norreskog und dem ihn umgebenden Wiesenland. Das Naturreservat wurde 1979 eingerichtet. Das gesamte Gebiet Dalby Hage hat eine Fläche von 111 ha, davon entfallen auf den Nationalpark Dalby Söderskog aber nur 37 ha.

»Ziel der Einrichtung des Nationalparks und Naturreservats Dalby Hage sind Schutz und Erhaltung eines südschwedischen Laubwaldgebietes mit besonderer kulturhistorischer, botanischer und zoologischer Bedeutung sowie dessen großer Stellenwert für die Freizeitgestaltung.« – so die Vorstellung des schwedischen Naturschutzes. Und tatsächlich ist Dalby Hage so etwas wie eine Urkunde aus vergangenen Zeiten.

Hat man den Söderskog durchwandert, gelangt man über diese Wiesen- und Weideflächen zum Norreskog (im Hintergrund). Die Nutzung wird gezielt weitergeführt, um die typische Pflanzenwelt zu erhalten.

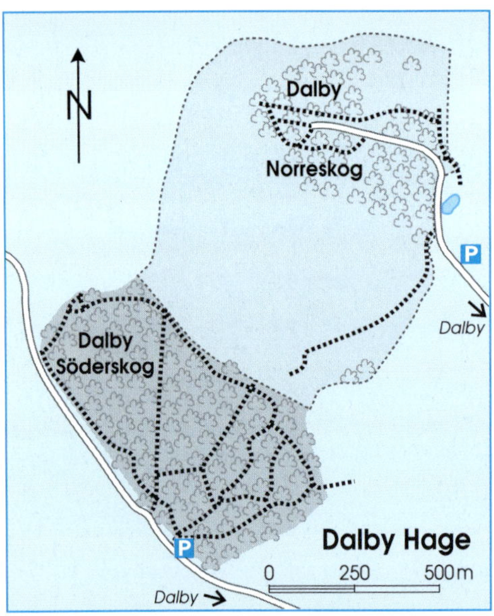

Singend und mit den Flügeln schlagend macht das Starenmännchen auf sein Revier aufmerksam. Der Vogel brütet in den natürlichen Höhlen des Baumbestandes.

Allerdings ist der Söderskog erst seit seiner Unterschutzstellung im Jahr 1918 sich selbst überlassen und wird sich erst im Lauf der Zeit zum Naturwald entwickeln. Bis zur Einrichtung des Nationalparks war der Wald durchaus als Weide für das Vieh und als Holzlieferant genutzt worden. Der Baumbestand, in dem man Eichen und Buchen geschont hatte, weil sie wertvolle Früchte für das Vieh lieferten, war damals recht licht.
Die freie Entwicklung im Söderskog hat nun dazu geführt, daß der Wald wieder dichter wurde und einst zurückgedrängte Baumarten (Esche, Bergulme) stärker hochkommen können als früher. Insgesamt hat sich die Anzahl der Pflanzenarten zwischen 1925 und 1970 von 208 auf 122 verringert. Dies nimmt man

aber bewußt in Kauf, denn Dalby Söderskog hat einen naturnahen Baumbestand, wie er im übrigen Schonen kaum noch zu finden ist, und selbst er ist nur ein Rest des ehemaligen größeren Waldkomplexes »Skrylle skog«, der im 17. Jh. weitgehend abgeholzt worden ist.
Der Norreskog stockt auf ärmeren Boden als der Söderskog, und seine Nutzung ist bis zum Jahr 1932 weitergegangen; erst dann wurde auch hier die Waldweidewirtschaft in der bis dato üblichen Form eingestellt. Die Beweidung soll hier in Zukunft nur noch zielgerichtet weitergeführt werden; man will einen offenen Waldtyp erhalten. Auch die Beweidung der Wiesenflächen zwischen Söderskog und Norreskog soll weitergehen, um den Artenreichtum der Vegetation zu erhalten.

Pflanzen und Tiere

Der Baumbestand des Nationalparks setzt sich vor allem aus Rotbuche, Stieleiche, Bergulme, Vogelkirsche und Esche zusammen. In der Strauchschicht wachsen Jungpflanzen der genannten Baumarten und Hasel. Interessant sind die Anteile der einzelnen Baumarten; seit Einrichtung des Nationalparks verschieben sie sich nämlich recht kräftig.
Besonders lohnend ist ein Besuch des Gebietes im Frühjahr, weil dann deutlich wird, wie artenreich die Krautschicht des Waldes ist. Ein auf weiten Flächen den Boden bedeckender Frühblüher (s. S. 59) ist das Buschwindröschen. Auch das ganz ähnliche Gelbe Windröschen, das Scharbockskraut, der Hohle Lerchensporn mit den typischen endständigen Trauben aus 10–20 lila, rötlich oder weiß gefärbten Einzelblüten und als Kostbarkeit der Gewöhnliche Gelbstern blühen in der dichten Krautschicht. (Hinweis: Immer wieder sind Waldspaziergänger verlockt, einen Strauß Buschwindröschen oder Gelbe Windröschen zu pflücken. Die Pflanzen welken aber sehr rasch, denn die Blätter besitzen keinerlei Verdunstungsschutz. Im übrigen ist das Pflücken von Blumen im Nationalpark ohnehin verboten!) Nach der Blütezeit der Frühblüher kommen Arten wie die Goldnessel, Waldsauerklee, Vielblütige Weißwurz, Waldziest und Waldbingelkraut zur Entfaltung.
Etwas anders sieht die Pflanzenwelt der Wiesen/Weiden zwischen den beiden Waldgebieten aus. Hier wachsen – je nach Feuchtigkeit des Standorts – Kriechender Hahnenfuß, Weißklee, Wiesenschaumkraut bzw. Gemeine Schafgarbe, Harzer Labkraut und andere Arten.
In Dalby Hage kann man in der Morgen- und Abenddämmerung Rehe beobachten, aber auch den Rotfuchs. Weiter kommen Feld-

Ein alter Baumbestand mit teilweise knorrigen Bäumen prägt das Bild im Söderskog.

Der Kleiber kann Kopf voran stammabwärts laufen.

Scharbockskraut (Blütezeit: März bis Mai).

Hohler Lerchensporn (Blütezeit: März bis Mai).

hase und Wildkaninchen vor. Und auch der Igel ist bisweilen auf der Nahrungssuche anzutreffen.

Typische Vögel des Gebietes sind Bunt-, Grün- und Schwarzspecht. Von der Bautätigkeit der Spechte profitieren besonders der Star, aber auch Kohl- und Blaumeise. Sie alle finden in den reichlich vorhandenen hohlen Bäumen genügend Nistmöglichkeiten. Das gilt im übrigen auch für den Waldkauz. Weiter kommen im Gebiet vor: Ringeltaube, Amsel, Sprosser, Trauerschnäpper, Mönchsgrasmücke, Fitis, Buchfink, Kernbeißer und Nebelkrähe.

Aronstab (Blütezeit: April/Mai).

Buchfink, Männchen. Das Weibchen ist grünlich gefärbt.

Gelbes Windröschen (Blütezeit: März bis Mai).

Man sollte auch auf die Insekten achten, die in großer Artenzahl im Park vertreten sind. Am ehesten fallen die verschiedenen Schmetterlingsarten auf, die vor allem auf den Wiesenblumen des den Norreskog teilenden sogenannten Viehtriebs anzutreffen sind. Dieser Teil des Parks wird jährlich Ende Juli gemäht, um die Vielfalt der Wiesenblumen und damit die Nahrungsgrundlage der Schmetterlinge und anderer Insekten zu erhalten.

Den Söderskog durchzieht ein Netz von Wanderwegen. Im Frühjahr erscheinen in der Krautschicht zahlreiche Frühblüher.

Die Hohe Schlüsselblume blüht von März bis Mai. Die Blüten sind schwefelgelb.

Die Bergulme ist in Südschweden noch recht häufig.

Im Gebiet unterwegs

Aufgrund seiner geringen Größe kann man das Gebiet innerhalb eines (geruhsam verbrachten) Tages hinreichend kennenlernen. Man suche zunächst den Parkplatz am Eingang zum Nationalpark (Dalby Söderskog) auf. Dort kann man das Auto gut abstellen, und dort findet man eine Informationstafel, die einem das Gebiet vorstellt. Die ausgelegte Broschüre nimmt jeder Naturfreund sicher gerne mit.

Es gibt ein Netz von Wanderwegen, mit dessen Hilfe das gesamte Gebiet zu erschließen ist. Es ist deshalb nicht notwendig (und im übrigen verboten!), von den Wegen abzugehen. Wer nicht viel laufen möchte, kann von dem Parkplatz am Parkeingang aus zunächst Dalby Söderskog erkunden, um dann zu einem zweiten Parkplatz zu fahren und von dort aus Dalby Norreskog kennenzulernen. Wer eine etwas längere Wanderung nicht scheut, der kann vom Teil Söderskog aus über die Wiesen/Weiden zum Teil Norreskog und wieder zurück laufen.

Praktische Tips

Anreise

Kommt man aus der Gegend von Lund (die Stadt erreicht man von Malmö aus über die E 66), nimmt man die RV 16 in Richtung Dalby. Ein paar Kilometer vor Dalby biegt man nach Norden und dann noch einmal nach links ab, um zum Parkplatz am Eingang des Nationalparks zu gelangen. Dalby ist von Lund aus auch mit dem Bus zu erreichen, genauso wie von Malmö aus.

Reisezeit

Frühjahr und Frühsommer sind eindeutig die schönsten Jahreszeiten, Dalby Hage zu besuchen. Im April/Mai haben sich die Frühblüher maximal entwickelt. Das Laub der Bäume entfaltet sich etwas später. Dann brüten auch die meisten Vögel, und die Blumen auf den Wiesen und Weiden im Gebiet blühen.

Frühblüher

Im zeitigen Frühjahr, lange bevor an den Laubbäumen die ersten Blätter erscheinen, blühen am Waldboden verschiedene Pflanzen, die, wenn sie wie das Buschwindröschen, das Gelbe Windröschen, das Leberblümchen oder die Lerchenspornarten in regelrechten Herden wachsen, den Aspekt eines Waldes prägen. Man nennt diese Gruppe von Pflanzen Frühblüher. Eine interessante biologische Frage ist, wie diese Pflanzen so früh im Jahr Blätter und Blüten ausbilden können. Die Lichtstrahlen können dann zwar ungehindert bis zum Boden gelangen, aber die Tageslichtdauer und die Strahlungsintensität würden dennoch nicht ausreichen, der Pflanze die notwendige Produktion von Baustoffen für Blüten und Blätter zu ermöglichen.

Die Frühblüher haben deshalb Speicherorgane, in denen bereits im Vorjahr diese Bausubstanz angesammelt worden ist. Würde man beispielsweise ein Buschwindröschen ausgraben, stieße man auf einen verdickten Erdsproß. Beim Hohlen Lerchensporn findet man im Boden eine hohle Knolle (Name!). Ein weiteres Speicherorgan ist die Zwiebel, wie sie das Schneeglöckchen aufweist (oder auch die Tulpe, um eine früh blühende Gartenblume zu nennen). Aus dem Nährstoffvorrat in den Speicherorganen können die Frühblüher schon im Februar/März Blüten und Blätter aufbauen. Wenn sich dann im Mai/Juni das Kronendach geschlossen hat und kaum mehr Licht zum Waldboden dringt, sterben die Pflanzen ab. Vorher haben sie freilich einen neuen Nährstoffvorrat für den Austrieb im nächsten Frühjahr angelegt.

Kleinspecht – das Männchen hat eine rote Kopfplatte.

Unterkunft / Information

Im Gebiet selbst ist das Zelten nicht erlaubt. Auch in der Nähe gibt es keinen Campingplatz. Für eine Nacht kann man sich aber in der Umgebung an geeigneter Stelle einen Platz für sein Zelt suchen (Jedermannsrecht beachten!). Sonst findet man Übernachtungsmöglichkeiten in Dalby oder in Lund. Lund hat sowohl eine Jugendherberge (»vandrarhem«) wie ein Touristenbüro.

Blick in die Umgebung

Einige Kilometer nordöstlich von Dalby Hage liegt der **Krankesjön**, ein für Vogelfreunde interessanter, flacher, eutropher See. Von zwei Beobachtungstürmen aus kann man die Wasserfläche überblicken. Das Gebiet ist sowohl zur Brutzeit – es brüten u. a. Schwarzhalstaucher, Rohrdommel (S. 103), Krickente (S. 40), Knäkente (S. 106), Löffelente (S. 103), Kiebitz (S. 46), Bekassine, Uferschnepfe (S. 27), Rotschenkel (S. 48) und Beutelmeise – als auch im Frühjahr und Herbst einen Besuch wert. Saatgänse und einige Greifvogelarten kann man auch im Winter beobachten.

6 Stenshuvud-Nationalpark

Biologisch und geologisch interessantes Gebiet direkt an der Ostseeküste; verschiedene Waldtypen, Gebüschgruppen und Heideflächen; in den felsigen Küstenabschnitten schöne Einblicke in die Unterwasserflora und -fauna der Ostsee.

Der Nationalpark liegt an der Ostküste Schonens (Provinz Kristianstad) zwischen Simrishamn im Süden und Kivik im Norden und grenzt direkt an die Ostsee. Er wurde erst 1986 eingerichtet und ist damit Schwedens jüngster Nationalpark. Wie in manchem anderen süd- und mittelschwedischen Nationalpark, wurde hier ein Stück Kulturlandschaft mit unter Schutz gestellt. Insgesamt umfaßt der Nationalpark 390 ha, davon 90 ha Wasserfläche.
Stenshuvud ist Teil des fenno-sarmatischen Schildes. Der Untergrund besteht also aus Urgestein, im wesentlichen rötlichem Granit. Der Fels ist bis zu 97 m aufgewölbt; so hoch ist Stenshuvud, das »steinerne Haupt«. Zur Ostsee hin fällt der Hügel ziemlich steil ab, der Strand wird in diesem Küstenabschnitt von anstehendem Gestein gebildet. Nördlich und südlich des Granitsockels liegen große Geröllfelder am Strand, noch weiter südlich stößt man auf Sandstrand.
Südlich des Stenshuvud liegt ein weiterer exponierter Felshügel, das 80 m hohe Kortelshuvud. Sieht man von den beiden Huvuds ab, neigt sich das Gelände des Parks ziemlich flach der Ostsee zu.
Das gesamte Gebiet ist über viele Jahrhunderte hin als Weideland genutzt worden. Ackerbau hat nur eine untergeordnete Rolle gespielt. Der vorhandene Wald diente als Holzlieferant, er wurde aber auch genutzt, um Laub als Viehfutter zu gewinnen. Auch Torf wurde im heutigen Nationalparkgebiet abgebaut. Nach der starken Abholzung des Waldes im 17. und 18. Jh. war Stenshuvud großflächig halboffenes Weideland. Als die Weidenutzung in diesem Jahrhundert mehr und mehr abnahm, wuchsen die offenen Flächen allmählich wieder zu, was natürlich das Verschwinden verschiedener erhaltens-

Über weite Strecken hin ist die Küste im Park felsig. Auf den Steinen findet man verschiedene Algenarten angeheftet. Südlich liegt ein Gebiet mit Sandstrand.

werter Pflanzen- und Tierarten zur Folge hatte. Seit den 60er Jahren werden nun gezielt Rodungsmaßnahmen durchgeführt, und auch die Beweidung wurde gebietsweise wieder aufgenommen, um im Sinne des Naturschutzes ein außergwöhnliches Gebiet zu erhalten.

Pflanzen und Tiere

Für den Naturfreund bietet Stenshuvud viel. Die Pflanzenwelt des Parks ist artenreich; etwa 450 Gefäßpflanzen sind nachgewiesen worden.
In den Laubwäldern dominiert die Hainbuche. Es sind aber auch Bestände mit Rotbuche, Eiche und Esche vertreten. Linde und Hängebirke sind weniger häufig. Die Hasel ist in der Strauchschicht gut vertreten. An den Bäumen klettern Gewöhnlicher Efeu und Waldheckenkirsche (= Waldgeißblatt, mit einem zur Blütezeit im Juli betörenden Duft!) empor.
Im Frühjahr fallen in den Wäldern die typischen Frühblüher (s. S. 59) wie Buschwindröschen, Gelbes Windröschen (S. 57) und Hohler Lerchensporn (S. 56) auf. Später blühen dann etwa Bärenlauch, Waldbingelkraut, Goldnessel und Große Sternmiere. Auf den offenen Flächen wachsen Besenheide (S. 26) und Feldthymian. Dazwischen stehen

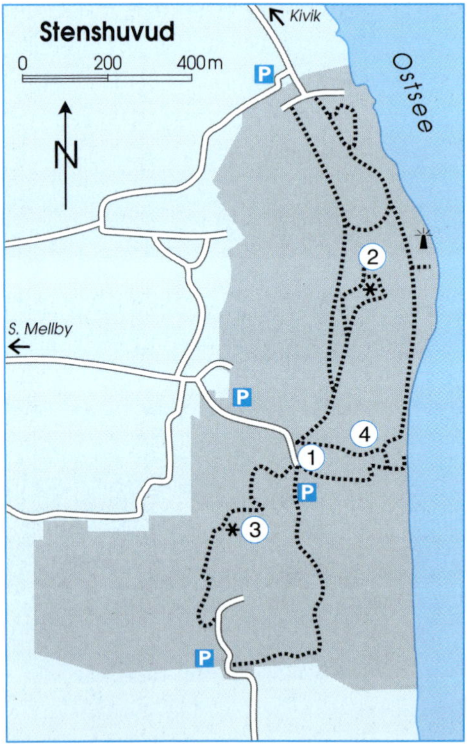

Über dem Geröllstrand türmt sich das 97 m hohe »steinerne Haupt« auf. In diesem Bereich findet man kaum noch Meeresalgen.

Gebüschgruppen aus Schlehdorn, Weißdorn und Heckenrose.

Die botanisch interessantesten Arten des Nationalparks sind Gewöhnliche Küchenschelle, Wiesenküchenschelle, Glänzender Storchschnabel, Springschaumkraut, Felsenfetthenne, Astlose Graslilie und Stranddistel (S. 49). Auch die Orchideenfreunde kommen in Stenshuvud auf ihren Kosten: Großes Zweiblatt, Nestwurz, Zweiblättrige Kuckucksblume und mehrere Knabenkrautarten (Geflecktes Knabenkraut, Breitblättriges Knabenkraut, Fleischfarbenes Knabenkraut, Brandknabenkraut, Kleines Knabenkraut) kommen vor.

Die Säugetiere sind in Stenshuvud u. a. mit Elch, Reh, Fuchs, Dachs, Wildkaninchen und Eichhörnchen vertreten. Eine wärmeliebende Art, die man in Skandinavien nicht vermuten mag, ist die Haselmaus (S. 119). Sie ist – wie andere Arten auch – in einer wärmeren Periode über die damals beste-

Die bräunliche Nestwurz ist eine Orchidee ohne Blattgrün (Blütezeit: Mai/Juni).

hende Verbindung zum Kontinent (Seeland) eingewandert (vor ca. 8000 Jahren). Unter den Vögeln sind besonders die Singvögel zu erwähnen. Pirol, Sprosser, Sperbergrasmücke, Brachpieper, Gebirgstelze, Neuntöter und Karmingimpel (S. 44) sind die interessantesten Arten. In den Wäldern sind auch der Kuckuck und verschiedene Spechtarten zu hören und zu beobachten, auf den Heideflächen die Nachtschwalbe.
Unter den Reptilien sind besonders Zauneidechse und Schlingnatter zu nennen – wie die Haselmaus wärmeliebende Arten. Springfrosch und Laubfrosch sind die bemerkenswerten Arten unter den Amphibien. Schließlich weist Stenshuvud auch eine reiche Insektenfauna auf.

Rechts oben: Mehrstämmige Rotbuche.

Das Waldgeißblatt blüht im Juli. Die weißlichen Blüten verströmen einen betörenden Duft.

Gewöhnliche Küchenschelle (Blütezeit: April).

Im Herbst hängen die Schlehdornbüsche voller Früchte.

Im Gebiet unterwegs

Von den vier in den Randzonen und im Zentrum des Nationalparks eingerichteten Parkplätzen aus erschließt ein Netz von Wanderwegen alle interessierenden Gebietsteile und Punkte. Am sinnvollsten ist, (zunächst) den Parkplatz im Zentrum anzusteuern, denn hier liegt das »Besuchszentrum« ①. Auf Informationstafeln kann sich der Besucher mit der Geologie, der Pflanzen- und Tierwelt, dem kulturhistorischen Erbe und natürlich auch der Lage des Parks und seiner Erschließung vertraut machen (Naturum). Von diesem Parkplatz aus kann man sich nach Norden wenden und den 97 m hohen **Stenshuvud** ② erklimmen. Von der Höhe hat man einen schönen Blick über das Gebiet, vor allem hinunter zur Ostsee. Einen anderen schönen Blick hat man vom **Kortelshuvud** südlich des »Besuchszentrums« ③.

Von diesem zentralen Punkt aus sollte man auch einmal hinunter zum Strand gehen. Am Waldrand findet man Gebüsche aus Schlehdorn. Auch eingesprengt in die folgenden offenen Flächen wächst Schlehdorn, zusammen mit Weißdorn und Heckenrose. Hier sollte man auf den Neuntöter achten. In diesem Gebiet – dem Krivareboden ④ – wächst sonst nur niedrige Vegetation. Pflanzenfreunde sollten sich genauer umsehen und etwa nach Küchenschellen und Orchideen Ausschau halten.

Stößt man auf den Strand, wende man sich nach Norden. Zunächst wird die Ostsee von Sandstrand gesäumt. Dann liegt Geröll am Strand, das wegen seiner ständigen Bewegung durch die anlaufenden Wellen keinen Pflanzenwuchs aufweist. Und noch weiter nördlich steht Felsgestein an, auf dem Grün- und Braunalgen angeheftet wachsen. An diesem Küstenabschnitt kann man sich also einen gewissen Eindruck vom Leben in der Ostsee verschaffen. Vom Strand aus sieht man auch verschiedene Meeresvögel, etwa die Brandseeschwalbe. Die Erkundung des Küstenstreifens könnte man mit einem Bad in der Ostsee abschließen.

Praktische Tips

Anreise
Der Nationalpark läßt sich gut erreichen. Kommt man aus der Richtung Malmö/Trelleborg – Ystad, nimmt man von Ystad aus die RV 10 Richtung Simrishamn. Folgt man dieser Straße weiter nach Norden, findet man bei Rörum an der Straße ein Hinweisschild, dem man nur zu folgen braucht, um zum Parkeingang zu gelangen. Kommt man von Norden (Kristianstad) über die E 66, biegt man vor Trollarp auf die RV 20 ab, um bei Brösarp die RV 10 Richtung Simrishamn zu nehmen. Bei Kivik/S. Mellby findet man den Wegweiser, der zum Parkeingang weist.

Reisezeit
Die für den Naturfreund günstigste Zeit, den Nationalpark Stenshuvud zu erkunden, liegt vom späten Frühjahr bis in den Sommer hinein.

Unterkunft / Information
Übernachtungsmöglichkeiten im Park selbst bestehen nicht, auch das Zelten ist nicht erlaubt. Für eine Nacht kann man sich aber in der Umgebung an geeigneter Stelle einen Platz für sein Zelt suchen (Jedermannsrecht!). Campingplätze gibt es in Simrishamn und nördlich von Kivik. Kivik hat auch eine Jugendherberge (»vandrarhem«). Hotels und ein Touristenbüro findet man in Simrishamn.

Blick in die Umgebung

Fährt man vom Stenshuvud-Nationalpark nach Norden weiter, sollte man am **Hammarsjön** bei Kristianstad Station machen (s. Nebenreiseziel 6).

Oben: Sperbergrasmücke (beachte die typisch gezeichnete Unterseite).

Mitte: Das Neuntötermännchen hat eine Wespe gefangen.

Unten: Die Schlingnatter ist eine wärmeliebende Art.

7 Åsnen

Großer, oligotropher See im südlichen Småland; stark in Buchten, Halbinseln und Inseln zergliederte Wasserfläche; guter Bestand an Prachttaucher und Fischadler.

Die Landschaft Småland gibt dem von Süden kommenden Naturfreund eigentlich zum ersten Mal das rechte Gefühl, im »Norden« zu sein. Der Untergrund besteht aus Granit und Gneis, also Urgestein. Die eiszeitlichen Gletscher haben den anstehenden Fels abgeschliffen, die höchsten Erhebungen dieses Landstriches sind kaum höher als 400 m. Landwirtschaft hat sich hier nie sehr breitmachen können, oder sie wurde als zu mühsam bzw. zu wenig ertragreich wieder aufgegeben. Insgesamt weist die Landschaft deshalb heute viele einigermaßen naturnahe Gebiete auf. Wälder beherrschen das Bild.

Die Drachenwurz oder Sumpfcalla blüht im Juni.

Aufgelockert wird die Landschaft aber immer wieder durch Moore und kleinere und größere Seen, die in den Senken liegen. Tatsächlich ist Småland eine der seenreichsten Regionen Schwedens. Einer der größten Seen Smålands ist der Åsnen im Kronobergs län. Seine Fläche beträgt 13 500 ha. Der See ist ungemein stark gegliedert. Es gibt eine Vielzahl von kleinen und großen Buchten, Halbinseln und Inseln.

Pflanzen und Tiere

Der Åsnen ist umgeben von Wäldern, hauptsächlich Nadelwäldern, in denen die Fichte dominiert, sonst aber auch die Waldkiefer wächst. Auf einigen Flächen gibt es Laubwald mit Eiche, Erle und Birke. Stellenweise liegen feuchte Wiesen am Seeufer. Der See selbst ist oligotroph, d. h. er ist nährstoffarm, wie man es bei dem vorliegenden Untergrund auch erwarten kann. Allerdings werden Nährstoffe eingeschwemmt, die einen eutrophierenden Effekt haben.
Die Vogelwelt am Åsnen ist nicht überaus vielfältig, aber man kann immerhin mit guten Populationen von Prachttaucher und Fischadler (s. S. 71) rechnen. Weiter brüten um den See u. a. Haubentaucher, Schellente (S. 124), Graureiher, Rohrweihe (S. 102), Baumfalke, Tüpfelsumpfhuhn, Wachtelkönig, Sturmmöwe, Flußseeschwalbe und Schafstelze. Die Graureiher haben am Åsnen 2 Brutkolonien, von denen die größere etwa 50 Paare stark ist.
Die Reiher profitieren wie Prachttaucher, Haubentaucher und Fischadler vom reichen Fischbestand des Sees. 20 Fischarten kommen vor, neben verschiedenen Weißfischarten – darunter Gründling und Hasel als Seltenheiten – Hecht und Aal.

Der Åsnen hat stellenweise steinige Ufer. ▷

Der Fischadler fliegt mit Baumaterial zum Horst.

Der Prachttaucher hat am Åsnen einen guten Bestand.

In mancher Bucht des Sees balzen Haubentaucher.

Im Gebiet unterwegs

Für die Erkundung des Åsnen-Gebietes können nur wenige gezielte Hinweise gegeben werden. Die Straße folgt teilweise der Uferlinie des Sees, teilweise verläuft sie weiter vom Seeufer entfernt und führt dann durch die Wälder. Eine gute Karte ist unbedingt notwendig, will man einen Überblick über das Gebiet bekommen. Jede Bucht, jede Halbinsel, jede Insel kann neue Beobachtungen bringen. Und wenn oben von »guten Populationen« von Prachttaucher und Fischadler gesprochen wurde, so heißt das zwar, daß beide Arten am Åsnen die dichtesten Populationen in Europa aufweisen, aber nicht, daß man sie ständig sieht; dazu ist das Gebiet zu groß.

Anzuraten ist in jedem Fall, den See auf der Straße von Kalvsvik/Sunnerö über Sirkön ① zu »durchqueren«. Bei Kläcklingen sollte man dann ca. 3 km nach Nordwesten abbiegen, um das 34 ha große **Naturschutzgebiet Bjurkärr** ② kennenzulernen (Parkplatz an der Gebietsgrenze). Es besteht aus einer langgestreckten Halbinsel und einigen kleineren vorgelagerten Inseln. Der Baumbestand setzt sich aus Buche (z. T. 250 Jahre alt, der Buchenbestand hier ist einer der größten in Småland), Eiche (bis 300 Jahre alt) und Kiefer zusammen. Auf der Westseite der Halbinsel wachsen mehrere Fichten sehr ungewöhnlicher Form. Sie haben keinen Stamm, sondern breiten sich flach über die Felsen aus und haben deshalb die Bezeichnung »Kriechfichten« erhalten.

In der Krautschicht wachsen Pflanzen wie Echter Eichenfarn, Zwiebelzahnwurz, Waldsauerklee, Knotige Braunwurz, Mauerlattich, Heidelbeere und Geschlängelte Schmiele. An feuchten, offeneren Stellen wachsen Fieberklee (S. 93), Sumpfschwertlilie und Drachenwurz.

An Vögeln kann man im Wald Hohltaube, Waldkauz, Spechte, Mönchsgrasmücke, am See Graureiher und Prachttaucher beobachten. In den hohlen Bäumen haben verschiedene Fledermausarten ihre Schlafquartiere.

Stellenweise ist ein Gürtel aus Teichrose, Seerose und Seebinse ausgebildet. Hier brüten Haubentaucher.

Rechts: Sumpfschwertlilie (Blütezeit: Juni).

Sie gehen aber erst in der Dämmerung auf Jagd, genau wie der Dachs. Das kleine, aber schöne Gebiet Bjurkärr ist mit markierten Wanderwegen erschlossen, und an den interessantesten Stellen stehen Informationstafeln.
Für Radwanderer sei noch gesagt, daß eine Tour rund um den Åsnen etwa 120 km lang ist. Mit Växjö als Ausgangspunkt, werden dafür 4 Tage angesetzt. Eine entsprechende Broschüre mit detaillierten Beschreibungen ist beim Touristenbüro in Växjö erhältlich.

Praktische Tips

Anreise
Der Åsnen liegt etwa 20 km südlich von Växjö. Auf diese Stadt führen sternförmig größere Verbindungsstraßen zu, so daß man sie von allen Richtungen aus gut erreichen kann. Von Växjö aus kann man entweder auf

der RV 23 nach Südwesten fahren oder auf der RV 30 nach Südosten, je nachdem, von welcher Seite aus man die Erkundung des Sees beginnen möchte.

Reisezeit
Als ideale Zeit für Vogelbeobachtungen um den Åsnen herum bietet sich der Frühsommer (Juni/Juli) an. Dann stehen auch die meisten Pflanzen in Blüte. Wer lediglich schöne Eindrücke von einem oligotrophen See, wie er für das südliche und mittlere Schweden typisch ist, mitnehmen will, mag auch einen Besuch im August oder September erwägen. Diese Zeit wäre auch für die angesprochene Fahrradtour zu empfehlen.

Unterkunft / Information
Ein Campingplatz befindet sich beispielsweise in Urshult an der LV 120 im Süden des Åsnen. Der Platz liegt direkt am Ufer des Sees, und man findet dort auch Hütten zum Übernachten. Wer ein Hotel sucht, sollte sich in Växjo umsehen, das aber immerhin

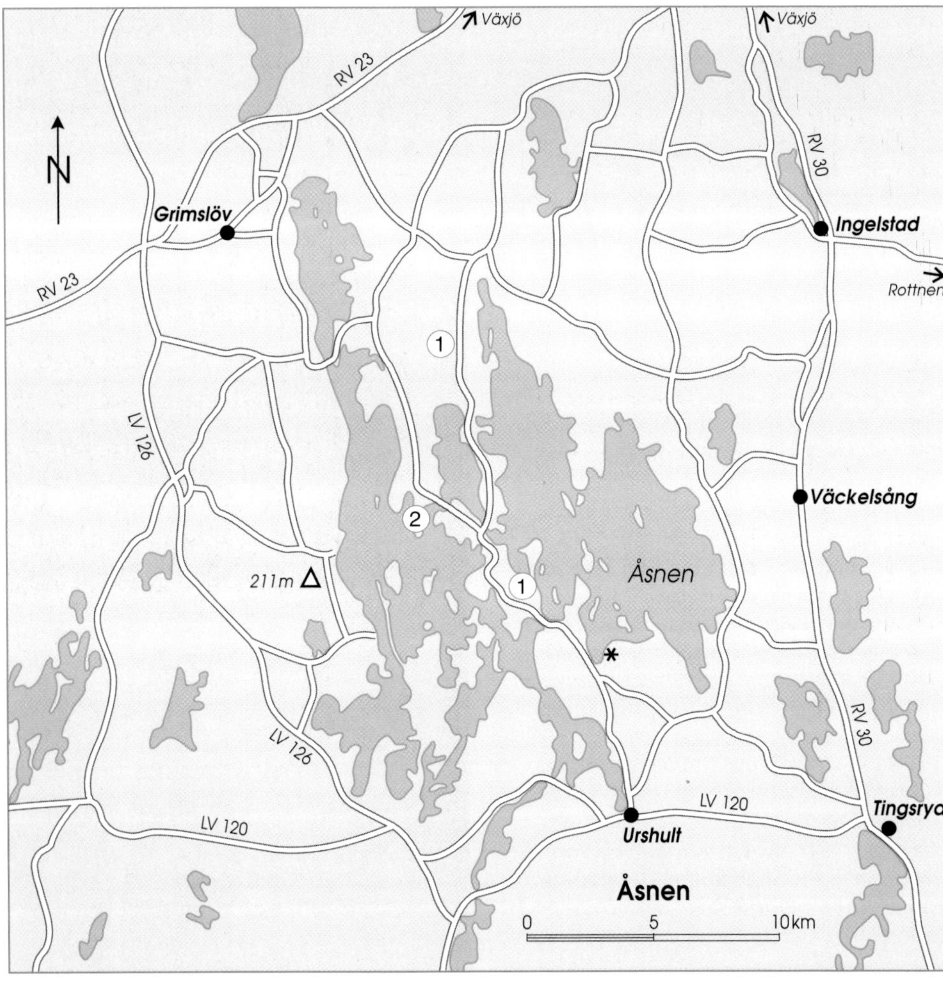

Fischadler

Der Fischadler ist als Brutvogel fast über die ganze Erde mit Ausnahme der Polargebiete verbreitet. In Europa sind die Brutbestände des Fischadlers in den letzten Jahrzehnten dramatisch zurückgegangen, vor allem im dicht besiedelten Mitteleuropa. Daran ist in erster Linie die unablässige Verfolgung durch den Menschen schuld. Fischadler fressen nun mal Fische, daher sind die Vögel – genau wie Graureiher und Kormoran – Nahrungskonkurrenten des Menschen. Die Gewässerverschmutzung hat ein übriges bewirkt. Als die Vögel selten geworden waren, kamen fanatische Sammler und raubten den letzten Brutpaaren die Eier. Und schließlich werden Brutplätze in dichtbesiedelten Gegenden einfach immer wieder gestört.

In Skandinavien kann man dem Fischadler noch an vielen Stellen begegnen. Er braucht fischreiche Seen, wo er jagen, und ruhige Waldgebiete, wo er auf hohen Bäumen seinen großen Horst errichten kann, den er oft Jahre hintereinander benutzt.

In Schottland sind die Bestände mittlerweile auch stabilisiert, nachdem der Fischadler um 1916 seine letzten Brutplätze dort aufgegeben hatte und erst 1950 wieder ein Paar einen Brutversuch gemacht und 1954 die ersten Jungen aufgezogen hatte. Heute sind die schottischen Fischadler so etwas wie ein nationales Eigentum, nicht zuletzt wegen der dort laufenden Aufklärungskampagnen in der Bevölkerung. Millionen von Briten (und Touristen) haben mittlerweile den Adlern aus getarnten Unterständen mit starken Fernrohren ins Nest sehen können. Die Horstbäume müssen allerdings auch hier mit Stacheldraht und elektronischen Warnanlagen ausgerüstet werden, um Eiersammler abzuschrecken.

Die Sturmmöwe brütet oft im Binnenland.

Hasel – eine der 20 Fischarten im See.

20 km vom See entfernt liegt. In Växjö gibt es auch eine Jugendherberge (»vandrarhem«) und ein Touristenbüro, das in Übernachtungsfragen weiterhelfen kann.

Blick in die Umgebung

Vom Åsnen ist es nicht weit zum **Rottnen** (Entfernung: 15 km). Dieser See ist vom Charakter her ähnlich wie der Åsnen, aber viel kleiner. In den Bäumen um den See herum brütet die Schellente (S. 124).

8 Öland

Langgestreckte Insel in der Ostsee vor der Südküste Schwedens; abwechslungsreiches Landschaftsbild mit einer für Nordeuropa einzigartigen Kalkheide im südlichen Teil, Laub- und Nadelwäldern in der Mitte und im Norden, Feuchtgebieten und Strandwiesen; vielfältige Pflanzen- und Tierwelt.

Öland ist eine langgestreckte, schmale Insel, die sich etwa parallel zur Küste im Südosten Schwedens (Småland, Kalmar län) erstreckt. Von der Südspitze bis zur Nordspitze ist die Insel 135 km lang. Die maximale Breite beträgt lediglich 15 km. Die Gesamtfläche wird mit rund 1350 km^2 angegeben. Vom Festland ist die Insel durch den Kalmarsund getrennt, der an der schmalsten Stelle bei Kalmar nur 6 km breit ist. An dieser Stelle überspannt die auf 153 Pfeilern stehende Öland-Brücke den Sund (übrigens die längste Brücke Europas).
Ölands Untergrund besteht von unten nach oben aus Sandstein, Schiefer und Kalkstein. Die Landschaft ist trotz des insgesamt flachen Reliefs der Insel vielfältig. Besonders bemerkenswert ist das **Stora Alvaret** in der südlichen Hälfte. Diese für das nördliche Europa einzigartige Kalkheide erstreckt sich von einer Linie Färjestaden – Sandby im Norden bis hinunter zur Südspitze. Auf weiten Flächen des Alvaret steht Kalkstein unmittelbar an (»Das Meer und der Kalkstein prägen Öland«), an anderen Stellen liegt eine dünne Bodenschicht dem Untergrund auf. Zum Kalmarsund hin liegen im Südteil Ölands Sandböden, auf denen teilweise niedriger Wald stockt. Zur Ostsee hin liegen fruchtbare Böden, auf denen Ackerbau betrieben wird bzw. Wiesen gedeihen; Wald gibt es hier kaum.
Der mittlere Teil Ölands – zwischen Färjestaden im Süden und Borgholm im Norden – ist vor allem durch Laubwald geprägt (Südschwedens größtes zusammenhängendes Laubwaldgebiet). Besonders zum Kalmarsund hin weist die Insel einen fast durchgehenden Waldgürtel auf. Allerdings liegt südlich von Borgholm auch eine größere Alva-

Das leicht wellige Alvaret, Steinmauern und eine Windmühle – typisches Öland.

ret-Fläche. Und natürlich gibt es hier wieder mehr oder weniger feuchte Wiesen und auch Ackerflächen.
Der Norden Ölands unterscheidet sich dadurch vom südlichen und mittleren Teil, daß hier zum Kalmarsund hin eine steinig-felsige Küste ausgebildet ist. Zur Ostsee hin ist die Küste stark in Landzungen und flache Buchten zergliedert. Bis etwa zur Höhe Böda findet man auch immer wieder kleine Alvaret-Flächen, dazwischen Wiesen und Ackerland. Nördlich davon ist die Insel dann fast ganz von Wald – hauptsächlich Nadelwald – bedeckt (Böda kronopark, ca. 6000 ha Fläche).

Pflanzen und Tiere

Der Kalkstein-Untergrund und die klimatische Begünstigung der Insel führen zu einer typischen und vielfältigen Vegetation. Für den Pflanzenfreund ist Öland vor allem wegen seines Reichtums an Orchideen interessant. 30 von den 44 in Schweden vorkommenden Arten kann er auf Öland finden. Besonders das Holunderknabenkraut (»Adam och Eva« – wie die Schweden die Pflanze nennen) ist ein lohnendes Fotomotiv. Diese Orchidee wächst oft herdenweise, rote und gelbe Blütenstände dicht beisammen.
Daneben sind aber auch einige andere inter-

Mehrstämmige Waldkiefer im »Trollskogen«.

Blick vom »Långe Jan« an der Südspitze nach Norden. Das kleine dunkelbraune Haus ist die Vogelstation.

essante Pflanzenarten zu nennen, so das Öländische Sonnenröschen und der Öländische Beifuß, die beide nur hier vorkommen. Das Niedere Labkraut kommt in einer besonderen Unterart, die Alpen-Pechnelke (S. 185) in einer besonderen Variation auf Öland vor, das Strauchfingerkraut und die Gewöhnliche Kugelblume in Schweden nur hier und auf Gotland.

Die Tierwelt Ölands ist entsprechend der Vegetation vielfältig. Besonders die Vogelwelt wird den Naturfreund reizen. Der typische Vogel des Alvaret ist der Goldregenpfeifer (s. S. 78.) Auf den Wiesen sieht man immer wieder Kiebitz (S. 46), Rotschenkel (S. 48), Uferschnepfe (S. 27), Bekassine, Großer Brachvogel (S. 93) und Austernfischer (S. 19), hin und wieder auch Kampfläufer. An der Ostseeküste brüten Säbelschnäbler und verschiedene Seeschwalbenarten. Die Waldgebiete weisen eine ähnliche Vogelfauna auf wie Mitteleuropa. Interessant ist vielleicht, daß alle 4 Fliegenschnäpperarten (also auch Halsband- und Zwergschnäpper!) brüten. Über seine Bedeutung als Brutgebiet für viele Vogelarten hinaus spielt Öland eine wichtige Rolle für den Vogelzug. Um die Insel – besonders die Südspitze – herum legen viele Vögel auf dem Zug eine Rast ein, um dann mit neuen Kräften weiterzuziehen.

Alles in allem bietet Öland für jeden Naturfreund außerordentlich viel. Und deshalb wird er von den Öländern gebeten: »Behandeln Sie Öland mit Liebe! Denken Sie daran, daß viele Blumen der Insel nicht gepflückt werden dürfen. Respektieren Sie die Brutplätze der Vögel und halten Sie die Natur sauber.«

Im Gebiet unterwegs

Wer die ganze Insel erkunden will, teilt seinen Aufenthalt am besten auf. Man sollte zwei Zeitblöcke mit Standquartieren im Süden bzw. im Norden, gegebenenfalls auch drei Zeitblöcke mit Standquartieren im Süden, in der Mitte und im Norden einpla-

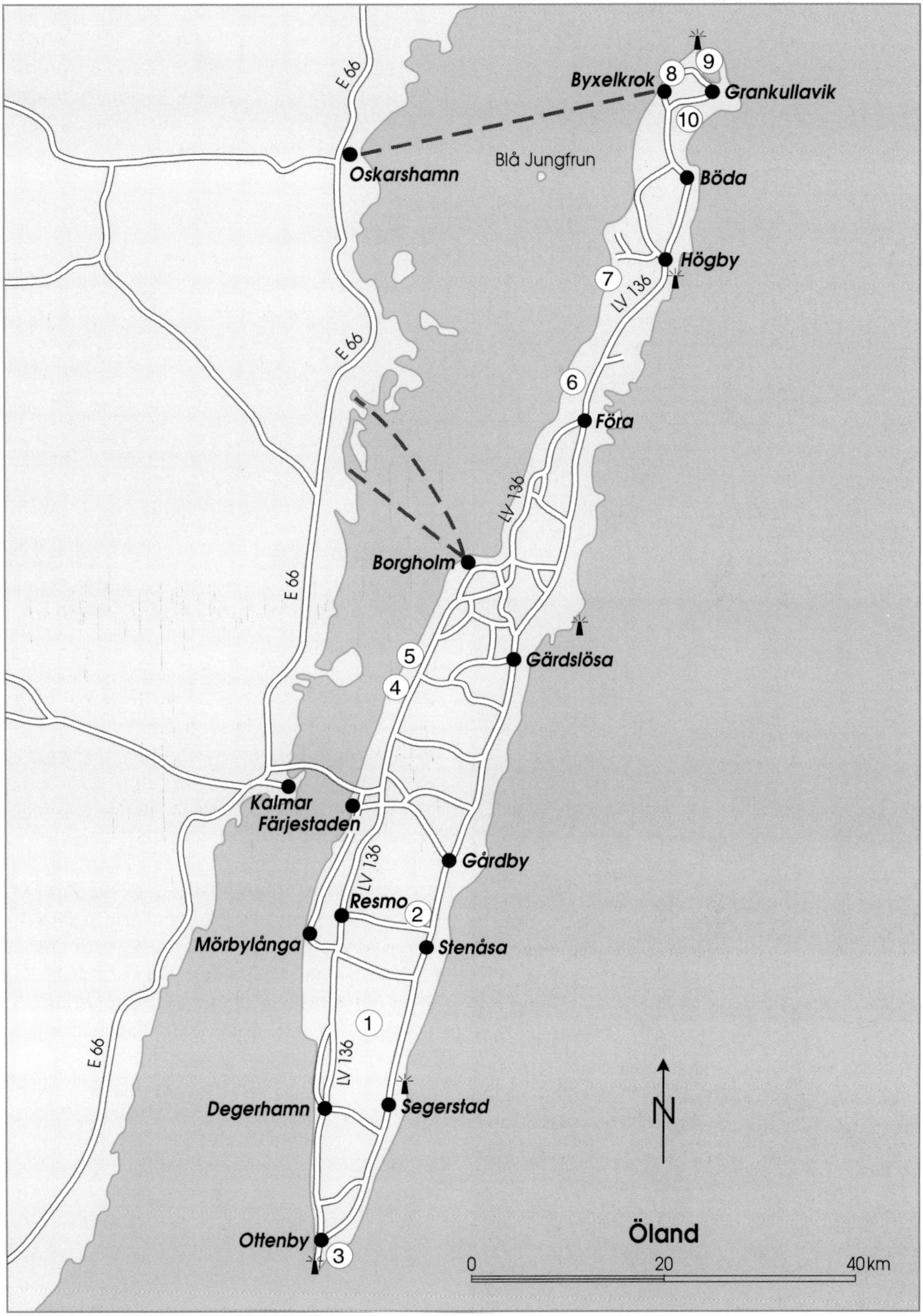
E 66
Byxelkrok
Grankullavik
Oskarshamn
Blå Jungfrun
Böda
Högby
LV 136
Föra
Borgholm
Gärdslösa
Kalmar
Färjestaden
Gårdby
Resmo
Mörbylånga
Stenåsa
Degerhamn
Segerstad
Ottenby
N
Öland
0
20
40 km
1
2
3
4
5
6
7
8
9
10

Das Feuchtgebiet Möckelmossen im Stora Alvaret – Anziehungspunkt für Vogelfreunde.

Links: Balzendes Kampfläufermännchen.

nen. Auf den Anfahrten kann sehr viel Zeit vergehen.

Beginnt man seine Öland-Exkursionen im südlichen Teil der Insel, so wird man sich zunächst auf das **Stora Alvaret** ① konzentrieren. Mehrere Straßen führen über das Alvaret: Resmo – Stenåsa, Bårby – Alby, Möckleby – Torngård. Von allen diesen Querverbindungen zwischen West- und Ostküste aus kann man das Alvaret zu Fuß weiter erkunden. Auffällig sind die vielen Steinmauern, die – wie die offen liegenden Kalksteinflächen – mit verschiedenen Flechtenarten bewachsen sind. In den Mauern brüten Steinschmätzer (S. 166), in den vereinzelt stehenden Buschgruppen Neuntöter (S. 65) und Dorngrasmücke. Im offenen Gelände macht sich der Goldregenpfeifer mit klagenden Flö-

Der Ohrentaucher brütet an verschiedenen Weihern der Insel.

Im Gebiet »Neptuni åkrar« wachsen große Bestände des Natternkopfes (Blütezeit: Juni).

Rechts: In den Flachmooren blüht im Juli die Echte Sumpfwurz, eine Orchidee mit reizvollen Blüten.

tenrufen bemerkbar. Etwa in der Mitte zwischen Resmo und Stenåsa liegt nördlich der Straße **Möckelmossen** ②, ein flacher See mit reichem Vogelbestand (u. a. brüten Haubentaucher, S. 68, und Zwergmöwe). Auf ihrem Zug nach Süden rasten im Herbst immer wieder Hunderte von Kranichen im Alvaret.
Die **Südspitze** – Ölands södra udde ③ – sollten Vogelfreunde unbedingt besuchen. Zum einen kann man von der Straße aus, die von Ottenby nach Süden führt, Vögel wie Austernfischer und Rotschenkel beobachten (daneben auch Damwild). Dann bekommt man von der Spitze des 42 m hohen **Leuchtturms Långe Jan** aus einen sehr guten Überblick über das gesamte Gebiet um die Südspitze herum. Weiter gibt es die Vogelstation mit dem Fanggarten, in dem Vögel gefangen und beringt werden, und ein kleines Museum, wo man sich über Vogelzug und Vogelzugforschung informieren kann

Goldregenpfeifer

Der Goldregenpfeifer ist ein typischer Bewohner von Moor und Heide. Im Norden begegnet man ihm vor allem in der Tundra. Sein Verbreitungsgebiet beginnt in Island, zieht sich durch Großbritannien nach Skandinavien und weiter bis ins nördliche Rußland. Vereinzelte Brutvorkommen liegen im nördlichen Mitteleuropa, z. B. in den noch verbliebenen größeren Moorgebieten Niedersachsens. Diese letzteren Vorkommen sind aber durch die Zerstörung der Lebensräume weitgehend erloschen.
Entsprechend der Verbreitung kann man zwei Rassen unterscheiden. Die nördliche Rasse zeigt eine goldgelb und schwarz gefleckte Oberseite und ein schwarzes Band, das sich vom Gesicht bis zum Bauch zieht, und das durch ein weißes Band gesäumt wird. Bei der südlichen Rasse ist diese Schwarz-Weiß-Zeichnung der Unterseite eher verschwommen, die Säume sind nicht scharf. Außerhalb der Brutzeit sind die beiden Rassen nicht zu unterscheiden: Gesicht und Unterseite sind dann weißlich-gelblich gefärbt. Die Vögel legen vier auf weißlichem Grund schwarzbraun gefleckte Eier in eine Bodenmulde.

Goldregenpfeifer.

(s. S. 51). Schließlich liegt hier einer der »hot spots« für Vogelzugbeobachtungen. Im Frühjahr und vor allem im Herbst machen im Süden Ölands Zehntausende von Vögeln Zwischenstation.
Orientiert man sich von Färjestaden entlang der Westküste Ölands nach Norden, gelangt man nach **Stora Rör** ④, einem Punkt, der sich für Vogelzugbeobachtungen im Frühjahr, vor allem aber im Herbst, anbietet (s. Nebenreiseziel 7).
Einige Kilometer weiter nördlich fährt man von der LV 136 hinunter zur Küste und kommt zum 198 ha großen **Naturreservat Halltorps Hage** ⑤. Dieses Gebiet ist besonders bemerkenswert wegen seines uralten Stieleichenbestandes; einige der Bäume sollen 1000 Jahre alt sein. Mit Glück stößt man hier auf den Hirschkäfer und den Großen Eichenbock, zumindest aber wird man an verschiedenen Bäumen die Fraßgänge der Eichenbocklarven sehen. Im übrigen stellt Halltorps Hage Schwedens größtes Hainbuchengebiet dar. Weiter wachsen hier Bäume wie Esche, Winterlinde, Bergulme (S. 58), Spitzahorn und Hasel, in der Krautschicht Buschwindröschen, Gelbes Windröschen (S. 57), Leberblümchen (S. 33), Waldbingelkraut, Frühlingsplatterbse, Bergehrenpreis und Gewöhnlicher Gelbstern. Unter den Brutvögeln sind besonders Zwergschnäpper und Kernbeißer zu erwähnen.
Wiederum weiter nördlich liegt das **Naturreservat/Vogelschutzgebiet Knisa mosse** ⑥. Kern des Gebietes ist ein flacher See mit ausgedehntem Röhricht/Randsumpf. Hier brüten z. B. Ohrentaucher, Zwergtaucher, Graugans, Reiherente (S. 39) und Bläßhuhn. Insgesamt sind für Knisa mosse 50 Brutvogelarten nachgewiesen. Um die Wasserflächen sind Flachmoore ausgebildet, in denen verschiedene Orchideenarten (z. B. Echte Sumpfwurz, Großes Zweiblatt, Zweiblättrige Kuckucksblume, Mückenhändelwurz) wachsen. Man erreicht das Gebiet, indem man

Stieleiche mit Fraßgängen des Großen Eichenbocks.

Hirschkäfermännchen kämpfen mit ihren Zangen.

zwischen Föra und Södvik von der LV 136 zum Kalmarsund hin abbiegt. Nach etwa 2 km gelangt man zur Reservatsgrenze. Vom Parkplatz aus führt ein 4,5 km langer Wanderpfad um das Gebiet herum. Dabei passiert man einen Beobachtungsturm, von dem aus man die Wasserflächen gut übersehen kann (am besten mit Fernrohr!).
Pflanzenfreunde und Geologen wird die Küste bei **Byrums Sandvik** ⑦ interessieren. In den Dünen wachsen Strandplatterbse, Stranddistel (S. 49) und Strandsalzmiere (S. 48). Südlich liegen **Byrums raukar**. Das Meer hat hier die steinig-felsige Küste bearbeitet und Buckel und Säulen aus dem Untergrund herausgewaschen.
Nördlich von Byxelkrok findet man entlang der Straße 136 große Flächen mit Natternkopf bestanden ⑧. Linné hat diese im Juni/Juli blau überzogenen steinigen Strandwälle **Neptuni åkrar** genannt, und bei diesem Namen ist es bis heute geblieben. Die Flächen sind seit 1975 Naturreservat (22 ha).
Ölands norra udde ist wieder interessant für

Die Uferschwalbe brütet in Sand- und Kiesgruben. In die anstehenden Wände graben die Vögel ihre Höhlen.

An einigen Stellen der Insel brütet die im Bestand stark gefährdete Zwergseeschwalbe.

»Byrums raukar«: Hier hat das Meer die steinig-felsige Küste zu bizarren Formen bearbeitet. Besonders schön erscheinen die Buckel und Rinnen in flachem Licht.

Der Scharfe Mauerpfeffer leuchtet immer wieder aus den Alvaretflächen heraus (Blütezeit: Juni).

Vogelbeobachter. Die große Brandseeschwalbenkolonie hat zur Einrichtung eines Vogelschutzgebietes geführt. In der großen **Bucht Grankullaviken** ⑨ kann man die Seeschwalben jagen sehen.

Auf der Ostseite von Grankullaviken liegt der etwa 100 ha große **Trollskogen**. Entlang der Ostseeküste wachsen hier teilweise bizarr vom Wind verformte Waldkiefern. Am Eingang zu diesem Gebiet stößt man auf ein Naturum, eine kleine Ausstellung über die Geologie, Pflanzen- und Tierwelt der Gegend. Trollskogen ist Teil des Böda kronopark ⑩, eines großen zusammenhängenden Waldgebietes mit immerhin 50 verschiedenen Baumarten. Darunter ist auch der Riesenlebensbaum aus Nordamerika, von dem hier 1878 mehrere Exemplare angepflanzt worden sind, und die heute schon eine imposante Größe erreicht haben (»Thujabeståndet« bei Skäftekärr).

Über diese hier näher beschriebenen Gebiete hinaus bietet Öland noch an vielen weiteren Stellen Gelegenheit zu interessanten Exkursionen und Beobachtungen. Erfahrungsgemäß sollte man für den Aufenthalt auf der Insel viel Zeit einplanen, so abwechslungsreich ist die Natur hier. Nicht ohne Grund liegt Schloß Solliden auf Öland, der Sommersitz des schwedischen Königshauses.

Praktische Tips

Anreise / Information

Die Insel ist am besten über Kalmar zu erreichen; die Stadt liegt an der Hauptverbindungsachse E 66 (Malmö – Kalmar – Norrköping). Von Kalmar aus fährt man über die 6 km lange Brücke, die Festland und Insel verbindet (1972 eingeweiht). Erster Halt sollte in jedem Fall »**Träffpunkt Öland**« in **Färjestaden** am Eingang der Insel sein (Hinweisschilder an der Straße beachten!). Hier findet man alles Informationsmaterial, was man für einen Aufenthalt auf der Insel nur irgend brauchen könnte. Ein Naturum mit einer Ausstellung zu den verschiedenen Aspekten der Insel ist in den Komplex einbezogen. Schiffsverbindungen bestehen von Timmernabben oder Oknö nach Borgholm und von Oskarshamn nach Byxelkrok. Nach Timmernabben, Oknö und Oskarshamn gelangt man, indem man von Kalmar aus auf der E 66 weiter nach Norden fährt.

Klima / Reisezeit

»Laut Statistik ist Öland die regenärmste und sonnenreichste Landschaft Schwedens. Der Sommer ist lang.« Die Reisezeit wird sich aber nach den eigenen Interessensschwerpunkten richten. Für Vogelfreunde und Ornithologen sei gesagt, daß der Frühjahrszug sich am besten in der Zeit April/Mai beobachten läßt. Der Herbstzug weist zwei Maxima auf, eines in der ersten Augusthälfte und ein zweites in der Zeit von Ende September bis Ende Oktober. Durchziehende Kraniche treffen auf Öland aber schon in der zweiten Septemberwoche ein. Der Pflanzenfreund wird die Monate Mai/Juni ideal finden. Eigentlich lohnt ein Besuch Ölands in der Zeit zwischen Mai und September immer.

Unterkunft / Information

Öland wird Jahr für Jahr von zahllosen Touristen besucht. Deshalb findet man auf der Insel vom Campingplatz über Ferienwohnungen/ Ferienhäuser und Jugendherbergen bis hin zu Gasthöfen und Hotels jede nur denkbare Art von Übernachtungsmöglichkeit. Campingplätze liegen beispielsweise in/ bei Degerhamn, Mörbylånga, Färjestaden, Borgholm, Köping, Böda und Byxelkrok (von Süd nach Nord); insgesamt gibt es auf der Insel etwa 30 Plätze, auf denen man teilweise auch Hütten mieten kann. Plant man einen Aufenthalt in der Hauptferienzeit, empfiehlt sich für jede Art von Unterkunft rechtzeitige Reservierung. Über das jeweils aktuelle Angebot kann man sich direkt beim »Träffpunkt Öland« am Eingang der Insel informieren; dort kann man auch kurzfristige Buchungen vornehmen.

Im Gebiet um die Südspitze herum kann man Damwild beobachten. Alte Hirsche tragen Schaufelgeweihe.

Blick in die Umgebung

Im Nordwesten Ölands liegt vorgelagert im Kalmarsund die Felseninsel **Blå Jungfrun**. Wegen ihrer artenreichen Pflanzenwelt, ihrer ornithologischen und kulturhistorischen Bedeutung wurde die Insel zum Nationalpark erklärt. Im Sommer besteht eine direkte Schiffsverbindung von Öland (Byxelkrok) aus (s. Hauptreiseziel 9).
Für Vogelfreunde und Ornithologen ist das Meeresgebiet zwischen der Insel Öland und dem schwedischen Festland interessant. Durch den Kalmarsund ziehen verschiedene Arten von Vögeln, hauptsächlich Seetaucher, Enten, Säger und Gänse (s. Nebenreiseziel 7).

9 Blå-Jungfrun-Nationalpark

Felseninsel im Kalmarsund mit artenreicher Pflanzenwelt; ornithologisch interessantes Gebiet; kulturhistorisch bedeutsames Denkmal.

»Klein, ober oho!« – so könnte man die »Blaue Jungfrau« bezeichnen. Wie der Rükken eines übergroßen Wales erhebt sich die Insel vor der Nordwestküste Ölands aus dem Kalmarsund. Sie ist 1150 m lang und 840 m breit. Am Toppen, dem höchsten Punkt der Insel, steht man 86,5 m über dem Meeresspiegel. Nähert man sich mit dem Schiff der Anlegestelle, wird schon deutlich, warum die kleine Insel zum Nationalpark erklärt worden ist: Rötlicher Granit steht hier an; gerundete, kahle Klippen prägen das Bild. Stellenweise türmt sich der Fels zu Höhlen auf.

Der Granit ist wirklich »schuld« daran, daß die Insel heute geschützt ist. 1904 wurde auf Blå Jungfrun nämlich ein Steinbruch eröffnet, und die größten Höhlen im Fels wurden vernichtet. Die weitere Ausbeutung der einmaligen Insel, deren erste sachliche Beschreibung übrigens auf den berühmten schwedischen Naturforscher Carl von Linné zurückgeht, wollten Naturfreunde nicht länger hinnehmen. Sie setzten sich immer wieder für deren Rettung ein, und 1925 war es dann soweit: Die »Jungfrau« wurde zum Nationalpark erklärt.

Rund 200 Jahre liegen jeweils zwischen den wichtigsten, die Insel betreffenden historischen Daten: 1555 – erste Nennung des Namens »Jungfrun« durch den schwedischen Geschichtsschreiber Olaus Magnus, 1745 – Besuch Linnés während einer Öland-/Gotland-Reise, 1925 – Einrichtung des Nationalparks.

Die Granithöhlen sind typisch für die Insel. Erst als einige zerstört waren, wurde sie Schutzgebiet.

Blaues Meer, dunkelgrüne Kiefern und roter Granit – die Küste der »Blauen Jungfrau« bei Lerviks Hamn.

Kulturhistorisch bedeutsam ist das Labyrinth im Süden der Insel, ein aus Steinen gelegtes rundes System von Irrgängen. Linné hat es 1741 erstmals erwähnt und Trojeborg genannt. Ähnlich angelegte Labyrinthe findet man noch auf Gotland und dann wieder an der schwedischen Westküste im Gebiet Bohuslän. Ihre Funktion ist unklar.

Zwei interessante Brutvögel der Insel: die Samtente (oben, Männchen) und die Gryllteiste (unten). Beide sind schwarz und weisen ein weißes Flügelfeld auf.

Pflanzen und Tiere

Auch wenn das Beeindruckendste an der Insel die Gebiete sind, in denen kahler oder nur ganz karg bewachsener Granit ansteht, so kommt hier doch nicht nur der geologisch interessierte Naturfreund auf seine Kosten. Der Pflanzenfreund wird überrascht sein, vor allem an den Hängen im Süden ein ausgedehntes Waldgebiet vorzufinden. Geprägt wird der Baumbestand durch die Stieleiche. In den Schluchten, und wo der Boden nicht sehr mächtig ist, wachsen Waldkiefer, Fichte und Hängebirke. An krautigen Pflanzen sind zu nennen: Duftlose Kamille, Schwalben-

Das Labyrinth im Süden der Insel. Seine Bedeutung liegt im Dunkeln.

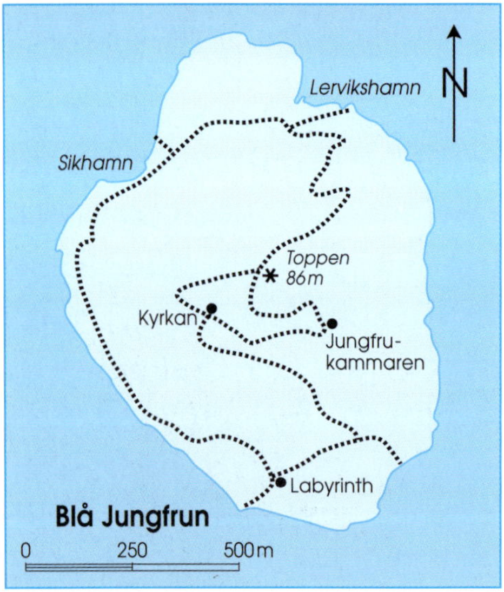

wurz, Gewöhnlicher Hornklee, Ähriger Ehrenpreis, Zwiebel-Zahnwurz, Erdglöckchen, Blutroter Storchschnabel und Frühlingsplatterbse. Einerseits handelt es sich also um Arten, die für Wälder typisch sind, andererseits sind in der Pflanzenliste auch Arten vertreten, die eher auf sonnigen, trockenen Standorten vorkommen.

Ornithologisch hat die »Jungfrau« auch durchaus etwas zu bieten. In Küstennähe brüten Samtente, Eiderente (S. 203), Gryllteiste und Wasserpieper (hier in der Unterart Strandpieper). Nur mit Glück wird man Seeadler und Kormoran zu Gesicht bekommen. Beide Arten sollen auf der Insel gerne rasten. In den Busch- und Waldgebieten brüten Blau- und Kohlmeise, Gartenrotschwanz und weitere Singvogelarten.

Interessant ist die Schneehasenpopulation (S. 167) auf der Insel. 1950 sind einige Tiere über die zugefrorene Ostsee zur »Jungfrau« gelangt, woraus dann eine dauernde Besiedlung der Insel geworden ist. Die Wildkaninchen, die man einst ausgesetzt hat, und die der Vegetation schweren Schaden zugefügt haben, sind allerdings seit den harten Wintern um 1940 verschwunden.

Im Gebiet unterwegs

Die Insel besitzt zwei Stellen, an denen die Boote anlegen: Lerviks Hamn im Nordosten und Sikhamn im Nordwesten. Welche Landestelle angelaufen wird, bestimmt der Bootsführer. Die Entscheidung wird auf Grund der Richtung und der Stärke des Windes gefällt. Von beiden Landestellen aus führen jeweils markierte Wanderwege zu den interessantesten Punkten der Insel.

Etwa in der Mitte der Insel liegen eindrucksvolle **Granithöhlen**, nach Osten hin die Jungfrukammaren – die »Jungfraukammer« – und nach Westen hin die Kyrkan – die »Kirche«. Nicht weit von der Südspitze entfernt liegt das Labyrinten – das »Labyrinth«.

Um eine umfassende Vorstellung von der Insel zu bekommen, sollte man auf jeden Fall

den **Toppen**, den mit 86,5 m höchsten Punkt der Insel, erklimmen. Und man sollte auch die Strecke vom Labyrinth Richtung Sikhamn bzw. weiter dann nach Lerviks Hamn nicht auslassen. Hier geht es nah an der Küste entlang, und man kann am ehesten damit rechnen, Samtenten zu sehen.
Die Wege führen teilweise über blanken Granit, der aber mit festen Wanderschuhen (griffige Sohle!) gut zu begehen ist. Die Wege sollten nicht verlassen werden. Auf der Insel gibt es kein Trinkwasser; man bringt also im Rucksack Proviant und Getränke mit (und nimmt den Abfall natürlich wieder mit nach Hause!). Der Hund muß von vornherein zu Hause bleiben! Und: Blå Jungfrun ist Nationalpark, und deshalb steht die Natur hier unter besonderem Schutz. Also keine Blumen pflücken und auch keine Steine als Souvenir mitnehmen!
Da man die Insel nur jeweils für einen Tag besuchen kann und nur begrenzte Zeit zur Verfügung steht (s. unter »Praktische Tips«), ist es hilfreich, eine Karte dabeizuhaben. So findet man die interessantesten Stellen, ohne große Umwege zu machen.

Praktische Tips

Anreise
Die Insel ist von zwei Stellen aus erreichbar. Zum einen gibt es eine Verbindung von Oskarshamn aus. Zum anderen kann man von der letzten Juniwoche an bis Mitte August auch von der Insel Öland aus übersetzen. Täglich um 10.00 Uhr fährt das Schiff von Byxelkrok im Norden ab (s. Karte S. 75). Schon mäßiger Wind kann die Überfahrt zu einer feuchten Angelegenheit werden lassen (Schutz für Kameras gegen Spritzwasser vorsehen!). Starker Wind kann zu einer Absage der Überfahrt führen. Man hole also in den beiden Häfen rechtzeitig Informationen ein.

Reisezeit
Juni bis August sind die schönsten Monate für einen Besuch der Insel.

Unterkunft
Auf der Insel selbst gibt es keinerlei stationäre Übernachtungsmöglichkeiten. Auch Zelten ist nicht möglich, es ist verboten. Man kann die Insel also nur im Rahmen von Tagesausflügen kennenlernen. In der Umgebung sowohl von Oskarshamn (am Festland) wie auch von Byxelkrok (auf Öland) findet man eine Vielzahl von Übernachtungsmöglichkeiten, vom Campingplatz über Hütten bis zu Hotels. In Oskarshamn gibt es eine Jugendherberge (»vandrarhem«).

Blick in die Umgebung

Der Nationalpark liegt vor der Küste von **Öland**. Diese Insel bietet für jeden Naturfreund eine Vielfalt von Beobachtungsmöglichkeiten (s. Hauptreiseziel 8).

Die wärmeliebende Schwalbenwurz blüht im Juni.

10 Store-Mosse-Nationalpark

Größtes zusammenhängendes Moorgebiet (Flach- und Hochmoore) Südschwedens bzw. sogar südlich Lapplands; Pflanzenwelt mit typischen Moorpflanzen, aber auch nordischen Vertretern; artenreiche Vogelwelt; wichtiger Brutplatz von verschiedenen Entenarten und vom Kranich.

Der Nationalpark Store Mosse – was »Großes Moor« heißt – liegt etwa 10 km nordwestlich von Värnamo (Småland). Das 7850 ha große Schutzgebiet wurde 1982 eingerichtet – mit folgender Zielsetzung: »Erhaltung des Gebietes in seiner natürlichen Beschaffenheit bzw. in einem im wesentlichen unveränderten Zustand; Wahrnehmung ornithologischer, botanischer u. a. wissenschaftlicher Interessen; Erhaltung der Werte dieser Kultur- und Naturlandschaft«. Die formulierten Ziele deuten einerseits an, daß das Gebiet »im wesentlichen unverändert« ist. Tatsächlich umfaßt der Park eine der ursprünglichsten und vom Menschen am wenigsten beeinflußten Regionen Südschwedens. Andererseits enthält der Nationalpark auch (kleine) Gebiete, in denen Weidewirtschaft und Ackerbau betrieben worden sind. Durch Weiterführen der ursprünglichen Bewirtschaftungsweise sollen diese Flächen als kulturhistorisch wichtiges Erbe so erhalten bleiben, wie sie einmal waren bzw. sind.

Die Entwicklung des großen Moorkomplexes hat vor etwa 11 500 Jahren begonnen, als die damals in diesem Gebiet liegende Eiskappe langsam abschmolz. Dabei bildete sich ein See, der Fornbolmen, der das gesamte Gebiet bedeckte. Vor etwa 8000 Jahren trocknete dieser See aus, und der mehr oder weniger ebene Sanduntergrund wurde freigelegt. Als dann später im Zuge von Klimaveränderungen mehr Niederschläge fielen, versumpften große Flächen. Folglich siedelten sich verschiedene Sumpfpflanzen an, unter denen die Torfmoose eine besondere Rolle spielen (s. S. 92). Schließlich setzte Torfbildung ein, ein Prozeß, der vor etwa 5000 Jahren begann und sich bis heute fortsetzt. Die Torfschicht ist heute 3–7 m dick.

In einigen Gebieten des Store-Mosse-Nationalparks hat der Mensch wirtschaftend ein-

Die weite, ebene Moorfläche – unterbrochen durch offenes Wasser, Gebüsche und Baumgruppen.

gegriffen. Torf wurde gestochen, ein wichtiges Brennmaterial. Der Wasserspiegel einiger Seen – Kävsjön, Horssjön, Häradsösjön – wurde abgesenkt, um Weideland zu gewinnen und Wiesen zur Heuernte. Auf Moränenhügeln, die die letzte Eiszeit hinterlassen hatte, wurde sogar Ackerbau getrieben (s. unten).

Eine Besonderheit des Parkes sind die **Rocknarna**, Flugsanddünen und ausgesprochene Trockengebiete inmitten einer feuchten, sumpfigen Umgebung. Diese Dünen sind vor etwa 8000 Jahren entstanden, als der Fornbolmen austrocknete (s. oben). In dem trokkenen, kalten Klima der damaligen Zeit wurde der sandige Untergrund des verschwundenen Sees zusammengeweht und zu Dünen aufgetürmt. Die Flugsanddünen ragen heute als ein System von Hügeln und gewundenen Höhenrücken aus der umgebenden ebenen Moorlandschaft heraus. Weil es hier trockener ist als in der Umgebung, konnte sich hier Wald ansiedeln.

Ein ganz typisches Produkt der Eiszeit sind Moränen. Wälle und Flächen aus Sand, Kies und Geröll sind überall dort liegengeblieben, wo sich die Gletscher zurückgezogen haben. So auch in Store Mosse, wo man hügelartige Moränen findet: **Lövö** im südwestlichen Teil des Parks und **Svänö** an der Nordostecke des

Wollgräser fallen erst auf, wenn sie Samenstände gebildet haben. An den Samen hängen weiße Flughaare.

Kävsjön. Lövö und Svänö sind Gebiete, wo Ackerbau möglich war. Lövö etwa wurde im 17. Jh. besiedelt, und noch 1912 lebten hier vier Familien vom Ackerbau.

Pflanzen und Tiere

Im Nationalpark bestehen Flach- und Hochmoore, sumpfige Niederungen, Weiher und Seen, Flugsanddünen und bewachsene Moränenrücken nebeneinander. Entsprechend unterschiedlich ist die Pflanzenwelt.
In den Flachmooren begegnet der Pflanzenfreund Arten wie Traunsteiners Knabenkraut, Echte Sumpfwurz (S. 77) (beides Orchideen) und Verschiedenblättrige Kratzdistel. In den Hochmooren wachsen neben verschiedenen Arten von Torfmoosen u. a. Moosbeere, Rundblättriger Sonnentau, Scheidenwollgras und Weißes Schnabelried. An trockeneren Stellen in den Hochmooren gedeihen Besenheide (S. 26), Glockenheide (S. 52) und Zwergbirke (S. 180). Mehr in den Randgebieten der Hochmoore wachsen Krüppelkiefern. Eine Besonderheit ist **Stora Gungflyet**, der »Große Schwingrasen« am Südufer des Kävsjön, eine Pflanzendecke, die auf dem Wasser schwimmt. Sie ist entstanden, als nach der Absenkung des Wasserspiegels der Seegrund

Wo es einigermaßen trocken ist, wachsen Krüppelkiefern, Moorbeere und andere (Zwerg-)Sträucher.

von Sumpfpflanzen besiedelt werden konnte. Die Pflanzendecke hebt und senkt sich entsprechend den Schwankungen des Wasserstandes.
Als natürliche Entwässerungsrinne des südlichen Teiles des Moores fungiert **Blådöpet**.

Hier ist es feuchter als in den umgebenden Teilen des Moores. Entsprechend anders ist die Vegetation. Pflanzen wie Fieberklee (S. 93), Sumpfblutauge und verschiedene Seggenarten sind für diese sehr feuchte Senke typisch.

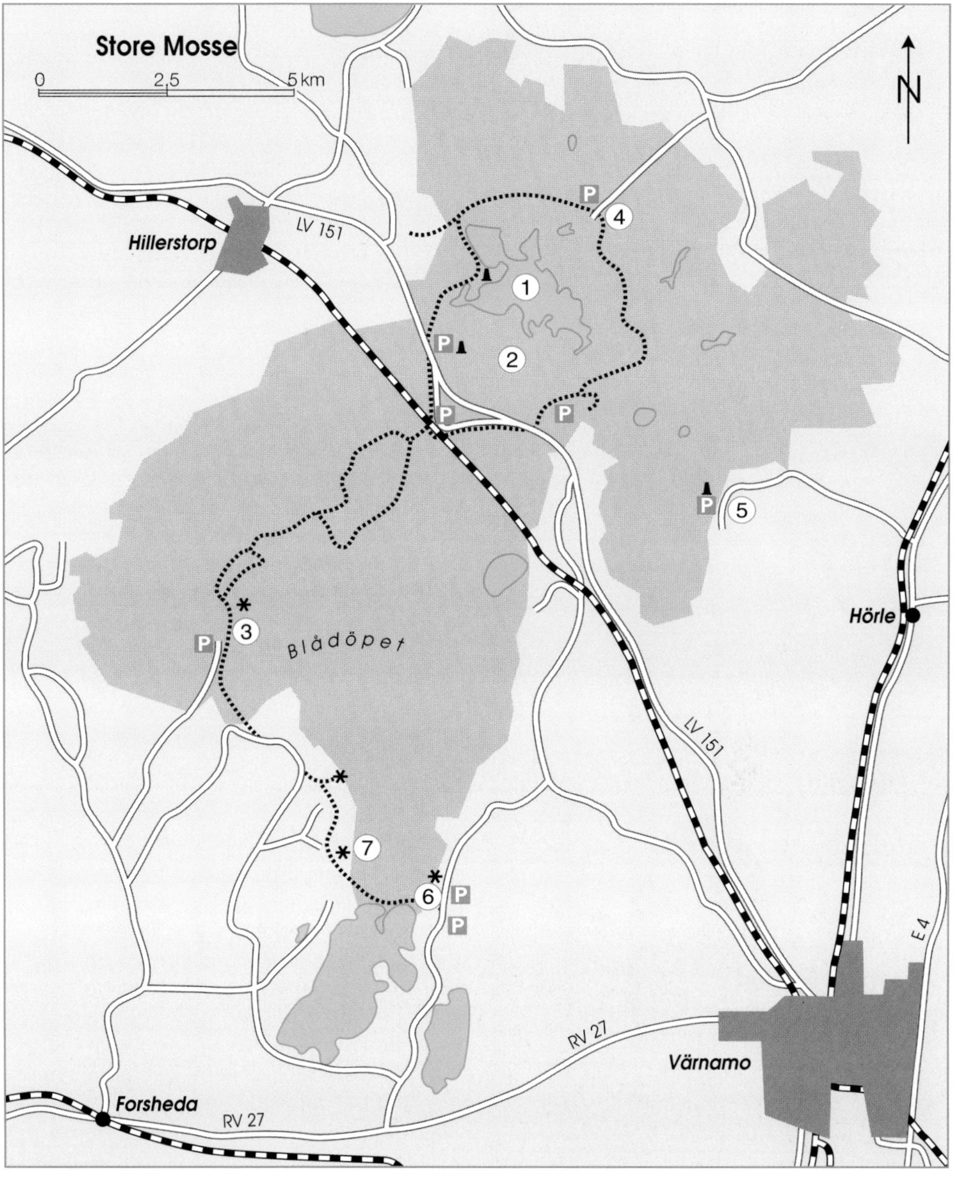

Blick über den Kävsjön mit seiner großen Lachmöwenkolonie (oben). Zur Brutzeit hat die Möwe einen schokoladenbraunen Kopf (links).

So vielfältig wie die Pflanzenwelt präsentiert sich die Vogelwelt von Store Mosse. Mehr als 100 Arten sind im Park nachgewiesen worden. Auf den offenen Moorflächen kann man Goldregenpfeifer (S. 78), Großen Brachvogel und Sumpfohreule beobachten. Um den »Vogelsee« Kävsjön herum brüten z. B. Singschwan, Tafelente und Tüpfelsumpfhuhn. Die Lachmöwe hat hier eine Brutkolonie von einigen tausend Paaren. Im Gebiet des Stora Gungflyet brüten 7–10 Kranichpaare.

Im Gebiet unterwegs

Von der Straße Värnamo – Hillerstorp aus kann man sich einen guten ersten Eindruck des Gebietes verschaffen. An dieser Straße liegt auch der eine Beobachtungsturm, von dem aus man den **Kävsjön** ① übersehen kann. Selbst die im Gebiet des Stora Gungflyet ② brütenden Kraniche kann man von der Höhe des Turms aus beobachten – mit dem Fernrohr natürlich besser als mit einem Fernglas.

Tafelente, Erpel.

Am Parkplatz bzw. am Beobachtungsturm findet man auch Informationstafeln zur Entstehung, Geschichte, Biologie und Ökologie des Gebietes (Naturum).
Weitere Zugänge erschließt man sich über die Straßen, die nach Lövö ③ und nach Svänö ④ führen. Eine detaillierte Karte ist hier sehr hilfreich, und auf die Beschilderung vor Ort muß man ganz genau achten. Ein zweiter Beobachtungsturm steht am **Horssjön** ⑤. Man gelangt über eine Stichstraße nördlich von Hörle, das wiederum nördlich von Värnamo liegt, dorthin.
Vom Beobachtungsturm an der Verbindungsstraße Värnamo – Hillerstorp, von **Lövö** ③ und von **Svänö** ④ aus führen Wanderwege in das innere Gebiet des Nationalparks. Vom Turm bzw. von Svänö aus kann man um den Kävsjön, das ornithologisch interessanteste Gebiet des Parks, herumwandern. Die Rundstrecke beträgt etwa 14 km. Von Lövö aus kann man in Richtung Nordosten zum Beobachtungsturm wandern, wobei man durch eines der Dünengebiete kommt.
Ein schönes Gebiet ist auch **Björnakullen** ⑥ in der Südostecke des Parks. Man gelangt über eine Straße dorthin, die von der Verbindungsstraße Värnamo – Hillerstorp abzweigt. Das Björnekullakärret ist das artenreichste Flachmoor des småländischen Hochlandes. Vom Björnakullen und vom Kvarnberget ⑦ aus hat man einen weiten Blick über die südlichen Teile des gesamten Gebietes.

Praktische Tips

Anreise

Der Nationalpark Store Mosse ist am besten über die E 4 zu erreichen. Nördlich von Värnamo auf die entsprechenden Wegweiser achten. Man kann aber auch in Värnamo auf die LV 151 nach Nordwesten abbiegen und fährt dann direkt ins Gebiet. Eine dritte Möglichkeit ist, in Värnamo auf die LV 153 nach Westen abzubiegen, um sich in Bredaryd auf

Rundblättriger Sonnentau (Blütezeit: Juli).

Torfmoose sind die Charakterpflanzen des Hochmoors.

Moosbeere (Blütezeit: Juni).

Moor

Als Moore bezeichnet man Gebiete, in denen die Oberfläche von Torf bedeckt ist, d. h. hier stockt eine artenarme, torfbildende Vegetation auf feuchtem bis nassem Untergrund. Moore können deshalb nur in niederschlagsreichen (mehr als 700 mm pro Jahr) Gegenden vorkommen. Betrachtet man die Karte Europas, so stellt man fest, daß Moore vor allem in Mittel- und Nordeuropa liegen. In Skandinavien sind ganze Landstriche von Mooren bedeckt.
Moore können eine unterschiedliche Ausdehnung und einen ganz verschiedenen Charakter haben. Am Beispiel der **Verlandung** eines nährstoffreichen Sees oder Weihers soll hier eine Entwicklung dargestellt werden, die über das Flachmoor zum Hochmoor führt. Entlang des Ufers eines solchen nährstoffreichen Gewässers findet man eine breite Zone mit typischer Vegetation. Auch im Wasser selbst wird viel biologisches Material produziert, das später abstirbt und zum Gewässerboden sinkt. Dort sammelt sich nach und nach muddiger Schlamm an. Ein biologischer Abbau ist oft nicht mehr möglich, weil die vorhandenen Sauerstoffmengen dazu nicht ausreichen. Im Lauf langer Zeiträume füllt sich das Becken des Sees oder Weihers deshalb langsam auf. Die Wassertiefe nimmt ab, und Pflanzen aus der Randzone des Gewässers können gegen die Gewässermitte hin vorrücken. Schließlich ist die freie Wasserfläche völlig verschwunden. Ein **Flach- oder Niedermoor** ist entstanden.
Das Flachmoor und seine Vegetation stehen noch im Austausch mit dem Untergrund. Ein solches Moor ist durch ausreichende Nährstoffversorgung gekennzeichnet. Die Entwicklung geht weiter zum **Zwischen- oder Übergangsmoor**.
In den ständig durchfeuchteten Flächen siedeln sich nach und nach **Torfmoose** an, die eine ausgewogene, hohe Bodenfeuchtigkeit sowie Versauerung herbeiführen, die andere Pflanzen benachteiligt oder sogar schädigt. Die einzelnen Moospolster wachsen zu geschlossenen Decken zusammen, und die vorhandene Vegetation wird überwachsen und schließlich erstickt. Der Untergrund ist stark durchnäßt, sauerstoffarm und versauert. Unter diesen Bedingungen wird der biologische Abbau erschwert, und es bilden sich Schichten aus unvollständig zersetztem Pflanzenmaterial. Solche Schichten nennt man **Torf**. Schicht um Schicht wächst die Torfmoosdecke nun in die Höhe. Sie wölbt sich wie ein Uhrglas auf: Ein **Hochmoor** ist entstanden, dessen lebende Pflanzendecke längst den Kontakt zum Untergrund verloren hat. Die Feuchtigkeit bezieht sie aus den Niederschlägen, die zum Leben notwendigen Nährsalze aus eingeblasenem Flugstaub. Die Bedingungen im Hochmoor sind also durch Nährstoffarmut gekennzeichnet. Im Hochmoor wachsen daher nur noch wenige, aber sehr markante Pflanzenarten.
Das Hochmoor in seiner typischen Form kann gegliedert werden. Die Hochfläche ist meist keine Ebene, vielmehr sind kleine Erhebungen und Vertiefungen – Bulten und Schlenken – vorhanden. Die Schlenken sind oft mit Wasser gefüllt, das aufgrund der enthaltenen Huminstoffe braun gefärbt ist. Mehrere Schlenken können zu Kolken oder Blänken zusammentreten; man spricht auch von Mooraugen. Am Rand geht die Hochfläche in das sogenannte Randgehänge über, das oft bewaldet ist. Begrenzt wird es von einer Senke, dem Lagg.
Der Prozeß der Moorbildung läuft sehr langsam ab. Es braucht Jahrhunderte, bis ein typisches Hochmoor ausgebildet ist.

der LV 152 wieder nach Norden zu wenden. Store Mosse ist auch per Eisenbahn zu erreichen. Die Strecke Kalmar – Värnamo – Göteborg führt durch den Park hindurch. Man kann in Hillerstorp 3 km westlich des Parks aussteigen. Zwischen Hillerstorp und Värnamo besteht eine Busverbindung, die man natürlich auch in der anderen Richtung benutzen kann, wenn man also von Värnamo kommt.

Reisezeit
Für den Naturfreund ist der Frühsommer empfehlenswert (Juni/Juli). Moore speichern die Kälte des Winters länger als Trockenbiotope, so daß sich die Flora vergleichsweise spät entfaltet. Die Heideflächen färben sich aber erst im August rosa.

Unterkunft / Information
Zelten oder Übernachten im Wohnwagen ist im Nationalpark nicht gestattet. In begrenztem Umfang können Wanderer die Rasthütten auf Lövö und Svänö benutzen. Die Bauernhäuser in diesen beiden Gebieten können über das Domänverket für Kurzaufenthalte angemietet werden. Ansonsten findet man Unterkunft in Värnamo und Hillerstorp. In Värnamo und südlich Hillerstorp gibt es Campingplätze, in Värnamo auch eine Jugendherberge (»vandrarhem«). Auskünfte bekommt man im Touristenbüro in Växjö, im Sommer auch in Värnamo.

Blick in die Umgebung

Einer näheren Erkundung wert ist der **Bolmen**, ein stark in Landzungen und Inseln zergliederter See südwestlich von Värnamo. Zwischen Store Mosse und Bolmen liegen verschiedene kleine Moorflächen.

Oben: Sumpfohreule.

Mitte: Großer Brachvogel.

Unten: Fieberklee (Blütezeit: Juni).

11 Norra-Kvill-Nationalpark

Kleiner Nationalpark, der der Erhaltung eines Stücks Urwald inmitten der ansonsten forstwirtschaftlich stark genutzten südschwedischen Nadelwaldregion dient.

Der Norra-Kvill-Nationalpark in Småland unweit von Vimmerby ist ein nur kleines, dafür aber feines Gebiet. 1927 eingerichtet, ging es darum, für die Nachwelt wenigstens beispielhaft zu sichern, was die südlichen Teile Mittelschwedens von der natürlichen Vegetation her ausmacht: Nadelwald mit reicher Krautschicht. Der ursprüngliche Nationalpark umfaßt nur 27 ha. Um ihn herum wurde aber zusätzlich ein Reservat eingerichtet, das als ökologische Pufferzone fungieren soll. Auf 23 ha des Nationalparks stockt Nadelwald, auf nur 1 ha Mischwald. 2 ha nehmen Moore ein, und der im Gebiet liegende Stora Idgölen, ein Waldsee, nimmt noch einmal 1 ha Fläche ein. Derzeitige Planungen sehen vor, den Norra-Kvill-Nationalpark 1992 deutlich zu vergrößern. Der »neue« Nationalpark soll insgesamt über 100 ha groß werden.

Kernstück des Parks ist also ein urtümlicher Nadelwald, zusammengesetzt aus Waldkiefer und Fichte. In diesem Wald ist seit über 150 Jahren kein Holz mehr eingeschlagen worden. Man kann also mit einiger Berechtigung von einem Urwald sprechen. Überall liegen gefallene Baumriesen herum, die höchstens dann angetastet werden, wenn sie genau über den Wanderweg gefallen sind. Dies ist aber auch der einzige Eingriff, der vorgenommen wird. Das Ergebnis sind einmalige Eindrücke: Hier stehen Riesenfichten von 35 m Höhe und 2,50 m Umfang. Dort

Umgestürzte Bäume, mit Moos dick bewachsene Felsen und Stämme, am Boden Zwergsträucher – Urwald.

liegt eine Baumleiche, die kaum mehr als eine Kiefer zu erkennen ist, so weit sind die Zerfalls- und Abbauprozesse schon fortgeschritten. Halden aus mächtigen Granitblökken sind mit dichten Moosdecken überwachsen.
Der **Stora Idgölen** paßt so ganz in diesen Urwald. Der See ist nur 200 m lang und 75 m breit und liegt still da. Umgeben ist er von einem Gürtel mit sumpfigem Grund, der stellenweise in Schwingrasen übergeht. Nach Nordosten hin entwässert der See in einen Bach, der durch eine kleine Schlucht mit großen Granitblöcken abfließt. Hier wächst Laubbwald.

Die Haubenmeiste ist ein typischer Nadelwaldbewohner.

Pflanzen und Tiere

Der Pflanzenfreund wird sich vor allem an dem urwüchsigen Baumbestand begeistern. Insgesamt kommen aber gut 200 Arten höherer Pflanzen im Nationalpark vor. Moose sind in der enormen Zahl von 200 Arten vertreten. Weiter wurden 100 Flechtenarten nachgewiesen. Trotz seiner geringen Größe hat der Park also einiges zu bieten, wenn auch vielleicht am ehesten für den an Bäumen, Moosen oder Flechten Interessierten. Die Zwergsträucher und die krautigen Pflanzen machen aber ebenfalls Freude. Einige der in den Waldteilen vorkommenden Arten: Heidelbeere, Moorbeere, Besenheide (S. 26), Alpen-Bärentraube (S. 129), Leberblümchen (S. 33), Frühlingsplatterbse, Waldveilchen, Waldschwingel. Um den Stora Idgölen herum wachsen Sumpfporst, Sumpfbärlapp, Sumpfveilchen, Strauß-Gilbweiderich und Fieberklee (S. 93). Auf der Wasserfläche des Sees liegen die Schwimmblätter von Gelber Teichrose und Schwimmendem Laichkraut. Entlang des Baches wachsen verschiedene Laubholzarten: Bergulme (S. 58), Esche, Winterlinde, Traubenkirsche, Hasel, Gewöhnliche Heckenkirsche und Gewöhnlicher Schneeball.
Beobachtungen der Tierwelt treten in Norra Kvill gegenüber dem Erleben eines Urwaldes zurück. Immerhin kommen ein paar Vogelarten vor, z. B. Buchfink und Tannenmeise. Auf dem Stora Idgölen kann man hin und wieder Stockente und Schellente (S. 124) beobachten. Mit viel Glück kann man im Park auf Elch und Rotfuchs treffen.

Die Moorbeere blüht im Mai. Ihre Früchte sind blau.

Die etwa 900 Jahre alte »Rumskulla-Eken«.

Links: Der »Diket«, eine fast 100 m lange Verwerfungsspalte.

Im Gebiet unterwegs

Der Park ist klein. Vom Parkplatz aus (s. »Anreise«) gelangt man über einen Wanderweg zum Eingang des eigentlichen Nationalparkgebietes. Weiter führt der Weg um den **Stora Idgölen** herum. Ein Stichweg zweigt zur **Idhöjden** ab. Von dieser Erhebung aus (230 m hoch) hat man einen schönen Blick auf die westlich angrenzenden Waldgebiete.
Der Wanderweg ist leicht zu begehen, trotzdem sind kräftige Bergstiefel ratsam. Immerhin ist das Gebiet absolute Wildnis.

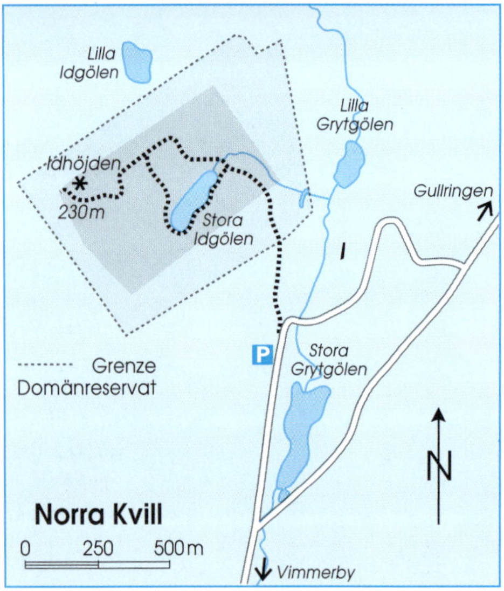

Praktische Tips

Anreise
Der Nationalpark liegt etwa 18 km nordwestlich von Vimmerby. Von Vimmerby aus fährt man in Richtung Ydrefors. Auf etwa halber Strecke zwischen beiden Orten führt ein Fahrweg (Schild beachten!) in nordöstlicher Richtung bis zu einem Parkplatz mit Informationstafel, dem Ausgangspunkt des Wanderweges.
Da man sehr kleine Straßen in einem weiten Waldgebiet benutzen muß, versieht man sich sinnvollerweise mit einer detaillierten Karte.

Reisezeit
Da es in diesem Park im wesentlichen um die Erfahrung »Urwald« geht, muß man sich als Besucher von der Reisezeit her nicht sehr festlegen. In Frage kommen die Monate Mai bis September.

Unterkunft / Information
Innerhalb des Nationalparks besteht keine Übernachtungsmöglichkeit. Außerhalb des Parks kann man, so man will, frei zelten (Jedermannsrecht beachten!). Darüber hinaus besteht die Möglichkeit, in Vimmerby eine Unterkunft zu finden. Kisa, Österbymo und Lönneberga haben jeweils eine Jugendherberge (»vandrarhem«). Das nächstgelegene Touristenbüro befindet sich in Vimmerby.

Zweiblättrige Schattenblume (Blütezeit: Mai).

Blick in die Umgebung

Bei Kvill steht die »**Rumskulla-Eken**« (auch »Kvill-Eken« genannt), eine der stärksten Stieleichen Europas. Sie ist der älteste und mächtigste Baum Schwedens und steht seit 1928 unter Naturschutz. Ihr Alter wird auf 900 Jahre geschätzt. Die Eiche ist »nur« 16 m hoch, ihr Durchmesser beträgt aber 4,10 bis 4,40 m, ihr Umfang am Boden 14,33 m, in Brusthöhe 12,75 m.
Nicht weit von der »Rumskulla-Eiche« steht die »**Tallen**«. Dieser Riese von Waldkiefer gibt einen Anhaltspunkt, wie der Wald hier einmal ausgesehen haben muß – ein urwaldartiger Baumbestand mit allen Altersklassen vom Keimling bis zu solch mächtigen Bäumen wie der »Tallen«.
Ebenfalls in der Nähe des Nationalparks gelegen und geologisch sehr interessant ist der »**Diket**«, eine fast 100 m lange Verwerfungsspalte mit senkrechten Wänden. Hier sieht man anschaulich, welche Kräfte auf den Småland-Granit eingewirkt haben, als die Landschaft das heutige Gesicht annahm. Die Spalte ist 2–3 m tief und 50–70 cm breit.
Die genaue Lage dieser drei interessanten Naturphänomene entnehme man der Karte am Parkplatz beim Norra-Kvill-Nationalpark.

Sumpfporst (Blütezeit: Juni).

12 Tåkern

Flachsee mit breitem Pflanzengürtel; ornithologisch bedeutendes Naturreservat; Rast- und Brutgebiet für eine Vielzahl von Wasservögeln.

Der Tåkern – in der Provinz Östergötland, nördlich von Ödeshög, nicht weit vom Vättern entfernt – ist einer der ökologisch bedeutsamsten und deshalb auch bekanntesten »Vogelseen« Skandinaviens. Das Seebecken entstand nach der letzten Eiszeit. Um etwa 7000 v. Chr. hatte sich das Eis aus den Ebenen Östergötlands zurückgezogen, und in der Senke war ein See von etwa 70 km^2 Fläche und fast 12 m Tiefe entstanden. Das Wasser war arm an Nährstoffen, das Pflanzenleben gering und entsprechend arm das Vogelleben. Um 2000 v. Chr. betrug die Seetiefe aufgrund von Einschwemmungen nur mehr 7 m. Das Wasser war jetzt reich an Nährstoffen, die Bedingungen für Pflanzen waren günstig, und in den flachen Seeteilen siedelte sich eine Sumpfvegetation an. Nach und nach entstand ein passender Lebensraum für Wasservögel; Höckerschwan, Stockente und Rohrweihe siedelten sich an. Im Zuge dieser Entwicklung nahm die Wasserfläche auf 55 km^2 ab, um bis 1844 n. Chr. auf 45 km^2 zurückzugehen. Die Wassertiefe lag jetzt bei lediglich 2,50 m, die Ufervegetation schob sich weiter vor, und innerhalb der Seefläche enstanden Pflanzeninseln.

Moorfroschmännchen sind zur Laichzeit blau gefärbt.

Der Tåkern war im Begriff zu verlanden, und da man neues Ackerland gewinnen wollte, wurde vom See Wasser abgeleitet. Dies führte dazu, daß die durchschnittliche Tiefe schließlich nur noch 0,80 m betrug und die Vegetation entsprechend explodierte. Glücklicherweise scheiterte dann die 1902 schon beschlossene vollständige Trockenlegung des Seebeckens am fehlenden Geld. Fast aber wäre dieses Projekt 1933 doch noch Wirklichkeit geworden, als in einem extremen Sommer zwei Drittel der Seefläche trokkenfielen, mit schweren Schäden für die Ufervegetation und die Vogelwelt. 1967 führte man am Tåkern eine ständige Regulierung des Wasserstandes ein. Die freie Wasserfläche des Sees pendelte sich bei 25 km^2 ein, denn die Regulierung kam dem Schilf entgegen, das sich entsprechend ausbreitete. Am 13.6.1975 wurden der See und die umliegenden Gebiete offiziell zum Naturreservat erklärt.

Pflanzen und Tiere

An einem flachen, nährstoffreichen See wie dem Tåkern ist naturgemäß eine üppige Ufervegetation zu erwarten. An vielen Stellen sieht man geradezu lehrbuchartig, wie vom Land zur freien Wasserfläche eines Sees nacheinander verschiedene Zonen folgen, in denen jeweils charakteristische Pflanzen wachsen: An einen Bruchwald aus Erlen und Weiden schließt sich ein breites Röhricht aus

Blick vom südlichen Beobachtungsturm. ▷

Schilf an; hinzu kommen hier Pflanzen wie Rohrkolben, Ästiger Igelkolben, Sumpfschwertlilie und Schwanenblume. Weiter zum Wasser hin wachsen Schwimmblattpflanzen wie Weiße Seerose (s. S. 117), Gelbe Teichrose und verschiedene Laichkräuter. Letztere zählen teilweise auch zu den Unterwasserpflanzen.
Dieser ausgedehnte Pflanzengürtel um den Tåkern und die vielen Vegetationsinseln gliedern die Wasserfläche; dies sagt Wasservögeln ganz besonders zu. Im Lauf der Jahre wurden am See mehr als 250 Vogelarten beobachtet, von denen 90 Arten Brutvögel sind. Die Rohrammer etwa ist in der Zone Bruchwald-Schilfröhricht häufig zu sehen. Im Schilf brüten Teichrohrsänger, Rohrweihe und Rohrdommel. Die Rohrweihe hat am Tåkern mit 40 Brutpaaren ihr zweitgrößtes Brutvorkommen in Schweden. Die Rohrdommel wiederum ist am Tåkern so häufig wie sonst nirgends in Schweden bzw. in Skandinavien überhaupt; etwa 50 Männchen lassen sich zu Beginn der Brutzeit rund um den See hören.
Am wasserseitigen Rand des Röhrichts brüten verschiedene Entenarten (z. B. die Tafelente, S. 90, mit 400–600 Paaren, daneben Stock- und Löffelente), das Bläßhuhn (1000–2000 Paare) und der Höckerschwan (70 Paare; s. S. 104; s. auch Bengt Bergs Buch »Tookern – Der See der wilden Schwäne«, ein »illustriertes Tierbuch« aus dem Jahr 1928 mit guten Bildbeispielen aus den frühen Tagen der Naturfotografie). Hier geht der Graureiher auf Fischfang, und weiter draußen jagt der Haubentaucher (S. 68). Dieser größte europäische Lappentaucher brütet in mindestens 200 Paaren, daneben brüten aber auch Zwergtaucher, Schwarzhalstaucher, Ohrentaucher (S. 76) und Rothalstaucher. Die Palette der häufigen Brutvögel rundet die Lachmöwe ab; ihr Bestand wird auf 20000–25000 Brutpaare geschätzt, die sich auf acht große und mehrere kleine Kolonien über den See verteilen. Und

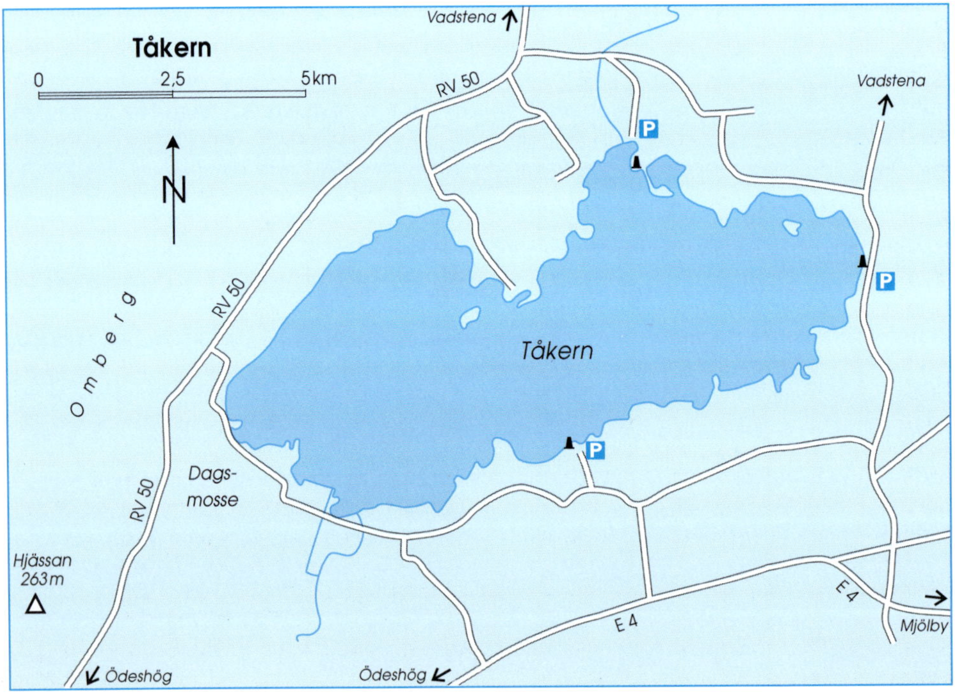

schließlich ist die Bartmeise in guten Beständen vertreten.
Der Tåkern ist aber nicht nur als Brutgebiet von großer Bedeutung, sondern auch als Rastgebiet während des Frühjahrs- und Herbstzuges. Dazu ein paar Zahlen: Den Sommer über bevölkern neben der Brutpopulation weitere 2000 mausernde Höckerschwäne den See. Im Herbst 1974 wurde die Zahl rastender Bläßhühner auf 40000 geschätzt. Zur gleichen Zeit hielten sich am See 15 400 Gänse auf. Das Zuggeschehen läßt sich in groben Zügen insgesamt so beschreiben, daß gegen Ende März Massen von Stockenten, Bläßhühnern und Höckerschwänen auftreten. Dazu kommen Saat- und Weißwangengänse, die auch im Herbst durchziehen, tagsüber auf den Feldern rund um den See Nahrung suchen und nachts auf dem Wasser rasten (s. Selma Lagerlöfs »Reise des kleinen Nils Holgersson«). Für die Beobachtung durchziehender Enten und anderer Wasservögel ist der Herbst besonders geeignet. »Mehrere zehntausend« Vögel lassen sich dann beobachten, darunter Stockenten, Pfeifenten, Krickenten (S. 40), Schellenten (S. 124), Gänsesäger (S. 200) und Bläßhühner.
Auch wenn der Tåkern sicher in erster Linie ein »Vogelsee« und damit ein Reiseziel für Vogelfreunde und Ornithologen ist, führt die Vielfalt unterschiedlicher, miteinander verzahnter Lebensräume doch auch dazu, daß sich eine Fülle von Insektenarten entfalten kann. Am auffälligsten sind vielleicht die Libellen, etwa der Plattbauch, um eine häufige Art zu nennen. An Weiden kommt der Linienbock verhältnismäßig häufig vor. Manchen werden auch die unter der Wasseroberfläche lebenden Tiere interessieren. Natürlich leben im See verschiedene Fischarten, daneben aber auch Schnecken und Muscheln, Wasserinsekten und Krebstiere in großer Vielfalt. Und schließlich sind auch die Massen von Kleinkrebsen zu nennen, die im Wasser schweben. Ein nährstoffreicher See wie der Tåkern weist neben diesem Zooplanton aber auch ein artenreiches Phytoplankton auf.

Höckerschwan mit Jungen. Der Vogel ist eine Charakterart des Tåkern; 70 Paare brüten hier.

Im Gebiet unterwegs

Ein so wichtiges Brutgebiet für Wasser- und Sumpfvögel erfordert natürlich einen besonderen Schutz. In der Zeit vom 1. 4. bis zum 30. 6. können Besucher daher nur bestimmte Gebiete am See betreten, und auch dies nur auf bestimmten, angelegten Wegen. Aber dies beeinträchtigt die Beobachtungsmöglichkeiten kaum, denn den besten Überblick über einen ausgedehnten Flachsee wie den Tåkern hat man von einem Beobachtungsturm aus, und von diesen gibt es am See drei – je einen am Süd-, am Nord- und am Ostufer. Der Zugang zu den Türmen ist jederzeit gestattet. Man sollte stets ein Fernglas (besser noch: ein Fernrohr) dabeihaben.
Die Zugangsstraßen zu den drei Beobachtungstürmen sind ausgeschildert. Den »Süd-Turm« erreicht man von der E 4 aus. Man verläßt die Straße bei dem Wegweiser »Kyleberg«, biegt dort links ab und folgt dem Zeichen. Den »Nord-Turm« erreicht man von der RV 50 aus: Dem Schild »Strå« folgen, dann über den Kanal und 2 km weiterfahren,

Rohrammer, Männchen.

Die Rohrdommel wird man nur selten so frei beobachten könen. Sie hält sich meist im Schilf verborgen. Der

bis man wieder einem Schild folgen kann. Der »Ost-Turm« liegt an der Straße 944 zwischen Väderstad im Süden und Vadstena im Norden, etwa 6 km nördlich Väderstad. Auch hier ist der Zugang zum Turm ausgeschildert. An den Parkplätzen findet man Informationstafeln zur Ökologie des Gebietes und zu den einzelnen Pflanzen- und Tierarten.

Praktische Tips

Anreise

Die Anreise zum Gebiet erfolgt am besten über die E 4. Auf dem Weg nach Norden wäre das die Route Gränna – Ödeshög – Väderstad – Mjölby (und weiter Richtung Linköping). Vor Väderstad links ab zum »Süd-Turm« (die Anfahrten zu den anderen Beobachtungstürmen s. oben).

Rohrweihe, Männchen.

dumpfe, weithin hörbare Gesang der Männchen macht aber stets auf den Vogel aufmerksam.

Rothalstaucher.

Reisezeit
Dem Vogelbeobachter sind zum einen die Brutzeit (Mai/Juni) zu empfehlen, zum anderen aber auch die Monate, in denen durchziehende Vögel am Tåkern rasten (März/April und September/Oktober).

Ausrüstung
Um in der Weite der Wasserfläche etwa die einzelnen Entenarten auseinanderhalten zu können, ist ein Fernrohr eine große Hilfe (vgl. Hinweis S. 110).

Unterkunft / Information
Der nächste Campingplatz liegt 2 km nördlich von Vadstena. Jugendherbergen (»vandrarhem«) gibt es in Vadstena und am Omberg, Hotels in Vadstena und Ödeshög. Touristenbüros findet man in Ödeshög, Vadstena und Motala.

Löffelente, Erpel. ▷

Höckerschwan

Wilde Höckerschwäne brüten in Europa noch in Dänemark, Mittel- und Südschweden, in Norddeutschland und nach Osten hin bis in die Sowjetunion. Aus den Wildbeständen hat man schon seit dem Mittelalter Schwäne in verschiedenen Gegenden Mitteleuropas domestiziert bzw. entnommen und gezielt eingebürgert, und mittlerweile sind sie hier auf allen stehenden Gewässern zu Charaktervögeln geworden.
Ihre Bestandszunahme hat verschiedene Gründe. Zum einen haben die Schwäne kaum natürliche Feinde, und höchstens den Eiern und Jungvögeln droht Gefahr durch Räuber. Zum anderen sind viele Gewässer in den letzten Jahrzehnten mit Nährstoffen angereichert worden, und den Schwänen steht ein erhöhtes Nahrungsangebot zur Verfügung. Zum dritten wird die Nahrungsarmut der Wintermonate durch die Fütterung der Schwäne ausgeglichen. Aus diesem Grund haben viele Schwäne auch ihre – stets die Sterblichkeit erhöhenden – Wanderungen aufgegeben.
An manchen Seen haben sich die großen Vögel derartig vermehrt, daß man sich Gedanken über einen Abschuß macht. Die Schwäne werden nämlich mit dem Absterben des Schilfröhrichts in Verbindung gebracht. Die Vögel tragen einerseits beim Bau ihrer großen Horste Schilfhalme aus der Umgebung heran, andererseits verbeißen sie auch die jungen Triebe, was das Schilf in bestimmten Wachstumsphasen nicht verträgt. Hinzu kommt das in der Brutzeit (April/Mai) ausgesprochen aggressive Verhalten des Schwanenmännchens, das in seinem Brutgebiet andere Wasservögel, vor allem Enten und Taucher, rigoros vertreibt und auch vor Wasserwanderern nicht halt macht.

Der Ästige Igelkolben blüht im Juli.

Blick in die Umgebung

Da man sich ohnehin nahe am See **Vättern** (»Wettersee«) befindet, sollte man nicht versäumen, sich hier wenigstens einen Eindruck von diesem (nach dem Vänern) zweitgrößten See Schwedens zu verschaffen. Zugänge sind bei Hästholmen, Borghamn und Vadstena. Der **Omberg** ist ein 10 km langer Höhenzug, der sich etwa zwischen Tåkern/RV 50 und dem Vättern erstreckt. Vom Hjässan als höchsten Punkt (263 m, Aussichtsplattform) hat man einen guten Blick auf den Vättern. Der Omberg fällt zum See hin steil ab. Auf dem Weg vom Tåkern zum Omberg sieht man links der RV 50 in der Senke ein großes Moor liegen, das abgetorft wird (s. Foto S. 18).

Ein Gelbrandkäfer holt an der Wasseroberfläche Luft.

13 Hornborgasjön

Eutropher Flachsee mit breitem Vegetationsgürtel; wichtiges Brutgebiet für verschiedene Arten von Wasservögeln; berühmter Kranichrastplatz.

Der Hornborgasjön hat ein wechselvolles Schicksal hinter sich. Er ist ein bedeutendes Feuchtgebiet, wie es sie in Schweden einst in großer Anzahl und Ausdehnung gegeben hat. Dann aber kam eine große Trockenlegungswelle, der in manchen Gegenden Schwedens 90% der Feuchtgebiete zum Opfer gefallen sind. So wurde im 19. und 20. Jh. auch der Wasserspiegel des Hornborgasjön fünfmal abgesenkt. Die Folge war, daß der See in eine Sumpflandschaft mit riesigen Schilfbeständen und Gebüsch verkam. Niemand hatte allerdings damit gerechnet, daß die Absenkung des Wasserspiegels hohe Folgekosten – z. B. für die Instandhaltung der Entwässerungsgräben und -kanäle – nach sich ziehen würde. Zudem stellten die Naturschützer und Vogelfreunde einen starken Artenschwund fest.

Langsam setzte sich also die Idee durch, den Hornborgasjön in seiner ursprünglichen Form zu restaurieren, was dann 1977 im schwedischen Reichstag auch formal beschlossen wurde. Seither ist der Wasserspiegel des Sees wieder angehoben, sind große Schilfflächen mit speziellen Maschinen entfernt und Gebüsche gerodet worden. Um die umliegenden Ackerflächen vor Überschwemmung zu schützen, werden auch Schutzdämme angelegt. Alle Arbeiten werden von wissenschaftlichen Untersuchungen begleitet. Insgesamt stellt die Restaurierung des Hornborgasjön die bisher größte Investition des schwedischen Naturschutzes dar. Auf der anderen Seite wird ein bedeutendes Feuchtgebiet in seine ursprüngliche Funktion zurückversetzt, nämlich vor allem vielen Vogelarten auf dem Zug einen Rastplatz zu bieten. Der Hornborgasjön hat eine große Bedeutung für den Vogelzug in Europa.

Bei Fågeludden empfängt den Besucher das gut gemachte und gemütliche Informationszentrum (Naturum).

Pflanzen und Tiere

Paradetier des Hornborgasjön ist der **Kranich** (s. S. 109). Tausende der großen, grauen Vögel versammeln sich hier im April für begrenzte Zeit, und zu gleicher Zeit finden sich Tausende von Menschen ein, um die Kraniche zu sehen (und zu fotografieren). Die Vögel kommen aus ihren Winterquartieren in Spanien, Portugal und Nordafrika. Mitte März erreichen sie Rügen, und von da aus ziehen sie – meist an einem einzigen Tag – zum Hornborgasjön weiter (eine Strecke von rund 400 km). Die Kraniche treffen also in den Nachmittagsstunden in Schweden ein und lassen sich zunächst auf den Feldern um Stora Bjurum/Dagsnäs nieder, um Nahrung zu suchen.

Hier liegt – neben der idealen Entfernung von Rügen – ein weiterer Grund, warum sich Kraniche gerade um den Hornborgasjön herum sammeln. Traditionsgemäß wurden um Bjurum herum Kartoffeln (zur Branntweinherstellung) angebaut, und nach der Ernte bleiben genügend liegen, um die Kraniche zu ernähren. Bis 1971 rasteten ziemlich konstant zwischen 5000 und 6000 Vögel am See. Die Zahlen der Kraniche gingen aber prompt zurück, als der Kartoffelanbau aufgegeben wurde. Nachdem man dafür gesorgt hatte, daß die Vögel bei ihrem Eintreffen Nahrung vorfanden, stabilisierten sich die Verhältnisse wieder.

Der dritte Grund, warum sich die Kraniche hier versammeln, liegt darin, daß sie im nahen See einen idealen Platz zum Übernachten haben. Sie stehen im flachen Wasser und sind sicher vor Räubern (z. B. Fuchs). Der Tagesrhythmus der Kraniche besteht also darin, am Morgen auf die Felder zum Fressen zu fliegen und am Abend zum Übernachten zum See zurückzufliegen. Während die Kraniche auf den Feldern stehen, sieht man sie

Oben: Blick vom Beobachtungsturm bei Fågeludden.

Mitte: Knäkente, Erpel – Brutvogel am See.

Unten: Bergente, Erpel – eine durchziehende Art.

immer wieder Luftsprünge und Verbeugungen aufführen, das Paarungszeremoniell. Nach einigen Tagen Zwischenaufenthalt fliegen die Kraniche dann weiter nach Norden in ihre Brutreviere.

Die Vogelfauna des Hornborgasjön hat aber durchaus mehr zu bieten als »nur« den Kranich (einige Paare brüten hier auch). Die Lachmöwe beispielsweise kann man nicht übersehen. Am See brüten Haubentaucher (S. 68), Ohrentaucher (S. 76), Höckerschwan, Krickente (S. 40), Knäkente, Löffelente (S. 103), Bläßhuhn und Rohrweihe, in der Umgebung Kiebitz (S. 46) und Schafstelze.

Bei Bjurum folgt man dem Schild »Tranor« (rechts) – so heißt der Kranich auf schwedisch – und gelangt nach ein paar Kilometern zum berühmten Rastplatz der großen grauen Vögel (unten).

Im Gebiet unterwegs

Zum Kranichrastplatz gelangt man, indem man von der LV 184 bei Stora Bjurum (Kirche) nach Westen abbiegt (Hinweisschild »Tranor« beachten!). Einige hundert Meter noch, und man sieht auf der rechten Seite auf einer kleinen Anhöhe das ehemalige Sägewerk und daneben den großen Parkplatz ①. Von hier aus kann man die Felder, wo die Kraniche stehen, am besten übersehen. Vor allem an Wochenenden ist aber sehr viel Betrieb, und wer kann, sollte auf einen Wochentag ausweichen. Die Kraniche von Bjurum sind eine Touristenattraktion ersten Ranges (geworden). Im Sägewerk ist ein Informationszentrum eingerichtet, das man unbedingt besuchen sollte. Das gesamte Areal ist zur »Kranichzeit« Naturschutzgebiet, und jeder Besucher ist unbedingt gehalten, die Markierungen zu beachten.

Ein paar Kilometer südlich von Stora Bjurum biegt man von der LV 184 nach Osten ab, um zum **Hornborgasjön** (Fågeludden) ② zu gelangen. Hinweisschilder leiten den Naturfreund zu einem Parkplatz. Von hier aus ist

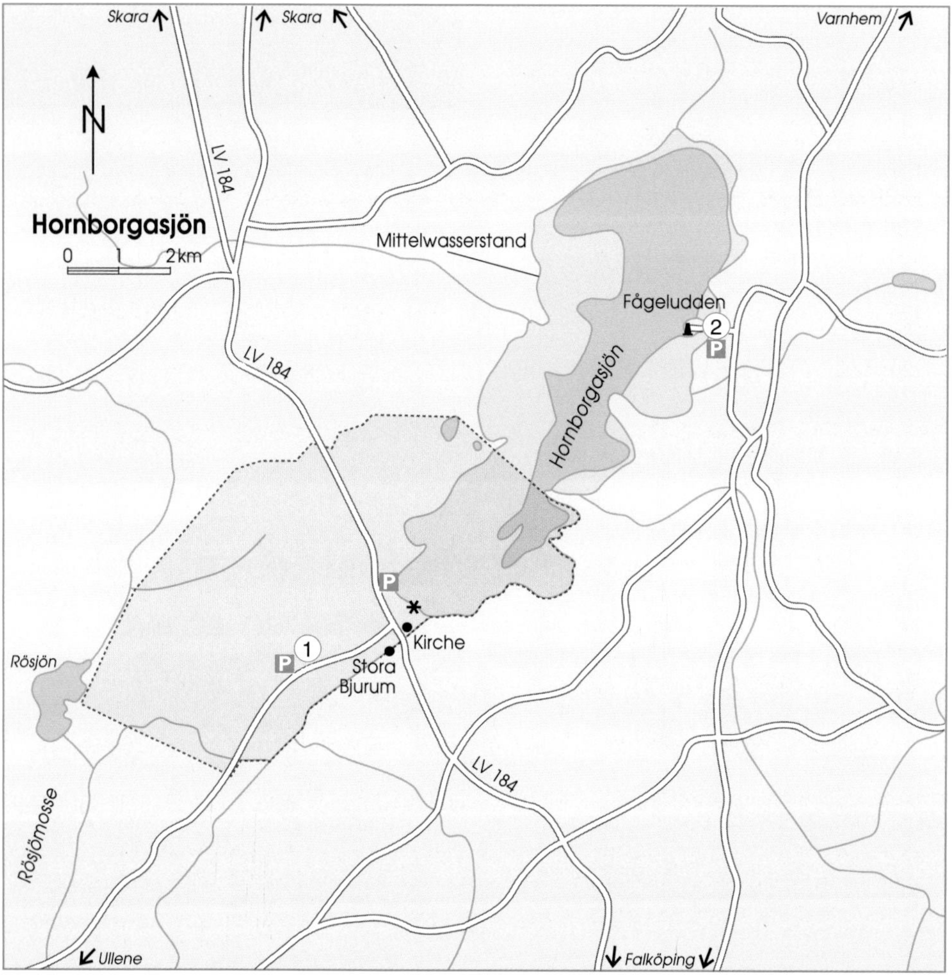

es nicht mehr weit zu einer ersten Lachmöwenkolonie und zum wirklich beispielhaften Informationszentrum (Naturum) mit vielfältigem Anschauungsmaterial zur Geschichte und Restaurierung des Sees, zu seiner Flora und Fauna. Ein Weg führt dann weiter zum Beobachtungsturm (»fågeltorn«), von wo aus man die Weite des Hornborgasjön-Gebietes gut übersehen kann. Zwei kleine Ansitzhütten (»gömsle«) rechts und links des Turms kann man ebenfalls aufsuchen, um Vögel zu beobachten.

Praktische Tips

Anreise

Der Hornborgasjön ist relativ leicht zu erreichen. Von Göteborg kommend, nimmt man die E 3. Vor Skara biegt man auf die LV 184 nach Süden (Richtung Falköping) ab. Von dieser Straße aus geht es bei Stora Bjurum rechts ab zum Kranichrastplatz (Hinweisschild »Tranor«), ein paar Kilometer weiter südlich links ab zum See und Beobachtungsturm.

Kranich

Auch wenn der Kranich eher einem Reiher oder einem Storch in der Gestalt ähnlich sieht, so ist er doch mit den Rallen (z. B. Teichhuhn, Bläßhuhn, Wasserralle) näher verwandt und steht zusammen mit diesen in der Ordnung der Kranichvögel (Gruiformes). Der Vogel wird 1,15 m lang, die Flügelspannweite beträgt 2,40 m. Mit seinem schiefergrauen Gefieder sieht der Kranich einem Graureiher ähnlich, aber im Gegensatz zum Reiher sind Gesicht und Kehle schwarz, Kopfseiten und Hals weiß, der Scheitel rot gefärbt. Kraniche fliegen zudem mit ausgestrecktem Hals, während Reiher ihn s-förmig zusammenlegen; fliegende Reiher wirken deutlich gedrungen gegenüber dem eleganten Kranich.

Der Kranich brütet vor allem in Skandinavien und im nordöstlichen Mitteleuropa. Auch einige Brutplätze in Süd- und Südosteuropa und in Kleinasien sind bekannt. Weiter zieht sich das Verbreitungsgebiet bis weit nach Sibirien hinein. In Deutschland gibt es noch einige Brutplätze, die westlich und östlich der Elbe liegen. Die großen Vögel bewohnen fast ausschließlich feuchtes Gelände. Ihre Nester bauen sie in sumpfigen Wiesen, Mooren und lichten Bruchwäldern. Das Weibchen legt meist 2, selten auch 3 Eier, die knapp 10 cm lang sind. Sie sind bräunlich-grünlich gefärbt und dabei grob dunkelbraun und grau gefleckt. Beide Geschlechter brüten die Eier abwechselnd aus. Die Jungen schlüpfen nach rund 4 Wochen. Sie sind Nestflüchter und werden lange von den Altvögeln geführt. Danach halten die Familienverbände aber noch weiter zusammen.

Kraniche sind Zugvögel, die in Deutschland im März eintreffen. Die Gelege findet man dann in der ersten Aprilhälfte. Im Oktober ziehen die Vögel wieder ab. Auf dem Zug nehmen sie eine v-förmige Formation ein, manchmal auch nur eine Linienformation. Sie überwintern teils schon im Süden der Iberischen Halbinsel oder in Nordafrika, teils aber auch weiter südlich in Ostafrika. Während so eines Jahreszyklus kommen an traditionellen Sammelplätzen immer wieder Massen von Kranichen zusammen. Die skandinavischen Kraniche beispielsweise unterbrechen ihren Zug im Frühjahr auf Rügen und am Hornborgasjön.

Breitblättriger Rohrkolben, Fruchtstände.

Reisezeit

Will man die Kraniche an ihrem Rastplatz beobachten, muß man bereits in der zweiten Aprilhälfte an Ort und Stelle sein. Für Vogelbeobachtungen um den See herum eignen sich am besten die Monate Mai/Juni. Im Herbst passieren die Kraniche den Hornborgasjön ebenfalls, sie treten dann aber nicht so massiert auf wie im Frühjahr. Auf dem See selbst sind dann aber in jedem Fall zahlreiche Wasservögel zu beobachten.

Brutkolonie der Saatkrähe.

Ausrüstung

Die Kraniche bei Bjurum kann man schon mit dem bloßen Auge sehr schön beobachten. Nähere Einzelheiten ihres Verhaltens sieht man aber erst mit dem Fernglas. Um auf der weiten Wasserfläche des Hornborgasjön etwa die einzelnen Entenarten auseinanderhalten zu können, ist ein Fernrohr vonnöten, zumindest eine große Hilfe. Es sollte zwischen 30- und 50fache Vergrößerung haben und benötigt ein stabiles Stativ.

Unterkunft / Information

Verschiedene Übernachtungsmöglichkeiten findet man in Falköping. Skövde und Falköping haben je einen Campingplatz. Jugendherbergen (»vandrarhem«) bestehen in Skara, Skövde und Falköping. Informationen bekommt man bei den Touristenbüros in Skara, Skövde und Falköping.

Blick in die Umgebung

Die Gegend um Falköping bietet viel Abwechslung. Es gibt sumpfig-moorige Senken, in denen man Gewöhnliches Fettkraut (S. 163), Moorsteinbrech, Mehlprimel und verschiedene Orchideenarten finden kann. Auf trockenen Standorten wachsen andere Orchideenarten und z. B. das Federgras (einziges Vorkommen in Schweden). Schließlich sind die Tafelberge für die Landschaft typisch. Während auf den Plateaus oft Nadelwälder stocken, wachsen an den Flanken Laubwälder mit einer reichen Bodenvegetation, vor allem Frühblühern.
Nordöstlich von Skövde liegt der **Östen**, ein See, der dem Vogelfreund interessante Beobachtungen bescheren kann. Zur »Kranichzeit« mag der See aber noch zugefroren bzw. erst stellenweise eisfrei sein (s. Nebenreiseziel 11).

14 Tiveden / Tiveden-Nationalpark

Uriges Wildnisgebiet zwischen Vänern und Vättern; inmitten der Wälder – mit teilweise urwaldartigem Charakter – zahlreiche Seen und Moore; im Herzen des Gebiets der Tiveden-Nationalpark; Vielfalt an Pflanzen und Tieren; interessante Besiedlungsgeschichte.

Das Tiveden-Gebiet liegt in Västergötland beiderseits der Grenze zwischen den Provinzen Skaraborg und Örebro, hat etwa die Form eines Dreiecks und wird in etwa begrenzt von den Orten/Städten Granvik im Süden und Röfors, Laxå und Askersund im Norden. Nach Osten hin bildet der Vättern eine natürliche Grenze, nach Westen hin der Unden. Das rund 1000 km^2 große Areal wird häufig als »Schwedens südlichste Wildmark« bezeichnet, und das mit recht. In diesem menschenfeindlichen Gebiet haben die Aktivitäten des wirtschaftenden Menschen zwar ihre Spuren hinterlassen, aber nicht in dem Maße wie in anderen Teilen des südlichen Schweden. Über weite Strecken fährt man durch Wald, dann wieder kommt man an einem See oder einem Moor vorbei. Die einzeln liegenden Bauernhöfe fallen da kaum auf.

Dennoch, die »Wildnis« ist bereits im 16. und 17. Jh. vom Menschen besiedelt worden. Erzfunde in der Nähe, vorhandene Wasserkraft und vor allem das reichliche Holz ermöglichten die Verarbeitung von Eisen. Es waren vor allem finnische Einwanderer, die nach Tiveden gezogen wurden. Holz wurde eingeschlagen und zu Holzkohle für die Eisenverarbeitung oder zu Teer umgewandelt. Zusammen mit den Einkünften aus einer kargen Landwirtschaft kamen die Siedler eher schlecht als recht über die Runden. Hinzu kamen unliebsame Begegnungen mit Bären und Wölfen. Dies alles hat sich in Legenden, Erzählungen und Mythen

Der Holmsjön – einer der unzähligen Seen Tivedens. Jeder einzelne ist näherer Erkundung wert.

Der Gewöhnliche Froschlöffel steht im Juli in Blüte.

niedergeschlagen. Tiveden ist so recht ein Wald für die Trolle (»Trolltiven«).
So wird verständlich, daß im Herzen von Tiveden bis in unsere Tage ein naturnahes Waldgebiet erhalten geblieben ist, in dem nie Menschen gesiedelt haben, aber eine gewisse Nutzung (Waldweide, Brennholzgewinnung, Köhlerei) stattgefunden hat. Es

An Felsen wächst der Gewöhnliche Tüpfelfarn.

steht heute als **Tiveden-Nationalpark** unter Schutz. Der Park ist 1983 mit dem Ziel der »Erhaltung einer zusammenhängenden, nahezu unberührten Wald-, Seen- und Felslandschaft, in der sich der Waldbestand zum Urwald entwickeln kann« eingerichtet worden. Es ist also durchaus nicht so, daß es sich um Urwald handelt, vielmehr wird sich der Wald erst eines Tages dahingehend entwickeln. Dennoch trägt der Wald viele ursprüngliche Züge. Die Größe des Nationalparks beträgt 1350 ha, wovon die Wasserflächen 137 ha einnehmen.

Pflanzen und Tiere

Dominierend im gesamten Tiveden-Gebiet sind die Wälder. Teilweise handelt es sich um Fichtenbestände, überwiegend bestehen sie aus Waldkiefer. Man stößt aber auch immer wieder auf Laubholzbestände, vor allem von Hängebirke und Espe bestimmt. Die Krautschicht der Wälder ist durchaus abwechslungsreich. Wurmfarn und Adlerfarn sind häufig. Daneben kommen Heidelbeere und Moorbeere (S. 95) vor. Hin und wieder sieht man das Gefleckte Knabenkraut.
Wo der Wald allerdings auf Granit mit einer nur dünnen Bodenschicht stockt, ist die Bodenvegetation ausgesprochen artenarm. Sie besteht dann fast nur aus Flechten (Rentierflechte; S. 129). Eindrucksvoll sind die freiliegenden Felsblöcke in feuchter Umgebung. Sie sind oft dicht mit Moosen und Flechten überwachsen. Bisweilen wächst an den Felsen der Gewöhliche Tüpfelfarn.
Die Moore und Seen Tivedens sind für den Pflanzenfreund besonders reizvoll. In den Mooren wächst die Zwergbirke (S. 180), die hier ein recht weit südlich gelegenes Vorkommen hat. In den flachen Uferzonen der Seen sieht man stellenweise die Lobelie in herdenartigen Beständen, etwas weiter draußen auch Gewöhnlichen Froschlöffel, Weiße Seerose, Gelbe Teichrose und Schwimmendes Laichkraut.

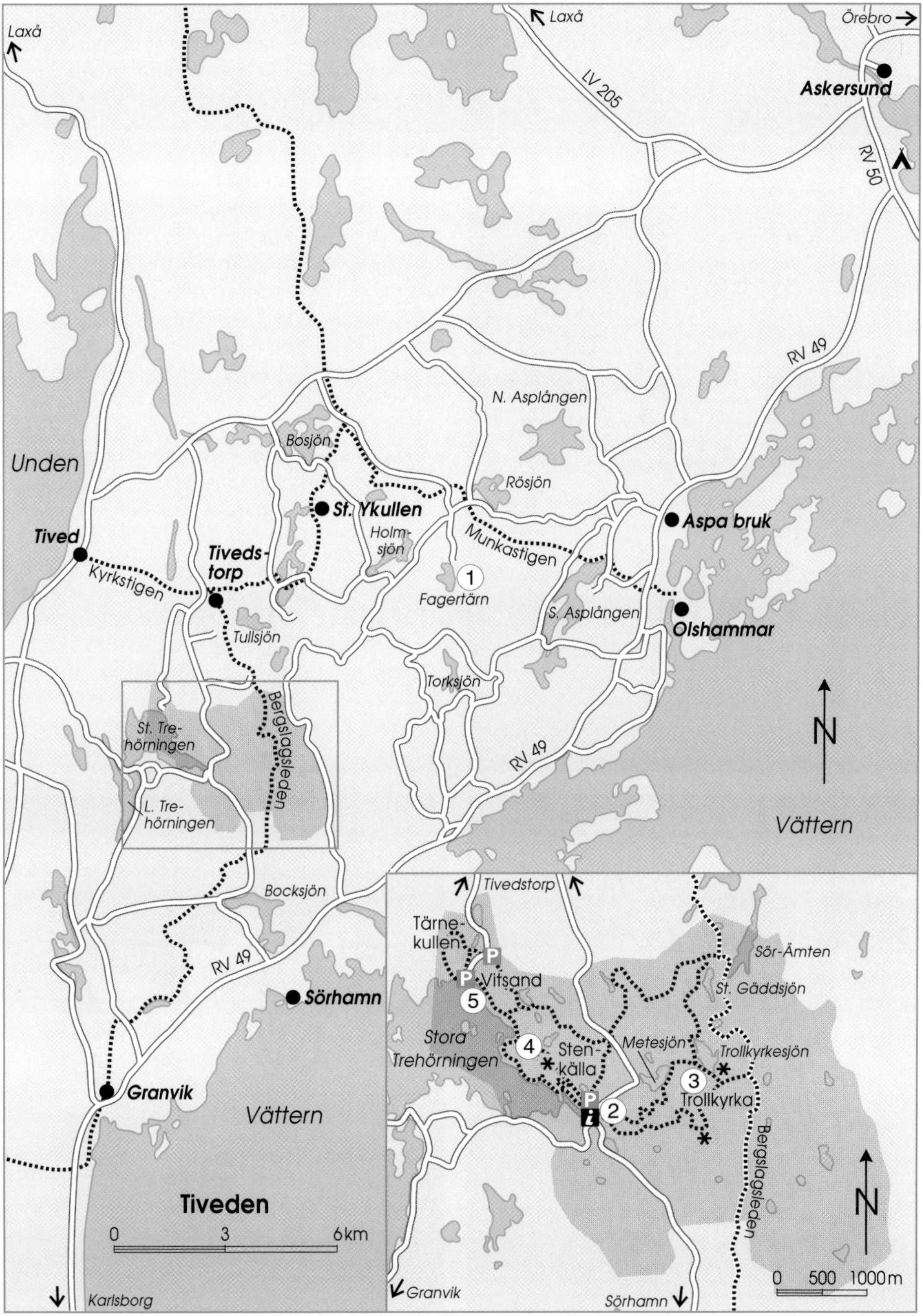
Laxå
Laxå
Örebro
Askersund
LV 205
RV 50
RV 49
N. Asplången
Unden
Bosjön
Rösjön
St. Ykullen
Aspa bruk
Tived
Holm-
sjön
Munkastigen
Tiveds-
torp
1
Fagertärn
Kyrkstigen
S. Asplången
Olshammar
Tullsjön
Torksjön
Bergslagsleden
St. Tre-
hörningen
RV 49
L. Tre-
hörningen
Vättern
Bocksjön
RV 49
Sörhamn
Granvik
Vättern
Tiveden
0
3
6 km
Karlsborg
Tivedstorp
Tärne-
kullen
Sör-Ämten
P
P
Vitsand
St. Gäddsjön
5
Stora
Trehörningen
4
Sten-
källa
Metesjön
Trollkyrkesjön
3
Trollkyrka
P
2
Bergslagsleden
N
0
500
1000 m
Granvik
Sörhamn

Eine besondere Kostbarkeit ist die rotblühende Seerose. Man liest zwar immer wieder den wissenschaftlichen Namen *Nymphaea purpurea*, aber es ist wohl nur eine – wenn auch schöne und vor allem seltene – Farbvariante der Weiße Seerose und taucht dann unter dem wissenschaftlichen Namen *Nymphaea alba* var. *rosea* auf (s. auch S. 117). Die rote Seerose wurde 1856 entdeckt, und sie ist die erste Art, die in Schweden unter Naturschutz gestellt worden ist.
Elche kommen in Tiveden zwar vor, sind aber nicht sehr häufig. Rehe sieht man auch hin und wieder. Mit Großraubtieren ist es in der Wildnis Tivedens dagegen seit langem vorbei; der letzte Braunbär wurde hier 1860 geschossen, die letzten Wölfe in den 70er Jahren des vorigen Jahrhunderts. Fuchs, Dachs und Baummarder kommen vor, man wird sie aber kaum zu sehen bekommen. Unter den Waldvögeln werden den mittel-

Links: Der Metesjön im Trollkyrka-Gebiet.

Links unten: Frauenschuh (Blütezeit: Juni).

Unten: Die berühmte rotblühende Weiße Seerose.

europäischen Vogelfreund am meisten Auerhuhn, Rauhfußkauz (S. 170) und Dreizehenspecht (S. 177) interessieren. Der Dreizehenspecht hat in Tiveden in etwa seine südliche Verbreitungsgrenze in Skandinavien. In den Mooren brüten einige Kranichpaare. Um die Seen herum kann man Prachttaucher (S. 68), Sterntaucher, Singschwan, Schellente (S. 124), Flußuferläufer (S. 166) und Sturmmöwe (S. 71) am Brutplatz beobachten.

Im Gebiet unterwegs

Tiveden ist so groß, vielfältig und unübersichtlich, daß hier nur einige besonders interessante und schöne Punkte/ Gebiete herausgegriffen werden können.

Fagertärn ①: Ein Besuch dieses nicht übermäßig großen Sees ist unbedingt zu empfehlen. Einmal ist der See typisch für Tiveden,

Rechts: Urwald am Weg nach Trollkyrka.

Rechts unten: Schwimmender Sterntaucher.

Unten: Balzender Auerhahn.

dann brütet hier der Prachttaucher, und vor allem sieht man auf der Wasserfläche neben der Gelben Teichrose und dem Schwimmenden Laichkraut die rotblühende Seerose. Jedes Jahr kommen zahllose Pflanzenfreunde hierher, um die Wasserpflanze zu bewundern (Blütezeit: Mitte Juli bis Mitte August). Darüber hinaus kommen um den See herum Flußuferläufer und Sturmmöwe vor. In den Wäldern findet man den Schlangenbärlapp; an Vögeln sieht man Haubenmeise, Tannenmeise und Waldbaumläufer. 1983 ist das Gebiet rund um den See zum Naturschutzgebiet erklärt worden. Es umfaßt 35 ha, darunter 23 ha Wasserfläche.

Innerhalb des Nationalparks sind drei Gebiete sehenswert, von denen man zwei vom Hauptparkplatz aus, das dritte über eine Nebenstraße erreichen kann. Der Hauptparkplatz liegt an der Durchgangsstraße und ist nicht zu verfehlen; Hinweisschilder an der Straße zeigen im übrigen an, wenn man die Parkgrenze überschreitet. Am Parkplatz findet man auch das Informationszentrum (Naturum) des Nationalparks ②, das man unbedingt besuchen sollte. Eine Vielfalt von Informationen machen den Naturfreund mit der Gegend, der Geschichte und der Pflanzen- und Tierwelt vertraut.

Trollkyrka ③: Vom Hauptparkplatz aus überquert man zunächst die Durchgangsstraße, um dann auf einem Rundwanderweg bis ins Herz des Parks vorzustoßen. Hält man sich zunächst südlich, führt der Weg durch Kiefernwald und blockreiches Gelände. Von der Trollkyrka (der »Trollkirche«) aus bekommt man einen gewissen Überblick über das Gelände. Dann kommt man am Trollkyrkesjön und am Metesjön vorbei. Durch Kiefernwald geht es zurück zum Ausgangspunkt.

Oben: Die Lobelie wächst im Flachwasser oft in herdenartigen Beständen (Blütezeit: Juli).

Mitte: Singschwäne brüten an verschiedenen Seen.

Unten: Schlangenbärlapp – nicht mit Moos verwechseln!

Stenkälla ④: Der Ausgangspunkt zu einer Wanderung in dieses Gebiet liegt direkt am Hauptparkplatz. Von den Eindrücken her ist die Wanderung ähnlich wie die zur Trollkyrka. Stenkälla ist ein Gebiet mit riesigen, ineinandergeschachtelten Granitblöcken, die eine regelrechte Höhle bilden. Den Weg kann man dahingehend variieren, eine Strecke entlang des Stora Trehörningen zu wandern und dort nach dem Prachttaucher Ausschau zu halten.

Vitsand und Umgebung ⑤: Dieses Gebiet, einen schönen, langen Sandstrand am Stora Trehörningen, erreicht man, indem man südlich von Tivedstorp von der Durchgangsstraße nach Westen abzweigt (Hinweisschild). Am Ende der Straße ist ein Parkplatz angelegt. Von hier aus führt ein Rundwanderweg in das Gebiet Tärnekullen (ähnlich wie Stenkälla). Nicht weit nördlich von Vitsand steht der »Junker Jägares sten«, der größte Felsblock in ganz Tiveden.

Für den wirklich passionierten Wanderer sei gesagt, daß der 280 km lange **Fernwanderweg Bergslagsleden** in Stenkällegården beginnt und in Nord-Süd-Richtung durch Tiveden führt. Vom Bergslagsleden zweigen Strövstig und Kyrkstigen ab, und im Norden stößt er auf den 55 km langen Munkastigen. Im Nationalpark allein gibt es insgesamt 25 km gekennzeichnete Pfade. Wanderer haben in Tiveden also reichlich »Auslauf«.
Auch der Wasserwanderer kommt in Tiveden auf seine Kosten. Die Seen und Wasserläufe laden zu Kanutouren geradezu ein.
Insgesamt ist in Tiveden eine gewisse Orientierung anhand einer normale Straßenkarte und der Hinweisschilder möglich. Für eine genauere Erkundung und vor allem Wanderungen ist aber eine detaillierte Karte unbedingt erforderlich. Nur so findet man sich in dem Netz von Straßen, Pisten, Waldwegen und Wanderpfaden zurecht. Auch ein Kompaß kann nicht schaden. Da die Wege streckenweise durch blockreiches Gelände führen, sind feste Wanderschuhe notwendig.

Seerose und Teichrose

Die **Weiße Seerose** *(Nymphaea alba)* ist über fast ganz Europa verbreitet und kommt in stehenden oder langsam fließenden Gewässern vor, bevorzugt dabei Verlandungszonen und besonders die stillen Buchten. Sie ist eine Charakterart der Zone der Schwimmblattpflanzen und geht kaum über eine Wassertiefe von 1,50 m hinaus. Im Boden liegt ein dicker, kriechender Wurzelstock, der 1 m lang werden kann. Er ist allseits mit Blattnarben und Wurzeln besetzt. Von ihm treiben zwei verschiedene Typen von Blättern aus, die salatartigen Unterwasserblätter und die typischen, langgestielten Schwimmblätter. Diese rundlichen, ledrigen Blätter weisen am Grund eine tiefe, schmale Bucht auf. Die Seitennerven verzweigen sich gegen den Blattrand hin und sind dort bogig miteinander verbunden. Die großen Blüten sind aus 4 grünen Kelchblättern und vielen spiralig angeordneten weißen Kronblättern zusammengesetzt, die allmählich in die zahlreichen gelben Staubblätter übergehen. Von Juni bis September trifft man die Seerose blühend an. Gegen Mittag sind die Blüten voll geöffnet.
Die **Gelbe Teichrose** *(Nuphar lutea)* ist von Europa durch das mittlere Asien bis nach Sibirien verbreitet. Die Pflanze ist auf stehenden oder sehr langsam fließenden Gewässern mit Schlammgrund anzutreffen und wächst noch in einer Wassertiefe von 2 m. Der Wurzelstock kann bis 10 cm dick und 3 m lang werden. Er trägt zahlreiche Blattnarben und Büschel von Wurzeln. An der Spitze des Wurzelstocks entwickeln sich erst einige »Salatblätter«, dann die langgestielten Schwimmblätter mit zum Blattrand hin offenen Seitennerven. Die Teichrose hat kugelige Blüten mit 5 gelblichen Kelchblättern und gelben Kronblättern. Die Pflanze blüht zwischen Mai und September.

Eichelhäher.

Steinpilz.

Praktische Tips

Anreise
Von Göteborg kommend, folgt man der E 3. In Skara muß man sich entscheiden, wie man weiterfahren will. Folgt man der E 3, biegt man bei Mariestad auf die LV 202 ab. Bei Undenäs biegt man wiederum links ab in Richtung Tiveden-Nationalpark. Von Skara aus kann man alternativ die RV 49 nehmen, um bei Granvik in Richtung Tiveden-Nationalpark (links) abzubiegen. Diese beiden Routen stellen die Zugänge zum Südende des gesamten Tiveden-Gebietes dar.
Das Nordende erreicht man von Örebro aus. Man nimmt entweder die E 3 bis Laxå oder die RV 50 bis Askersund und fährt von da aus auf Nebenstraßen ins Gebiet.
Mit öffentlichen Verkehrsmitteln ist Tiveden nicht zu erreichen.

Reisezeit
Als ideale Reisezeit für den Pflanzenfreund wie für den Vogelbeobachter empfehlen sich die Monate Mai bis Juli. Dann stehen die meisten Pflanzen in Blüte, und dann brüten auch die meisten Vogelarten, oder sie haben Junge. Wer in erster Linie Wildnis erleben und wandern will, kann bis in den September hinein kommen.

Unterkunft / Information
Im Gebiet des Nationalparks ist weder Zelten noch Übernachten im Wohnwagen gestattet. Übernachtungsmöglichkeiten findet man im engeren Tiveden-Gebiet (von Süden nach Norden) in Granvik, Stenkellegården/ Bocksjögården, Tivedstorp, Tived und Olshammar, etwas weiter entfernt auch in Laxå und Askersund.
Campingplätze liegen beispielsweise an der Straße nördlich von Tived Richtung Laxå, in Ullsandsmo am Unden oder wenige Kilometer südlich von Askersund.
Touristenbüros stehen in Karlsborg, Laxå und Askersund zur Verfügung. Sie helfen sowohl mit Auskünften als auch mit Buchungen, die man eventuell vornehmen möchte.

Blick in die Umgebung

Nördlich von Olshammar liegt ein als Naturreservat ausgewiesenes schönes Binnenschärengebiet im Vättern (Norra Vätterns Skärgård). Auf den in der Eiszeit glattgeschliffenen Felsen wachsen teilweise bizarr geformte Kiefern. Ein ähnliches Gebiet gibt es auch südlich von Olshammar. Die Schären sind im wesentlichen nur mit dem Boot zu erkunden, sofern sie nicht völlig gesperrt sind.

15 Garphyttan-Nationalpark

Nationalpark in Närke, der im wesentlichen dem Erhalt einer alten Kulturlandschaft dient; Nadel-, Misch- und Laubwälder mit vielfältiger Pflanzen- und Tierwelt.

Der Garphyttan-Nationalpark in der Provinz Örebro ist 111 ha groß und wurde bereits 1910 nach einem Beschluß des schwedischen Reichstags aus dem Jahr zuvor eingerichtet. Das Areal läßt sich gliedern in einen südlichen Teil mit Moränenmaterial als Untergrund und einen nördlichen Teil, wo Gneis ansteht. Hier liegt auch der höchste Punkt im Park, der 210 m hohe Svensbodaberget. Er ist durch eine Verwerfungsfalte zustande gekommen.

Der Park soll der »Erhaltung einer älteren Kulturlandschaft in einem im wesentlichen unveränderten Zustand« dienen. Ein Teil des Gebietes ist ehemaliges Ackerland, andere Teile sind mit Laub- und Nadelwald bestanden. Die Laubbäume haben teilweise ein merkwürdiges Aussehen; die Stämme sind nicht sehr hoch gewachsen, die Äste kurz, überall zeigen sich Stockausschläge. Diese Wuchsform ist darauf zurückzuführen, daß die Bauern die Bäume früher beschnitten und das Laub als Viehfutter verwendet haben. Wurden die Bäume in der an ihrem Wuchs immer noch nachvollziehbaren Weise beschnitten, erhöhte das die Laubproduktion. Laub als Tierfutter zu verwenden, hat im übrigen in weiten Teilen Skandinaviens eine lange Tradition. Auch die Köhlerei hat im

Die Feuerlilie stammt aus den ehemaligen Gärten.

Rotdrossel.

Die Haselmaus ist eine wärmeliebende Art.

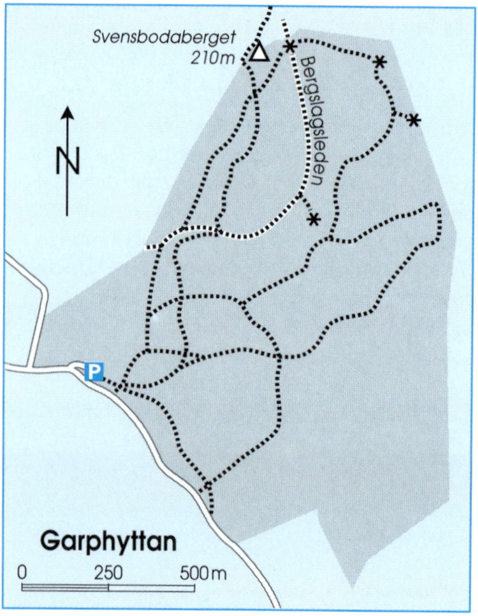

Echtes Madesüß (Blütezeit: Juni).

Wald von Garphyttan ihre Spuren hinterlassen. Größere Teile wurden gegen Ende des 19. Jh. abgeholzt. Heute sind diese Flächen mit Fichte und Waldkiefer wiederaufgeforstet. Natürlicher Kiefernwald wächst lediglich im nördlichen Teil des Parks.

Pflanzen und Tiere

Entsprechend der Gliederung des Gebietes findet man die botanisch interessanten Teile im Süden. Reizvoll ist die Flora der Wiesen und der Laubwälder. Man findet hier z. B. Buschwindröschen, Leberblümchen (S. 33), Wiesenschlüsselblume und Maiglöckchen. Der wie das Maiglöckchen giftige Seidelbast blüht schon sehr früh im Jahr. Die Schuppenwurz ist ein interessanter Schmarotzer. In den Wiesen um die längst aufgegebene Hofstelle Östra Gården herum wachsen auch Gewöhnliche Akelei und Feuerlilie; beide Arten stammen aus den ehemaligen Gärten. Die Nadelwälder sind gegenüber dem Wiesengelände artenärmer; am Boden wachsen Heidelbeere und Preiselbeere. Insgesamt wurden im Nationalpark 300 höhere Pflanzenarten nachgewiesen.
Die Tierwelt des Parks ist ebenfalls recht artenreich. Neben aus Mitteleuropa vertrauten Vogelarten wie Amsel, Rotkehlchen, Gartengrasmücke, Weidenmeise (S. 126), Heckenbraunelle und Kernbeißer kommen auch Weißrückenspecht, Ringdrossel, Rotdrossel und Tannenhäher (S. 175) vor. Bemerkenswert ist der gute Bestand der Haselmaus, die im südlichen Schweden selten ist.

Im Gebiet unterwegs

Auf dem Parkplatz findet man Informationstafeln zur Geschichte und zur Ökologie des Parks. Von hier gehen (nicht immer eindeutig markierte) Wanderwege zu den verschiedenen Stellen des Gebietes aus. Im übrigen führt auch der Fernwanderweg Bergslagsleden durch den Nationalpark.

Praktische Tips

Anreise

Der Nationalpark liegt etwa 15 westlich von Örebro und ist über die E 18 (Kristinehamn – Karlskoga – Örebro) gut zu erreichen. Von der Europastraße biegt man in Lekhyttan (etwa 18 km südöstlich von Karlskoga) auf eine Nebenstraße nach Norden ab, die direkt an der Parkgrenze vorbeiführt (Parkplatz mit Informationstafeln).

Reisezeit

Entsprechend den Blühterminen der Pflanzen und der Brutzeit der Vögel bieten sich insbesondere die Monate Mai bis Juli für einen Besuch an.

Unterkunft / Information

Übernachtungsmöglichkeiten im Park bestehen nicht. Außerhalb des Parks kann im Rahmen des Jedermannsrechts frei zelten (Regeln beachten!). Eine Jugendherberge (»vandrarhem«) sowie weitere Übernachtungsmöglichkeiten und ein Informationsbüro für Touristen findet man in Örebro.

Blick in die Umgebung

In der Umgebung des Parks wird auf manchen Feldern Flachs angebaut. Diese Kulturpflanze ist in Mitteleuropa nur noch recht selten zu sehen, daher sollte man bei dieser Gelegenheit einmal darauf achten.
Wer Interesse an Mineralien hat, kann einen längeren (ca. 70 km) Abstecher nach Nordwesten ins Auge fassen. Um **Filipstad** herum liegt das »Mineralreich« mit einer ganzen Anzahl von Gruben, den dazugehörigen Abraumhalden und Hütten. Ein Ort, in dem man sich besonders umsehen sollte, ist **Långban** nördlich von Filipstad an der LV 242. Er wird als »der mineralreichste Ort der Welt« bezeichnet (mit Steinschleifereien und einer Mineralienausstellung). Weitere Auskünfte bekommt man im Touristenbüro in Filipstad.

Die merkwürdig geschnittenen Bäume im Park erinnern an die frühere Armut der Bauern. Sie mußten ihr Vieh mit Laub füttern.

Die Schuppenwurz, ein Schmarotzer, blüht im Mai.

Im Gegensatz zur Amsel mit weißem Halsring – die Ringdrossel.

16 Hamra-Nationalpark

Erster Nationalpark Schwedens; seit langer Zeit unberührter, urwaldartiger Nadelwald; je nach Standortfaktoren etwas unterschiedliche Artenzusammensetzung; vielfältige Insektenfauna.

Nachdem das Gebiet in Dalarna (Provinz Gävleborg) bereits um die Jahrhundertwende als besonders schützenswert erkannt und eingestuft worden war, kam es nach einem Beschluß des schwedischen Reichstags aus dem Jahr 1909 dann 1910 zur Einrichtung des Nationalparks Hamra. Die ursprüngliche Vorstellung war, daß man ein urwaldartiges Gebiet erhalten müsse, um gleich oder in einer späteren Zeit verschiedene Parallelen oder Unterschiede ausmachen zu können. Immerhin liegt der Park in einer Zone, in der Forstwirtschaft zwar nicht so intensiv wie in Mitteleuropa betrieben wird, aber dennoch sind die Wälder in diesem Teil Schwedens trotz ihres auf den ersten Blick naturnahen Zustands keineswegs mehr Urwälder. Um also vergleichen zu können, hat man hier 28 ha Wald von jeglicher Bewirtschaftung ausgenommen – mit den entsprechenden ökologischen Folgen.
Der Eindruck des Hamra-Nationalparks wird bestimmt durch die vielen alten Bäume, die kreuz und quer in den Bestand hineingefallen sind. Teilweise sind sie auch über den Rundweg gestürzt (und werden dann auch nicht weggeräumt), so daß man wirklich das Gefühl bekommt, in einem Urwald unterwegs zu sein. »Urwald« bedeutet in diesem Zusammenhang konkret, daß es sich um einen maximal 300 Jahre alten Baumbestand handelt. 1690 wurde das Hamra-Gebiet nämlich durch finnische Siedler brandgerodet, und dabei wurde der ursprüngliche Baumbestand weitgehend vernichtet. Danach hat sich das Gebiet nach Standorten unterschiedlich wiederbewaldet. Heute dominieren Kiefernbestände mit reichem Unterwuchs aus Zwergsträuchern und Moos. Auf längere Sicht wird sich aber die wüchsigere Fichte durchsetzen. An einigen Stellen im Park ist das Klimaxstadium bereits erreicht.
Neben den 21 ha Nadelwald umfaßt der Nationalpark auch 7 ha Moorfläche. Eingerechnet in diesen Feuchtgebietanteil ist der Näckrostjärnen, ein kleiner Weiher abseits des Weges mitten im Wald. An das Hamra-Gebiet grenzt der Svansjön an. Dieser flache See liegt aber vollständig außerhalb der Grenzen des Nationalparks.

Bergfink, Männchen im Brutkleid.

Pflanzen und Tiere

Der Park wird geprägt durch einen alten Bestand von Waldkiefern und Fichten. Der Boden ist bedeckt mit Zwergsträuchern, krautigen Pflanzen und Moosen. Zu erwähnen sind folgende Arten: Heidelbeere, Moorbeere (S. 95), Krähenbeere, Heidekraut (S. 26), Zweiblättrige Schattenblume (S. 97). Die Orchideen sind mit dem Kriechenden Netzblatt und dem Kleinen Zweiblatt vertreten. Natürlich sind die Moose in großer Ar-

Blick aus dem Wald auf den Svansjön. ▷

Ein Bohlenweg führt vom Parkplatz über die randliche Moorfläche in den Urwald.

Schellente, Erpel.

tenzahl vertreten und auch die Flechten. Überall sieht man beispielsweise Bartflechten von den Ästen und Zweigen herabhängen. Um den Svansjön herum kommen u. a. Sonnentau (S. 91) und Weißes Schnabelried vor.

Im Wald selbst kann man verschiedene Singvögel beobachten. Die Weidenmeise etwa läßt sich immer wieder hören. Der Bergfink hat hier ein recht weit südlich gelegenes Brutvorkommen, und am Svansjön kann man die Schellente beobachten. Wesentlich vielfältiger als die Vogelwelt ist die Insektenfauna des Parks. Allein 450 Käferarten wurden schon nachgewiesen.

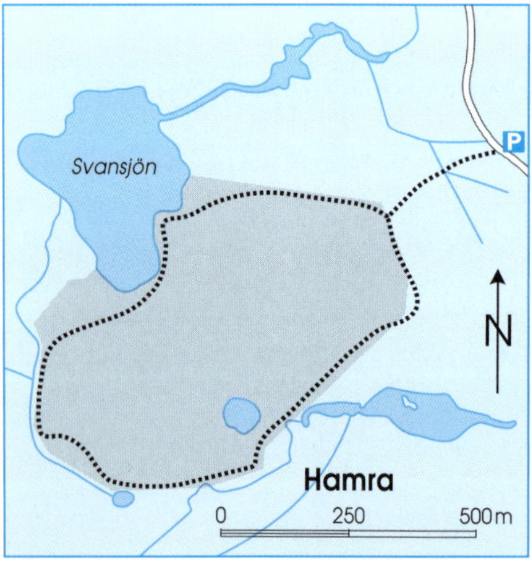

Von den Bäumen hängen Bartflechten herab.

Im Gebiet unterwegs

Gegenüber dem Parkplatz beginnt der Wanderweg, eingerahmt von einem Tor aus Birkenstämmen und -ästen (gleich daneben sind Informationstafeln zur Geschichte und Ökologie des Parks aufgestellt). Der Weg führt zunächst über Bohlen, da der Untergrund in der Randzone des Parks sumpfig-moorig ist. Schaut man links und rechts, sieht man einige typische Sumpf- und Moorpflanzen, wie das Sumpfblutauge. Der Weg führt weiter den Grenzen des Nationalparks folgend um das ganze Areal herum und bringt einen dann zum Bohlenweg und zum Ausgangspunkt zurück. Von dem Rundweg aus hat man hinreichend Möglichkeiten, den Park in seiner ganzen Eigenart kennenzulernen. Man sollte ihn deshalb nicht verlassen! Tiefer Boden, von Moos überwucherte Felsspalten und ein Chaos umgestürzter Bäume machen die Begehung des Geländes ohnehin ausgesprochen mühsam. Im übrigen verläuft der Rundweg auch nahe dem Ufer des Svansjön, und von der leichten Anhöhe aus kann man die Vögel, die sich bei einem Besuch gerade dort aufhalten, mit dem Fernglas gut beobachten.

Flechten

Wo immer extreme Standortbedingungen herrschen und viele andere Pflanzen nicht mehr gedeihen können, können Flechten durchaus überleben. Diese Lebewesen sind Pioniere, die gegen Trokkenheit wenig empfindlich sind, Kälte ertragen können und an den Untergrund oft keine großen Ansprüche stellen.
Häufig sind Flechten deshalb die Erstbesiedler neu geschaffener Lebensräume. In Wäldern haben die Flechten vergleichsweise »normale« Lebensbedingungen. Man findet sie vor allem auf der Rinde und herabhängend von den Ästen der Bäume, aber auch auf toten Ästen am Boden, auf Felsbrocken und selbst auf dem nackten Boden.
Schneidet man eine Flechte und betrachtet sie unter dem Mikroskop, so sieht man ein dichtes Geflecht von Pilzhyphen, zwischen denen grüne Algenzellen und -fäden liegen. Der Pilz entnimmt der Alge zum Wachstum notwendige Kohlenhydrate, die die Alge durch Fotosynthese erzeugt hat; die Alge erhält vom Pilz Wasser und Nährsalze. Pilz und Alge leben zu beiderseitigem Nutzen zusammen – man spricht von einer Symbiose. Im vorliegenden Fall führt die Symbiose zwischen Pilzen und Algen zu einer höheren morphologischen Einheit – der Flechte.
Die einzelnen Flechtenarten haben ein sehr unterschiedliches Aussehen. Systematisch gesehen, teilt man die Flechten in zwei Gruppen ein. Bei der ersten Gruppe sind Schlauchpilze die Partner der Algen, bei der zweiten sind es Ständerpilze. Der »normale« Waldwanderer mag sich mit einer Einteilung der Flechten auf Grund ihrer Form zufriedengeben: **Krustenflechten** leben auf der Oberfläche von Gestein oder Rinde. Die flachen Lager sind sehr fest mit der Unterlage verbunden. Die **Laubflechten** sind ebenfalls flächige Gebilde, meist gelappt, aber insgesamt mit einer klaren Form. Die **Nabelflechten** sind nur in der Mitte des Lagers mit dem Untergrund verwachsen. Ebenfalls nur an einer Stelle angeheftet sind die **Strauchflechten**. Sie sehen aus wie kleine Büsche. Vor allem in den Gebirgswäldern sieht man **Bartflechten** von den Bäumen herunterhängen. Wenn man einmal genauer hinsieht, wird man auch die wie kleine Trompeten aussehenden **Becherflechten** entdecken.
Insgesamt sind die Flechten eine reizvolle Gruppe von Lebewesen, in die tiefer einzudringen spezielle Kenntnisse erfordert.

Weidenmeise – nicht mit der Sumpfmeise verwechseln!

Ganz ausgereifte Früchte der Multebeere sind gelb.

Praktische Tips

Anreise
Der Nationalpark ist von Süden her über die RV 81 Mora – Orsa – Sveg zu erreichen. Die Route für den, der von Norden kommt, ist die RV 84 Røros – Funäsdalen – Hedeviken – Sveg und dann die RV 81 Sveg – Orsa. An der RV 81 steht ein entsprechendes Hinweisschild. Fährt man von der Straße ab, geht es auf Kiespisten weiter, die mit einem PKW problemlos zu befahren sind. Man folge den geschnitzten Holzschildern, bis man den Parkplatz am Parkeingang erreicht. Eine detaillierte Karte ist bei der Anfahrt in jedem Fall hilfreich.

Mit Seerosen bedeckter Flußarm (»Fågelsjö Vildmark«).

Reisezeit
Im Hamra-Nationalpark geht es im wesentlichen um die Erfahrung »Urwald«. Man muß sich deshalb als Besucher von der Reisezeit her nicht sehr festlegen. In Frage kommen die Monate Mai bis September.

Unterkunft / Information
Im Nationalpark selbst bestehen keinerlei Übernachtungsmöglichkeiten. Außerhalb des Parks kann man frei zelten (Jedermannsrecht beachten!). Campingplätze gibt es in Tandsjöborg (an der RV 81) und in Sveg. In Sveg findet man auch eine Jugendherberge (»vandrarhem«) und ein Touristenbüro.

Blick in die Umgebung

Wenige Kilometer nördlich des Nationalparks liegt östlich der RV 81 das Gebiet **»Fågelsjö Vildmark«**. Naturnaher Wald, bewirtschafteter Wald, Bäche und Weiher machen den Reiz dieses Gebietes aus. Im Waldreservat Börningsberget wurde ein kleines Waldbaumuseum eingerichtet, das einen schönen Überblick über die früheren Bewirtschaftungs- und Nutzungsmethoden (einschließlich Köhlerei) des Waldes in diesem Teil von Dalarna gibt.

17 Sonfjället-Nationalpark

Naturnahes Gebiet in der südlichen Fjällregion Schwedens; Nadel- und Mischwald, Birkenwald, Moore und Kahlfjäll nebeneinander; vielfältige Pflanzen- und Vogelwelt; gutes Vorkommen des Braunbären.

Der Nationalpark Sonfjället (auch »Sånfjället« geschrieben) liegt im Zentrum Härjedalens im Jämtland. Das gleichnamige 1278 m hohe, isoliert aufragende und sehr markante Bergmassiv gehört zu den südlichsten Teilen des schwedischen Hochgebirges, das sich von hier entlang der schwedisch-norwegischen Grenze nach Norden zieht. In diesem Grenzgebirge liegen wohl die eindrucksvollsten Fjällgebiete Skandinaviens (nach Norden hin erreicht man so bekannte Gebiete wie die Nationalparks Pieljekaise, Sarek, Padjelanta, Stora Sjöfallet, Abisko und Vadvetjåkka). Hier sind aber lediglich die südlichen Ausläufer angesprochen.
Die fünf Gipfel des Sonfjället (Högfjället 1278 m, Korpflyet 1175 m, Medstöten 1027 m, Gråsidan 1193 m und Valmfjället 1117 m) liegen alle innerhalb des Nationalparks, der 1989 auf 103 km^2 Fläche erweitert wurde, in seinen Grundzügen aber bereits seit 1909 besteht. Das Massiv ist geologisch sehr abwechslungsreich. Von Quarzit über ärmere Sandsteine bis zu Kalkgestein und Schiefer bildet eine breite Palette von Gesteinen den Untergrund. Erdgeschichtlich interessant sind die Fließrinnen, die in der Eiszeit entstanden sind. An den Flanken von Gråsidan und Högfjället sind die ehemaligen Schmelzwasserrinnen am besten zu sehen. Sie sind stellenweise bis 12 m tief.
Die Hochlagen des Sonfjället werden von kahlem Fjäll eingenommen. Krautige Pflanzen sind auf den Blockmeeren kaum anzutreffen, dafür gedeihen Flechten wie Isländisch Moos, Rentierflechte und Schneeflechte um so üppiger (s. S. 125). Die Flech-

Der Nationalpark ist Braunbären-Land.

Blick zum Sonfjället von Nyvallen aus.

ten haben sich hier so kräftig entfalten können, weil eine Beweidung durch Rentiere nicht stattfindet. Seit Ende des vorigen Jahrhunderts, als die letzten Wild-Rene erlegt worden sind, hat hier nie mehr ein Rentier geweidet. Umgeben ist das Bergmassiv von einer hügeligen Landschaft, in der birkenreiche Nadelwälder dominieren, in der aber auch Flüsse und Bäche verlaufen und Moore ausgebildet sind. Oberhalb der Nadelwälder liegt eine Zone mit mehr oder weniger reinem Birkenwald.

Pflanzen und Tiere

Die unteren Berglagen sind mit üppigen Fichtenwäldern bestockt. In den höheren Lagen gehen diese Wälder in einen Birkengürtel über, der mit zunehmender Höhe immer krüppeliger und spärlicher wird. Charakterpflanze des Gebiets ist die Frühlingsküchenschelle, die auf trockenen, sonnigen Hängen häufig zu sehen ist. Im Sododalen im Herzen des Gebiets findet man wohl die üppigste Flora. Auf Schieferuntergrund wachsen hier Arten wie Alpenfrauenmantel, Großer Ampfer, Rote Lichtnelke, Sternsteinbrech und Geschlängelte Schmiele. An feuchten Stellen tritt der Bergblasenfarn auf.

Der Park hat einen guten Elchbestand. Die Tiere sind am ehesten in der höheren Fichtenregion an krautreichen Plätzen zu beobachten (s. S. 147). Sonfjället ist aber besonders wegen seines Bärenbestandes bekannt (die schwedische »Bärenwiege«, s. S. 130). 1912 war lediglich noch ein einziger Bär übriggeblieben, »ein scheuer, alter Sonder-

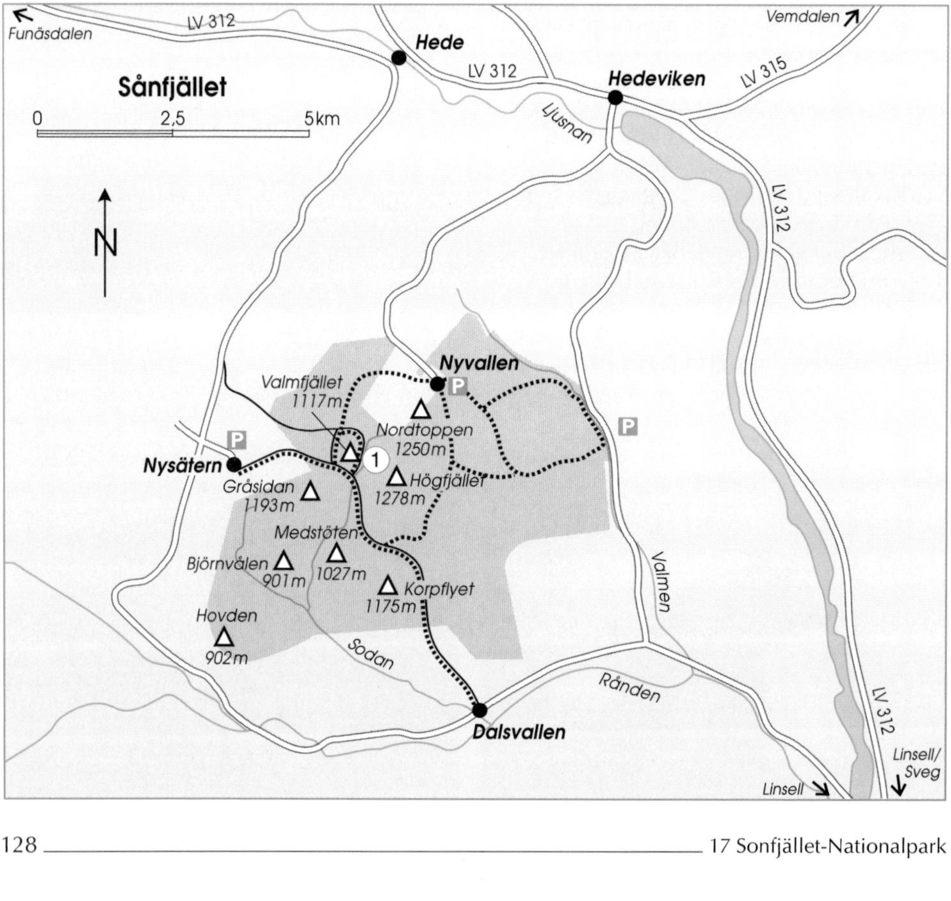

ling und Einzelgänger, der jeden Herbst einige Schafe erschlug, ehe er sich für den Winter in seine Höhle zurückzog.« Heute hat sich der Bestand wieder auf 20–30 Tiere erhöht, und die Population kann als gesichert betrachtet werden. Vor einiger Zeit ist der Bestand sogar noch höher gewesen, aber es muß wohl zu Abwanderungen aufgrund von Nahrungsmangel gekommen sein. Weil Braunbären große Nahrungsreviere brauchen, wird man die Tiere im Park nur mit Glück sehen können. Immerhin wird man hin und wieder indirekt auf die Bären hingewiesen. Die Fährten, die Losung, in Mannshöhe zerkratzte Bäume (S. 223), umgegrabene große Ameisenhaufen oder ein gerissener Elch sind Spuren, die Bären hinterlassen.

Schneeammer, Männchen im Brutkleid.

Rentierflechte bedeckt über weite Strecken den Boden.

Im Herbst färben sich die Blätter der Bärentraube leuchtend rot.

Im Gebiet unterwegs

Von den drei Parkplätzen an den Rändern des Nationalparks führen markierte Wanderpfade in das Gebiet hinein. **Nyvallen** liegt dabei direkt am Fuß des Bergmassivs. Von hier aus bietet sich eine Wanderung rund um das Högfjället an, bei der man auch das Sododalen ① mit seiner üppigen Vegetation durchquert. Man könnte auch im Sododalen zwischen Högfjället und Valmfjället hindurch nach Norden wandern, um dann wieder auf den Rundwanderweg zu stoßen. Im übrigen führt auch ein Pfad direkt auf das **Högfjället** (unterwegs auf die oben beschriebenen Fließrinnen achten!). Der Aufstieg wird mit einer sehr schönen Aussicht über die umgebende Landschaft belohnt.
Vom östlichen Parkplatz aus kann man eine kleine Runde durch den Bergwald machen, aber auch die Runde um das Bergmassiv anschließen. Im Wald hat man die größten Chancen, auf die Spuren von Bären oder gar auf Bären selbst zu treffen.
Für den Wintersportler sei angefügt, daß ein markierter **Skiwanderweg** durch den Nationalpark führt. Er beginnt in Dalsvallen, führt zwischen Korpflyet, Medstöten und Gråsidan auf der einen und Högfjället auf der anderen

Seite hindurch nach Nysätern (ist hier teilweise identisch mit dem Wanderpfad). Von diesem Weg aus führt noch eine Abzweigung um das Valmfjället herum.

Praktische Tips

Anreise

Der Nationalpark ist von Westen/Norden her über Røros – Funäsdalen – Hede zu erreichen. Die Alternativroute von Süden her ist die Strecke Mora – Sveg – Hedeviken. Von Hede aus fährt man nach Süden zum Parkplatz Nysätern, von Hedeviken aus nach Süden zu dem Parkplatz bei der Sennerei Nyvallen oder zum Parkplatz weiter östlich davon. Dieser letztere Parkplatz ist auch von Süden aus zu erreichen; nördlich von Linsell zweigt eine Nebenstraße nach Nordwesten ab. Von dieser Straße aus könnte man wiederum abzweigen und über Dalsvallen zum Parkplatz Nysätern fahren.

Braunbär

Bären unterscheiden sich von anderen Raubtieren vor allem dadurch, daß sie sich nicht ausschließlich von Fleisch ernähren. Sie sind vielmehr Allesfresser mit einem breiten Nahrungsspektrum, das einen hohen Anteil an Pflanzenkost zeigt. Je nach Lebensraum und Jahreszeit fressen Bären Gras, Beeren, Aas, Fische, aber auch kleine Nagetiere, Vögel und Vogeleier und schließlich größere Säugetiere bis hin zu Rentieren. Diese – verglichen etwa mit Luchs oder Wolf – sehr vielseitige Nahrung der Bären zeigt sich auch in der Morphologie ihres Gebisses; bei ihnen haben die Backenzähne breite, flache Kronen. Innerhalb der Säugetierordnung der Raubtiere (Carnivora) bilden die Bären – oder richtiger: die Großbären – deshalb eine eigene Familie, die der Ursidae. Skandinavische Braunbären werden bis 2,20 m lang und bis 250 kg (in seltenen Fällen auch bis 340 kg) schwer.
Vor April/Mai wird man einem Bären nur ausnahmsweise begegnen. Erst jetzt verlassen sie die Höhlen, in die sie sich zur Winterruhe zurückgezogen hatten. Die Brunst fällt in die Zeit von Mai bis Juli. Es kommt meist zu mehreren Paarungen. Den Hochsommer, Spätsommer und Herbst verbringen die Bären – Männchen und Weibchen gehen jetzt wieder als Einzelgänger ihrer Wege – hauptsächlich mit der Nahrungssuche. Jetzt heißt es nämlich, sich eine Speckschicht anzufressen, um die bevorstehende Winterruhe überdauern zu können. Im Oktober/November – je nach herrschender Witterung – suchen die Bären dann ihre Höhlen auf. Diese können etwa im Fels oder unter Steinplatten liegen, sie werden teilweise aber auch von den Bären in den Boden von Bergflanken oder auch in große Ameisenhaufen gegraben. Innen werden die Höhlen mit Moos und anderem Pflanzenmaterial ausgepolstert. In der Zeit der Winterruhe sinkt die Körpertemperatur der Tiere ab, der Stoffwechsel wird allgemein reduziert. Bären schlafen durchaus nicht die ganze Zeit über tief und fest.
Nach einer Tragzeit von 6–9 Monaten bringen die Weibchen zwischen Ende Dezember und Mitte Januar ihre Jungen zur Welt. Meist werden 2–3 Junge geworfen, selten nur 1 und wohl noch seltener 4. Bei der Geburt sind die jungen Bären etwa so groß wie Ratten, sie wiegen 400–500 g und sind noch blind. Sie wachsen aber schnell heran und können der Mutter beim Verlassen der Höhle im April/Mai folgen. Die Bärin säugt ihre Jungen etwa anderthalb Jahre lang. Danach machen sich die jungen Bären selbständig. Braunbären werden in der freien Natur etwa 20 Jahre alt.

Diese Fließrinnen zeigen noch heute an, wo in der Eiszeit das Schmelzwasser abgeflossen ist.

Klima / Reisezeit / Wetter

Die sommerlichen Niederschläge im Sonfjället-Gebiet sind verhältnismäßig gering. Allerdings fällt relativ viel Schnee, der das Land ein halbes Jahr lang bedeckt. Im Winter ist es zudem sehr kalt. Wer also nicht unbedingt auf die Skier steigen will, wird als ideale Wanderzeit die Monate zwischen Juni und September wählen. Als Hilfe für die Planung einer Wanderung sei gesagt, daß die lokale Bevölkerung das Bergmassiv seit jeher als Wetterpropheten betrachtet. Eine alte Regel lautet: »Hat der Berg einen Hut aufgesetzt, so wird's nachts oder morgen regnen; zeigt er sich aber barhäuptig, bleibt das Wetter klar.«

Unterkunft / Information

Das Zelten im Nationalpark ist nicht erlaubt (wegen möglichen Bären-Besuchs wohl auch ohnehin nicht ratsam). Außerhalb des Parks kann man, so man möchte, frei zelten (Jedermannsrecht beachten!). Sonstige Übernachtungsmöglichkeiten findet man beispielsweise bei Linsell, in Dalsvallen, in Råndalen, in Nysätern und um Hede/Hedeviken herum. Hede hat auch einen Campingplatz und eine Touristeninformation. Die nächstgelegene Jugendherberge (»vandrarhem«) ist in Sveg.

Blick in die Umgebung

Die Nebenstraße von Hede Richtung Linsell führt ab Råndalen den kleinen **Fluß Rånden** entlang. Hier kann man mit viel Glück Fischotter beobachten.
Nahe bei **Långå** wurde ein (mit blauen Kreuzen markierter) Naturpfad eingerichtet, der auf einer Strecke von 5,6 km durch Bergwald, an Mooren vorbei und über Tundra führt. An einer Stelle findet man Mückenhändelwurz und Geflecktes Knabenkraut, beides schöne Orchideen. Auf der Höhe steht ein alter Feuerwachturm, von dem aus man einen weiten Blick über Härjedalen, Jämtland und Dalarna hat.
Der Pfad führt im übrigen auch vorbei an alten Elchfanggruben. Die Jagdmethode, Elche in Gruben zu fangen, ist seit der Steinzeit aus dem Jämtland bekannt und wurde hier bis in das Jahr 1864 hinein angewendet. Die Gruben sind natürlich ein Hinweis auf die reichen Elchvorkommen in der Gegend, und mit Glück kann man die Tiere in der Nähe des Naturpfades sehen.
Weiter besteht bei einer Wanderung in diesem Gebiet die Chance, Auerhuhn (S. 115) und Birkhuhn (S. 175) zu beobachten.

18 Hardangervidda-Nationalpark

Europas größtes Hochfjell-Plateau mit Bergheiden und Ödland im Osten und einem großen Gletschergebiet im Norden; stark wechselnde geologische und klimatische Verhältnisse, dementsprechend gebietsweise unterschiedliche Vegetation; größter europäischer Bestand an Wild-Rentieren; südlichste norwegische Vorkommen verschiedener arktischer Pflanzen- und Tierarten.

Das Gebirgsplateau von Hardanger ist mit rund 7400 km^2 das größte in Europa. 1981 wurden davon 3422 km^2 zum Nationalpark Hardangervidda (»Vidda« = Weite, Hochebene) erklärt (zum Vergleich: Saarland 2569 km^2!). Wenn man vom Svalbard-Nationalpark (Spitzbergen) einmal absieht, ist die Hardangervidda der größte Nationalpark Norwegens. Zudem schließen sich noch nördlich das Landschaftsschutzgebiet Skaupsjøen/Hardangerjøkulen und südlich das Landschaftsschutzgebiet Møsvatn/Austfjell an. Diese beiden Gebiete erweitern zusätzlich die insgesamt unter Schutz gestellte Fläche.

Zwischen Oslo und Bergen gelegen und zum größten Teil zur Provinz Hordaland gehörend, zieht die Hochebene von Hardanger bereits seit Mitte des letzten Jahrhunderts Touristen an. Heute erlebt die Vidda geradezu einen Touristenboom, da sie eine ganze Palette skandinavischer Fjell-Erlebnisse bietet.

Der östliche Teil, der zu den Provinzen Telemark und Buskerud gehört, wird der Landmasse von Fennosarmatia zugerechnet und ist etwa 1 Milliarde Jahre alt. Granite herrschen hier vor, und sie ergeben wegen der langwierigen Verwitterung des Gesteins keine ausreichenden Bodenverhältnisse für anspruchsvolle Pflanzenarten. Der Westteil, im Hordaland liegend, ist von der kaledonischen Gebirgsfaltung geprägt. Geologie und Bodenbildung sind entsprechend abwechslungsreich. Vor allem zum Sørfjorden hin bilden steile Täler den Rand der Hochebene. Bei Lofthus reicht der Nationalpark bis fast an den Sørfjorden heran.

Der Eindruck des insgesamt eher flachen Hochplateaus wird durch einige markante Berggipfel unterbrochen, die älteren geologischen Formationen zuzurechnen sind. Die Berge haben den Eismassen während der letzten Eiszeit genügend Widerstand entgegengesetzt und bis heute allen Erosionskräften standgehalten. Ein besonders markanter Gipfel ist der **Hårteigen** im mittleren Westteil mit einer Höhe von 1 691 m. Wer die Besteigung des Hårteigen nicht scheut, dem eröffnet sich bei guter Sicht ein weiter Blick über

Die Kinsofälle im Frühsommer.

Die nördliche Vidda mit dem Hårteigen im Hintergrund – ein Blick von Fagernut aus nach Süden. ▷

Die Weite des Fjells lädt förmlich ein zu ausgedehnten Wanderungen.

Das Braunspitzige Läusekraut (Blütezeit: Juni) hat auf der Vidda sein südlichstes Vorkommen in Norwegen.

die Seenplatte der Vidda. Weiter ist der 1862 m hohe **Hardangerjøkulen** – der große, nordwestlich vorgelagerte Gletscher – vom Hårteigen aus zu sehen. Und von »oben« offenbart sich dem Betrachter auch gut die Tätigkeit des Plateaugletschers, der die Hardangervidda während der letzten Eiszeit bedeckt hat. Auffällig sind die zahlreichen Moränenwälle, die abflußhemmend wirken und die Entstehung größerer und kleinerer Seen verursacht haben. Auf diesen Wallrücken verlaufen im übrigen viele der markierten Wanderwege (z. B. am Nordmannslågen und westlich davon).
Einen gänzlich anderen Charakter haben der Nordwesten des Plateaus und vor allem die Seitentäler, die zum Sørfjorden hin führen. Gegenüber der von den Gletschern abgehobelten, kahlen Hochfläche bietet sich hier fast eine »paradiesische Idylle«. Besonders entlang des Kinso, der am Hårteigen beginnt und nährstoffreiches Wasser führt, entfaltet sich über weite Strecken hin eine üppige Ufervegetation. Über zahlreiche Wasserfälle, die sich bei Hochwasser bis in die angrenzenden Waldgebiete hinein ausdehnen, ergießt sich der Fluß schließlich bei Kinsarvik in den Sørfjorden.

Pflanzen und Tiere

Die Hardangervidda liegt im Durchschnitt rund 1100 m hoch. Das bedeutet, daß auf der gegebenen geographischen Breite großflächig ein arktisches Klima mit den entsprechenden harten Lebensbedingungen für Pflanzen und Tiere herrscht. Der biologisch Interessierte kann im Gebiet der Hardangervidda folglich eine Reihe arktischer Floren- und Faunenelemente erwarten.
Der Pflanzenfreund sollte sich mehr im Westteil der Hardangervidda umsehen. Hier liegen die vergleichsweise kalkreichen, fruchtbaren Standorte. Insgesamt ist die Vidda Heimat für rund 500 Arten von Gefäßpflanzen. Davon kommen allein rund 200 Arten um Litlos (Hütte!) herum vor. Auch das

Veigtal – vor allem bei Rjoto – ist reich an Pflanzen. Der aufmerksame Beobachter wird hier – genau wie um Litlos herum – das Braunspitzige Läusekraut finden, eine arktisch verbreitete Art, die auf der Vidda ihr südlichstes norwegisches Vorkommen hat. Auch die auffällige »Søterot« (»süße Wurzel«) dürfte ihm nicht entgehen; so heißt in Norwegen der gut 1 m hohe Purpurenzian, den mancher Pflanzenfreund aus den Alpen kennen mag.

Die weidenden Wild-Rentiere (s. S. 138) – die Population soll 40 000 Individuen umfassen – gehören eigentlich zum »Normalen«, was zu beobachten ist. Sie weiden im Sommer im südlichen Teil des Nationalparks, vor allem im Gebiet des Kvenna (auch »Kvenno« geschrieben). Einzelne Gruppen sind aber auch im Nordwesten und im Osten des Parks zu sehen. Der Eis- oder Polarfuchs ist vor allem in den sandigen Gebieten zu Hause, denn nur hier hat er die Möglichkeit, seinen

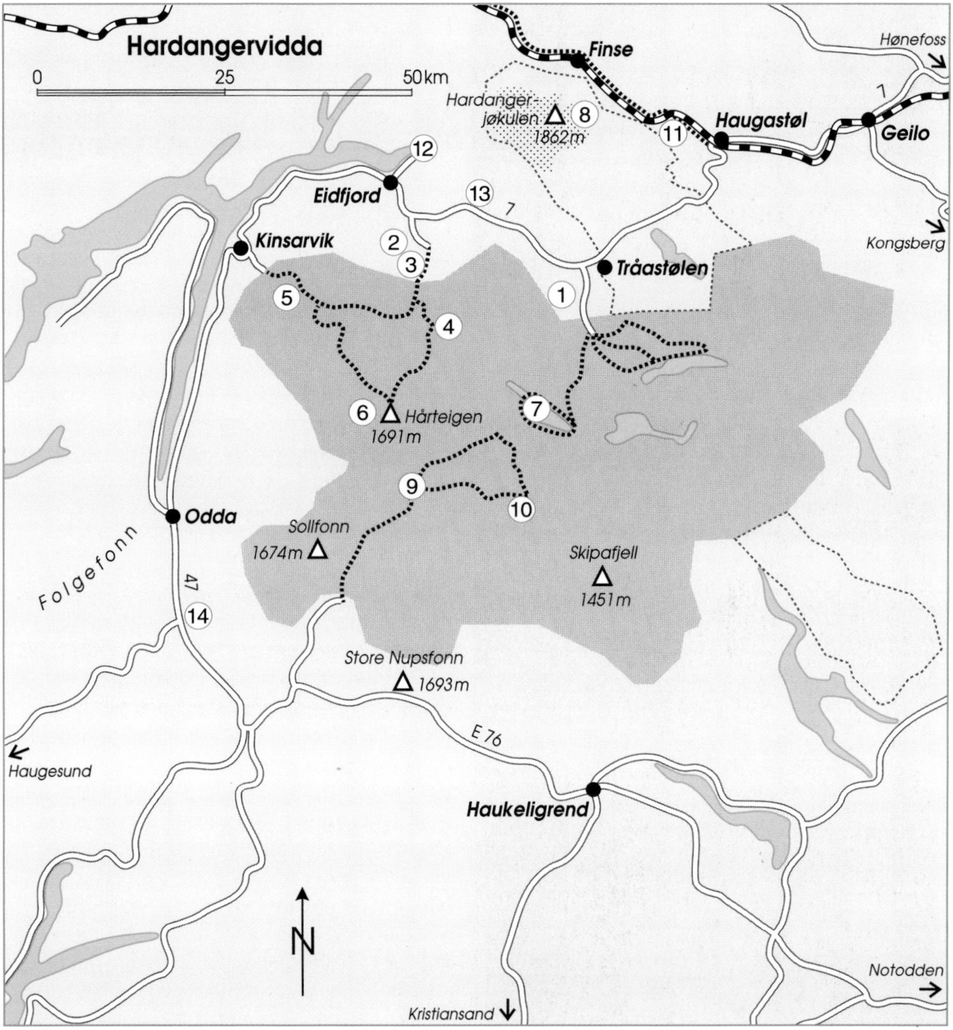

Auf der Vidda ist ein guter Bestand von Wild-Rentieren zu Hause. Man kommt aber nur schwer an die Tiere heran.

Bau zu graben. Im Frühjahr sind die Eisfuchsbaue übrigens an dem zeitig sprießenden Grün oft schon von weitem zu erkennen. Ein stabiles Vorkommen hat der kleine Fuchs im Veigtal.

Ornithologen werden auf der Hardangervidda nach der Schnee-Eule suchen, **dem** »Highlight« des Parks. Aber der Bestand ist klein und wechselt zudem von Jahr zu Jahr.

Ein Blick von Krekkjø aus auf den nördlich des Nationalparks liegenden Hardangerjøkulen.

Wer des langen Suchens nach der großen weißen Eule des Nordens müde wird, sollte das einfach zu erreichende Bjoreidalen am Rand des Nationalparks aufsuchen. Hier wird er mit einem guten Bestand von Sumpfohreule und Rauhfußbussard entschädigt. An den zahlreichen kleinen Seen sind neben Rotschenkel (S. 48) und Flußuferläufer (S. 166) (beide Arten sind häufig) auch Bekassine, Kampfläufer (S. 76) und Odinshühnchen (S. 186) zu beobachten.

In den reinen Fjellgebieten wiederum hört man überall die melancholischen Flötenrufe des Goldregenpfeifers (S. 78), und mit etwas Glück ist hier auch der Mornellregenpfeifer (S. 182) zu finden. Ebenfalls gut zu beobachten ist das Alpenschneehuhn (S. 161); es hält aber aufgrund der Bejagung einigen Abstand. Ein überaus vorsichtiger Vogel ist der Kranich, der auf den großen Moorflächen der zentralen Vidda brütet. In den waldreichen Tallagen der westlichen Hardangervidda wiederum bestehen gute Beobachtungsmöglichkeiten für Buntspecht, Schwarzspecht, Trauerschnäpper, Sumpfmeise und Bergfink (S. 122).

Ist der feldmausgroße Berglemming in einem Jahr häufig, besteht die Chance, die Schnee-Eule zu beobachten.

Im Gebiet unterwegs

Die Hardangervidda gehört zu den am besten erschlossenen Wildnisgebieten Norwegens. Es gibt ein Netz von 1200 km markierter Wanderwege, das jährlich von etwa 25 000 Besuchern genutzt wird. Von dieser hohen Besucherzahl sollte man sich aber nicht abschrecken lassen. Das Gebiet ist riesengroß, und Begegnungen mit anderen Wanderern bieten eher eine willkommene Abwechslung – und die Möglichkeit, Informationen auszutauschen.

Mit dem Auto kann man den Nationalpark nicht erkunden. Allerdings läßt sich der Park von Tråastølen (nicht weit von Dyranut) aus auf einer Stichstraße »ankratzen«. Auf der RV 7 von Hønefoss über Gol und Geilo nach Eidfjord überquert man zwar die Vidda zwischen Hardangerjøkulen und Nationalpark in Richtung Hardangerfjord, berührt aber nicht das eigentliche Nationalparkgebiet. Dennoch liegen entlang dieser Straße Ausgangspunkte für viele, nicht sehr schwierige Wanderungen in den Nationalpark hinein, beispielsweise ins Bjoreidalen ①.

Nordwestlicher Teil: Anfahrt mit dem Auto über die RV 7. Bei Øvre Eidfjord nach Süden abfahren in Richtung Hjølmo (Schild beachten!). Kurz vor Hjølmo ist auf der gegenüberliegenden Talseite der **Verdalsfossen** ② zu bewundern, ein schöner, doppelter Wasserfall. Weiterfahren bis zum Parkplatz. Von dort aus führt ein markierter Weg zum **Valurfossen** ③, der mit 70 m freiem Fall ein imponierendes Schauspiel bietet. Weiter über die bewirtschaftete Viveli-Hütte zur Stavali-Hütte (Selbstbedienung; Übernachtung). Bei **Rjoto** ④ gute Gelegenheit zum Botanisieren; hier kommen im Sommer auch Rentiere vor, jedoch nur in einzelnen, kleinen Gruppen. Am zweiten Tag durch das schöne **Kinso-Tal** ⑤ nach Kinsarvik absteigen. Viele Wasserfälle begleiten den Wanderer. Im Tal kann man Buntspecht, Schwarzspecht, Sumpfmeise und Bergfink beobachten. Mit Bus oder Taxi zurück zum Auto.

Eine von der Strecke und der benötigten Zeit her längere Alternative ist, am ersten Tag zur **Hadlaskar-Hütte** (Selbstbedienung) zu laufen und dort zu übernachten. Am folgenden Tag Besteigung des **Hårteigen** ⑥ und weiter zur

Rentier

Das Rentier ist mit dem Reh und dem Rothirsch nah verwandt, gehört also zu den Paarhufern. Im Gegensatz zu diesen beiden Arten tragen beim Ren aber beide Geschlechter Geweihe. Die Geweihe werden jedes Jahr neu gebildet. Zwischen Spätherbst und Frühjahr werden die Stangen abgeworfen, dann wächst unter einer samtigen Haut, dem Bast, das neue Geweih heran. In der zweiten August- und ersten Septemberhälfte trocknet der Bast ein und wird vom Geweih abgestreift. Zur Brunftzeit im Oktober sind die Stangen dann wieder blank.
Im Jahreszyklus ziehen die Tiere zwischen einzelnen Weideflächen, zwischen Sommer- und Winterweide bzw. zwischen Winterweide und Setzplätzen hin und her. Die Tiere wandern aber auch, um lästigen Insekten, vor allem Rachenbremsen und Dasselfliegen, zu entgehen. Sie halten sich deshalb im Sommer gerne in Hochlagen mit kleinen Schneeflächen auf. Als gute Schwimmer durchqueren Rentiere auf ihren Wanderungen ohne Probleme auch breite Flüsse.
Rentiere sind über den gesamten Norden der Nordhalbkugel verbreitet; sie bewohnen die nördlichen Waldgebiete und die Tundra. Mit ihren breiten Hufen und den weit spreizbaren Zehen können sie sich sowohl in der morastigen Tundra als auch im Schnee gut vorwärtsbewegen. Außerdem kratzen die Tiere mit den Vorderhufen die unter dem Schnee verborgene Nahrung – vor allem Rentierflechte – frei. Im Sommer stehen auch Blätter, Kräuter, Seggen und Pilze auf ihrem Speisezettel. Die meisten Rentiere in Skandinavien sind heute dem domestizierten Typ zuzurechnen. Rentiere bilden seit Jahrhunderten die Lebensgrundlage der Samen, und das ist für viele Familien bis jetzt so geblieben.

Tore-Hütte (Selbstbedienung; Übernachtung). Am dritten Tag ist das Ziel die schon erwähnte **Stavali-Hütte**. Am vierten Tag siehe oben: dem Kinso folgend nach Kinsarvik. Diese alternative Tour bietet eine gute Möglichkeit zur Beobachtung von Eisfuchs, Rauhfußbussard (S. 145) und verschiedenen Enten- und Limikolenarten.

Moorgebiete der Vidda: Zur Anreise bei Tråastølen die RV 7 in Richtung Tinnhølen verlassen. Vom Parkplatz am See aus zu Fuß weiter nach Nordmannslågen in die Moorgebiete ⑦. Beobachtungsmöglichkeit von Limikolen, Rauhfußbussard und Alpenschneehuhn. Von der **Bjoreidals-Hütte** (auf etwa halber Strecke zwischen Tråastolen und Tinnhølen; gehört nicht zum Nationalpark) lassen sich auch Wanderungen ins Bjoreidalen unternehmen. Der Name »Bjorei« weist auf den Biber hin, der hier ursprünglich einmal zu Hause war, heute aber verschwunden ist. Diese Tour sollte man in Gummistiefeln machen.

Landschaftsschutzgebiet Skaupsjøen/ Hardangerjøkulen: Am besten fährt man mit der berühmten Bergen-Bahn von Geilo (oder Haugastøl) bis Finse. Von hier aus kann man zum **Hardangerjøkulen** ⑧ aufsteigen. Die Tour ist nicht schwer, und man wird mit einer sehr schönen Aussicht belohnt. Für Unerfahrene werden regelmäßig Führungen angeboten. Man sollte sich bei der Touristeninformation in Geilo oder Eidfjord erkundigen, wann diese stattfinden bzw. ob überhaupt. Die Gletschertouren fallen nämlich wegen widriger Witterungsbedingungen oft aus. So gab es beispielsweise 1990 in der ersten Julihälfte 3 m Neuschnee im Gletschergebiet!

Südwestliches Parkgebiet: Hier sind die Gegend um die **Litlos-Hütte** ⑨ herum wegen der bedeutenden Pflanzenvorkommen und das **Tal des Kvenna** ⑩ wegen der im Sommer zahlreichen Rentiere von besonderem Interesse. Die Litlos-Hütte erreicht man am besten von der E 76 aus, die man östlich von Røldal in Richtung Valldal verläßt. Man fährt bis Middalsbu, muß hier das Auto abstellen

Kennzeichen der Schnee-Eule ist die weiße Färbung.

Regenbrachvogel.

und geht dann zu Fuß weiter (Tagesmarsch). Für die gesamte Tour sollte man mindestens 3 Tage einplanen (1 Tag hin, 1 Tag im Gebiet um Litlos/Kvenna, 1 Tag zurück).

Bei diesen Tourenvorschlägen soll es in Anbetracht der 1 200 km markierter Wanderwege im Nationalpark sein Bewenden haben. Weitere Routen mag sich jeder Interessierte selbst anhand der Wanderkarte des Gebietes ausarbeiten. Für eine Durchquerung der von Ost nach West 80 km und von Nord nach Süd 60 km messenden Hardangervidda sollten mindestens 7–8 Tage veranschlagt werden. Die östliche und die zentrale Vidda bieten keine wesentlichen wandertechnischen Schwierigkeiten. Der Westabfall der Vidda ist etwas steiler, aber auch gut zu begehen. »Skandinavien-Ausrüstung« ist in jedem Fall erforderlich. Dazu gehören auch Gummistiefel für die sumpfigen Gebiete und die zu überquerenden Bäche und Flüsse.

Praktische Tips

Anreise

Von Oslo aus fährt man auf der E 68 in nordwestlicher Richtung nach Hønefoss. Die RV 7 bringt einen über Gol und Geilo nach Eidfjord und erschließt einem so den Norden der Vidda. Den Süden erreicht man über die E 18 bis Drammen und weiter über die E 76 (Kongsberg, Haukeligrend usw.). Von der E 76 kann man in Kongsberg auch auf die RV 8 abbiegen und durch das Numedal nach Geilo fahren. Entlang der erwähnten Straßen liegen viele Ausgangspunkte für Wanderungen in den Nationalpark hinein.

Eisfuchs (oder Polarfuchs) im Sommerfell. Im Winter ist der kleine Fuchs weiß.

Stengelloses Leimkraut (Blütezeit: Juli).

Das Spornammermännchen trägt Futter zu den Jungen.

Blauheide (Blütezeit: Juli).

Klima / Ausrüstung / Reisezeit

Das Klima der Hardangervidda ist – kurz gesagt – »norwegisch«. Der küstennahe Bereich »glänzt« mit 1285 mm Jahresniederschlag (Frankfurt hat nur rund die Hälfte!). Der Juli ist der regenreichste Monat, und überhaupt kann eine Wanderung auf der Hardangervidda eine feuchte Angelegenheit werden. Das Wetter wechselt jedoch sehr rasch, und der äußerste Nordosten ist ohnehin eher ein Schönwettergebiet. Nicht nur auf regendichte, auch auf warme Kleidung kann im Sommer nicht verzichtet werden. Die Durchschnittstemperaturen entsprechen etwa denen bei uns im März. Die Winter sind sehr kalt und bringen viel Schnee. Im Osten der Vidda können die Wintertemperaturen auf −40 °C abfallen. Der Schnee bleibt auf weiten Strecken bis Juni/Juli liegen, und einige Straßen werden erst zu dieser Zeit geöffnet.

Der Naturfreund kommt etwa wegen der Brutzeit der Vögel und den damit verbundenen Möglichkeiten zu interessanten Beob-

Den besten Blick auf den Vøringfossen hat man vom Hotel »Fossli« aus. ▷

Zwischen Landeigentümern und Nationalparkverwaltung bestehen gewisse Konflikte: Schafherde bei Middalsbu.

achtungen nicht umhin, die regenreichen Frühsommerwochen (bis etwa Ende Juni/Mitte Juli) zu nutzen. Wer lediglich ausgedehnte und schöne Wanderungen machen will, dem sei der September, eventuell auch noch der Oktober, ans Herz gelegt. In dieser Zeit gibt es kaum noch Mücken, und die Herbstfarben leuchten in der dann recht häufig scheinenden Sonne.

Unterkunft / Information

Im Gebiet des Nationalparks gibt es allein 35 bewirtschaftete Hütten mit etwa 1000 Betten. Darüber hinaus gibt es noch eine Vielzahl von Hütten, wo man sich gegen Entgelt selbst bedient (gegebenfalls ist bei den Touristeninformationen, z. B. in Eidfjord oder in Odda, vorher der Hüttenschlüssel abzuholen). Zelten im Park ist gestattet.

Im Umfeld des Nationalparks sind überall entlang der Straßen Campingplätze, Hütten und auch Hotels zu finden. In der Hochsaison (Juli/August) kann es zu Engpässen kommen.

Blick in die Umgebung

Entlang der Bergen-Bahn führt ein Serviceweg von Haugastøl nach Kårdal ⑪. Der Weg ist mit einem robusten Fahrrad zu befahren. Von ihm aus kann man verschiedene Vogelarten – etwa Goldregenpfeifer, Alpenschneehuhn – oder auch Rentiere beobachten. Und man hat eine gute Aussicht auf den Hardangerjøkulen.

Neben der oben schon erwähnten Tour mit der Bergen-Bahn (ersatzweise per Fahrrad zu machen) lohnt sich ein kleiner Abstecher nach **Sæbo** (Simadalen) zum Sima-Kraftwerk ⑫. Dieses größte Wasserkraftwerk Europas (ca. 1120 Megawatt Leistung) beliefert etwa 300 000 Menschen mit Strom. Es wurde aus Gründen des Landschaftsschutzes vollständig in den Berg hineingebaut.

Bei Fossli Besichtigung des **Vøringfossen** ⑬ – im Sommer ein mächtiger Wasserfall, der allerdings heute wegen des Sima-Kraftwerks sein Temperament nur noch in gemäßigter Form zur Schau stellt. Die beste Aussicht auf den Wasserfall hat man vom Hotel »Fossli« aus.

Bei Skare, direkt an der RV 47, liegt ein weiterer schöner Wasserfall, der **Låtefossen** ⑭.

Bei **Eidfjord** kann man Lachse angeln. Von hier aus empfiehlt sich natürlich auch ein Abstecher in den **Hardangerfjord**. Hier liegt das größte norwegische Obstanbaugebiet, und die Baumblüte (April/Mai) bildet einen reizvollen Kontrast zu der wilden Umgebung (s. auch Hauptreiseziel 27).

19 Ormtjernkampen-Nationalpark

Ursprünglicher Fichten-Urwald in lieblicher Landschaft – mit seltenen Pflanzen und gutem Elchbestand.

Etwa 40 km westlich vom südlichen Ende des Gudbrandsdalen, eine gute halbe Autostunde von Lillehammer entfernt, liegt der kleine Nationalpark Ormtjernkampen. Wenn auch nur etwas größer als der Ohlsdorfer Friedhof in Hamburg (8,8 km^2), nämlich 9 km^2, offenbart er sich dem Besucher dennoch als ein wunderschönes Schutzgebiet. Der Park hat fast die Form eines Dreiecks, mit den Bergen Ormtjørnskampen (1128 m) im Südosten, Snæreskampen (1088 m) in der Südwestecke und Dokkampen (1124 m) im Norden.
Massive Gletschertätigkeit hat die Landschaft im Park geprägt. Den Untergrund bildet hauptsächlich Sandstein. Zwischen Ormtjørnskampen und Snæreskampen hat sich der Boden aus Gabbro oder auch aus Schiefern entwickelt. Die ehemals vorhandenen Moränen aus der letzten Eiszeit im Zentrum des Gebietes sind stark abgetragen. Nach Süden hin fällt das Gelände im Park steil ab.

Pflanzen und Tiere

Die Vegetation des Parks wird bestimmt durch das räumlich enge Nebeneinander von Nadelwald (Fichte und Waldkiefer), Birkenwald und Hochfjell. Beim Aufstieg auf einen der Berge kommt man innerhalb kurzer Zeit nacheinander durch diese für Skandinavien so typischen Vegetationszonen. Vor allem der Fichtenwald hat mit seinen alten Baumriesen einen urwaldähnlichen Charakter. Über die gefallenen, verrotteten Bäume erhebt sich die neue Waldgeneration. Schöne

Während junge Elchbullen Stangengeweihe tragen, sind bei alten Tieren Schaufeln ausgebildet.

Vom Ormtjørnskampen aus hat man diesen Blick über den östlichen Teil des Nationalparks und die weitere Umgebung.

Links: Waldmoor im mittleren Teil des Parks.

Bilder eines unberührten, natürlichen Waldes entstehen – ein krasser Gegensatz zu den sich scheinbar unendlich ausdehnenden Fichtenäckern, die Norwegens Forstverwaltung hat anlegen lassen.
Einen urwaldähnlichen Eindruck vermitteln auch die spärlicher vorhandenen Kiefernwälder. Hier kann man sehen, wie die alten Bäume im Kampf ums Überleben unterliegen, sich irgendwann der Angriffe von Pilzen nicht mehr erwehren können, absterben, fallen und schließlich verrotten.

Aufgrund der klimatischen Verhältnisse in diesen Breiten geht das Baumwachstum nur sehr langsam vor sich. Mannshohe Bäume können bereits 50 Jahre alt sein. Bäume, die man gerade noch umfassen kann, sind hier schon 200 oder noch mehr Jahre alt.
Am stärksten ausgeprägte Urwälder findet man an den südlichen und östlichen Hängen des Ormtjørnskampen und des Snæreskampen. Hier gedeiht auch die übrige Vegetation besonders üppig. Platanenblättriger Hahnenfuß, Nördlicher Eisenhut, Gewimperter Steinbrech und – etwas seltener als diese Arten – Maiglöckchen, Quirlblättrige Weißwurz und Feldenzian sind zu finden. Als Besonderheit ist die Bärtige Glockenblume zu nennen, die im Ormtjernkampen-Nationalpark ihr einziges norwegisches Vorkommen hat. Sie ist sonst in den Alpen und den Karpaten beheimatet und wächst an sonnigen Stellen im Bergwald.
Die überall sichtbare Losung verrät, daß im Park ein guter Elchbestand zu Hause ist (s. S. 147). Der vorsichtige Wanderer hat gute Chancen, diese großen, nordischen Verwandten des Rothirsches zu beobachten. Der letzte Braunbär wurde 1950 im Gebiet nachgewiesen. Luchse und Vielfraße (S. 19) durchstreifen das Gebiet gelegentlich. Der Rotfuchs ist einigermaßen regelmäßig zu beobachten – häufiger natürlich in Jahren, in denen auch seine Beutetiere (vor allem Nagetiere, wie Mäuse) häufig sind.
Im Nationalpark sind 40 Brutvogelarten nachgewiesen. In den Wäldern kann man Buntspecht, Wacholderdrossel, Ringdrossel (S. 121), Waldlaubsänger und Bergfink (S. 122) beobachten. Wer sehr früh aufsteht, stößt in den heidelbeerreichen Teilen der Fichtenwälder auf das Auerhuhn. Auf moorigen Flächen warnt der Grünschenkel von den niedrigen Baumwipfeln aus lautstark vor dem herannahenden Wanderer. Im gleichen Lebensraum kommt auch die Weidenmeise (S. 126) vor. In den Mooren der höheren Lagen lebt das Birkhuhn (S. 175). Die Hochlagen sind der Lebensraum des Rauhfußbussards, der recht häufig zu sehen ist.

An der weißen Schwanzbinde und den dunklen Flecken der Unterflügel ist der Rauhfußbussard zu erkennen.

Rotfuchs.

Der Grünschenkel warnt von einer Baumspitze aus.

Die Gletschertöpfe von Helvete im Espedalen.

Die Bärtige Glockenblume (Blütezeit: Juli) hat im Park ihr einziges norwegisches Vorkommen.

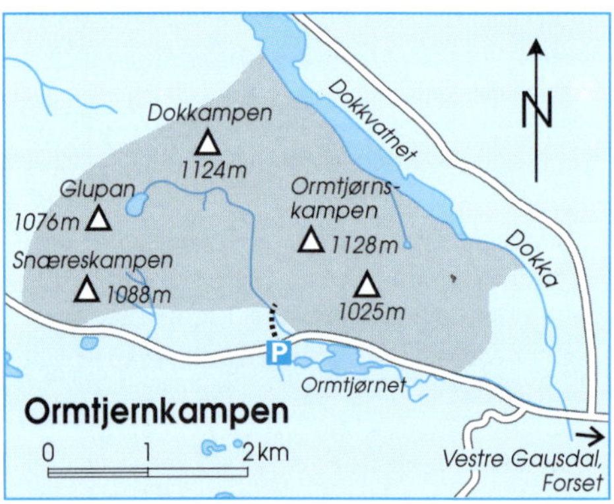

Im Gebiet unterwegs

Der Park ist aufgrund seiner geringen Größe gut an einem Tag zu erkunden. Allerdings gibt es im Gebiet weder Weg noch Steg; nur an einigen Stellen bestehen Fußpfade, etwa am Aufstieg auf den Ormtjørnskampen. Man muß also meist querfeldein gehen. Dabei sollte jeder Besucher darauf achten, die Vegetation möglichst wenig zu beeinträchtigen.

Praktische Tips

Anreise
Mit dem PKW ist der Park am einfachsten über Lillehammer auf der RV 255 (Hinweisschild Richtung Gausdal beachten!) zu erreichen. In Segalstadbru abbiegen in Richtung Forset. In Vestre Gausdal wiederum nach Süden in Richtung Verskei/Fagernes abbiegen. Nach der Flußüberquerung wieder nach Westen und dann der Straße folgen, bis man den Parkplatz am Schild »Ormtjernkampenweg« erreicht. Das Schild zeigt die weitere Richtung, und nach etwa 15 Minuten Fußmarsch gelangt man an die Grenze des Nationalparks.

Klima / Reisezeit
Das Klima im Park entspricht etwa dem mitteleuropäischen Gebirgsklima: recht hohe Niederschläge, relativ kühle Sommer, nicht übermäßig kalte Winter. Die beste Zeit für einen Besuch sind Frühjahr und Herbst. Dann sind auch die Mücken nicht so aktiv wie im Hochsommer.

Ausrüstung
Gummistiefel mit kräftigem Profil sind zu empfehlen. Allerdings mag mancher kräftige Bergstiefel vorziehen, denn in den Steillagen der Urwälder muß man oft über Felsen klettern.

Unterkunft
In der Nähe des Parks gibt es keine Übernachtungsmöglichkeiten, es sei denn, man

Nur schwer zu beobachten – der Luchs.

ist mit dem Zelt unterwegs oder will/kann im Auto schlafen (beim freien Zelten Jedermannsrecht beachten!). Hütten bzw. Hotels findet man am Weg von oder nach Lillehammer bzw. in der Stadt selbst.

Blick in die Umgebung

Nicht direkt in unmittelbarer Nähe des Nationalparks, aber auf jeden Fall einen Besuch wert sind die **Gletschertöpfe von Helvete** im Espedal. Von Forset aus fährt man über die RV 255 zum Südostende des Espedalsvatnet. Vom Parkplatz beim Schild »Jettegryter« aus sind es nur noch ein paar Minuten Fußmarsch, und man steht vor einer Serie von großen Gletschertöpfen.

Elch

Elche sind übergroße Hirsche, die einem unbedingten Respekt abnötigen. In »Grzimeks Tierleben« steht zu lesen, der Elch ist ».... pferdegroß, hochbeinig, langköpfig, kurzhalsig und kurzschwänzig«. In Zahlen: Elche werden bis 3,10 m lang, erreichen eine Schulterhöhe von 2,35 m und ein Gewicht von bis zu 800 kg. Diese Angaben gelten allerdings nur für die Elche, die in Nordamerika leben, wo alles »größer und schöner« ist als in Europa. Europäische Elche bringen es »nur« auf eine Länge von 2,80 m, auf eine Schulterhöhe von 2,20 m, und die Bullen können ein Gewicht von 530 kg, die Kühe von 350 kg erreichen. Und während man aus Alaska Elchbullen mit mächtigen Schaufeln von mehr als 40 Enden und einem Gewicht von über 20 kg kennt, bilden europäische Tiere meist nur Stangen- oder bescheidene Schaufelgeweihe aus.
Auffällig ist die hängende, sehr bewegliche Oberlippe, deren Funktion man erkennt, wenn man die Tiere bei der Nahrungssuche beobachtet. Damit umschließen sie nämlich Zweige und Blätter, vor allem von Weichhölzern wie Birken, Weiden und Espen, um sie dann abzureißen. Weiter halten sich die Tiere an die Rinde der Bäume und an Sumpf- und Wasserpflanzen. Elche sind typische Bewohner der Taiga, gehen aber auch in die Tundra hinein. Da sie ihre Hufe weit spreizen können, bewegen sie sich in Sumpf- und Moorgebieten problemlos fort, und sie sind gute Schwimmer.
In der Zeit zwischen April und Anfang Juni werden die Kälber geboren. Mit 1¼ Jahren werden die Jungtiere geschlechtsreif. Vom fünften Lebensjahr an haben Elche ihre volle Körpergröße erreicht, vom achten Lebensjahr an tragen die Bullen ihre stärksten Geweihe. Von Ende Juni bis in den August hinein werden die Geweihe gefegt. Die Brunft findet im September statt. Sie geht wesentlich ruhiger vor sich als beim Rotwild. Elche lassen sich zwar auch hören, aber vergleichsweise leise, und zu Auseinandersetzungen mit anderen Bullen kommt es nicht so häufig wie bei Rothirschen.

20 Jotunheimen-Nationalpark

Fjellregion mit stark alpinem Charakter, den höchsten Berggipfeln Norwegens, einem festen Rentierstamm (domestizierter Typ), Gebirgsvegetation (große Bestände von Küchenschellen) und – im Süden und Westen des Nationalparks – einem kleinem Waldanteil.

Jotunheimen – die »Bergriesenheimat«, wie die wörtliche Übersetzung des Namens lautet – liegt am Ende des Sognefjorden fast im Zentrum des südnorwegischen »Beutels«. Der Nationalpark gehört mit 1145 km^2 Fläche zu den größten in ganz Norwegen.
In keinem anderen Teil des Landes ist der Hochgebirgscharakter ausgeprägter als hier. Der Glittertinden im Nordosten des Parks – mit 2470 m Höhe (Angabe einschließlich Schneedecke, der Berg selbst ragt nur 2452 m auf) der höchste Berg Norwegens – und der Galdhøpiggen (2469 m hoch) im Norden des mittleren Teiles des Parks sind die gewaltigsten Gipfel. Wie der größte Teil Norwegens, ist das Gebirge vor etwa 500 Mio. Jahren während der kaledonischen Gebirgsfaltung dem Ur-Europa, dem fennosarmatischen Block, »angeschweißt« worden. Mehrere Eiszeiten in den letzten Millionen Jahren haben dem Nationalpark ein inhomogenes Profil gegeben. Die von den Gletschern gespeisten Flüsse graben teilweise schroffe Täler. Besonders gut kann man diesen geomorphologischen Prozeß im Utladalen studieren. Um dieses Tal herum wurde ein Landschaftsschutzgebiet eingerichtet. Es gehört also nicht zum eigentlichen Nationalpark, schließt sich an diesen aber im Süden direkt an.

Im Frühsommer ist das Veodalen ein lohnendes Ziel für Pflanzenfreunde.

Auch die größten Seen des Jotunheimen-Parks verdanken ihre Entstehung der Tätigkeit von Gletschern. Russvatnet und Bessvatnet haben nach dem Abschmelzen der Eismassen einen natürlichen Geröllriegel erhalten und daher keinen Abfluß. Beide Seen – bis zu 100 m tief – werden nur von Regen- und Oberflächenwasser gespeist und sind ganz klar. Der Gjende-See dagegen wird durch den Memurubreen gespeist und weist die typische Gletschertrübe auf. Das Licht bricht sich an den feinen Schlammpartikeln und gibt dem See eine hell smaragdgrüne Farbe.
Gletscher prägen auch heute noch das Bild des Nationalparks. Sie bedecken eine Fläche von rund 200 km^2. Niederschläge von bis zu 3000 mm/Jahr in den Akkumulationsgebieten liefern genügend Nährmaterial. Auf ihrem Weg zu Tal transportieren die Eisströme Unmengen von Gestein und Schutt. Allein die Kleine Visa führt im Jahr bis zu 30 000 Tonnen Feinschutt zu Tal.
Das menschenfeindliche Hochgebirge ist nie stark besiedelt worden. Eine gewisse Rolle spielten Sennereien. In Gjendeosen hat im 19. Jh. der Jäger Jo Gjende gelebt, um den

sich zahlreiche Legenden ranken. Ibsen und Grieg sind bei ihm ein und aus gegangen. Nansen beschreibt ihn als den Typ Norweger, der im und für das Hochgebirge lebt und ein Dasein im Tal verachtet. Anfang des 20. Jh. hat der Tourismus langsam das Jotunheimen-Gebiet erobert. Heute liegt hier das Zentrum des norwegischen Hochgebirgssports.

Pflanzen und Tiere

Klima und Expositionsfaktoren prägen die Pflanzen- und Tierwelt in Jotunheimen. Wald ist nur an zwei Stellen landschaftsbestimmend, zum einen im Utladalen (gehört nicht mehr zum eigentlichen Nationalpark, s. oben) und zum anderen längs des Gjende. Die beherrschende Baumart ist die Hänge-

Jotunheimen voraus: die Sognefjell-Straße auf Höhe des Prestesteinsvatnet, im Hintergrund die Smørstabbtindane.

Im Juli öffnen sich die weißen Blüten der Silberwurz.

Die Netzweide ist ein unscheinbarer Zwergstrauch. Sie blüht im Juli.

Die Kleine Simsenlilie hat gelbliche Blütenstände (Blütezeit: Juli).

birke. Kiefernreicher Wald findet sich nur in Vettismorki; dicke, knorrige, trockene Bäume bestimmen den Charakter dieses urwaldartigen Gebietes. Die Waldgrenze liegt bei 1200 m und damit für norwegische Verhältnisse sehr hoch. Starke Sonneneinstrahlung verbunden mit nährstoffreichen Böden und im Sommer reichlich nachsickerndem Schmelzwasser sind die entscheidenden Gründe hierfür.

Häufige begleitende Pflanzen sind in den waldreichen Tallagen das Maiglöckchen und der Gewöhnliche Seidelbast (Vorsicht, beide Arten sind giftig!), daneben auch die bei den Norwegern so beliebte Walderdbeere. Entlang der Bäche findet man üppig blühenden Nördlichen Eisenhut und Alpen-Milchlattich.

Die untere alpine Zone, häufig sehr trocken, ist gekennzeichnet durch Pflanzen wie Alpenheide (Alpenazalee), Bärentraube (S. 129), Krähenbeere, Stengelloses Leimkraut und – auf kalkreichen Böden – Silberwurz. Die Charakterpflanze dieser Zone ist aber die »Mogop«, wie die Frühlingsküchenschelle in Norwegen heißt. Sie kommt auf den Moränenbänken im Osten des Nationalparks, vor allem im Veodalen, in großen Beständen vor und blüht bereits kurz nach der Schneeschmelze.

Der Nationalpark hat einen Rentierbestand (S. 136) von rund 6000 Individuen. Die Tiere nutzen den Ostteil des Parks als Sommerweide und können dort gut beobachtet werden. Ein fester Elchstamm besiedelt die Gebiete Utladalen, Visdalen und Veodalen. Hier kann man auch Rotwild beobachten. Das Utladalen war früher für seinen guten Braunbärenbestand berühmt. Heute verirrt sich dieses Großraubtier nur noch selten hierher. Häufiger ist dagegen der Rotfuchs, während der Eisfuchs (S. 139) nur in ausgesprochenen Lemmingjahren im Gebiet zu sehen ist.

Die Vogelwelt Jotunheimens umfaßt eigentlich alle auf den Fjells im Süden Norwegens brütenden Arten. Im Westteil des Parks ist der Rauhfußbussard (S. 145) gut zu beobachten.

Pflanzen im Hochgebirge

Die Lebensbedingungen in der alpinen Zone erfordern extreme Anpassungen, damit Pflanzen hier überleben können. In 2000 m Höhe liegen beispielsweise die Temperaturen im Durchschnitt 12 °C niedriger als auf Meereshöhe. Pro 100 m Höhenanstieg nimmt die Durchschnittstemperatur um 0,7 °C im Sommer bzw. 0,5 °C im Winter ab. Daraus läßt sich als Faustregel ableiten: Je 100 m Höhenanstieg verkürzt sich die Vegetationsperiode um rund 1 Woche.

Die kleinstandörtlichen Bedingungen können zudem extrem sein. Tag und Nacht, Licht und Schatten verursachen in Verbindung mit entsprechendem Untergrund nicht selten Temperaturunterschiede von bis zu 60 °C innerhalb von 24 Stunden. Weiter mag der flüchtige Beobachter glauben, daß die Hochgebirgsflora in den häufigen und reichlichen Niederschlägen davonschwimmt, aber diese Annahme trifft nicht zu. Extreme Winde und meistens geröllreiche Böden lassen das Regenwasser schnell wieder verschwinden. Schnee dagegen behindert das Pflanzenwachstum im Hochgebirge kaum. Zwar verkürzt die lange Zeit des Jahres liegende Schneedecke die Vegetationsperiode beträchtlich, aber die isolierende Wirkung des Schnees ermöglicht oft erst ein Leben, das auf kahler Fläche zu Eis erstarren würde. Der Schnee schützt darüber hinaus den Boden vor zu starker Austrocknung, die für die Pflanzen wiederum abträglich wäre.

Diese Faktoren führen zusammengenommen zu Lebensbedingungen, denen nur Spezialisten gewachsen sind. Mit steigender Höhe – oder entsprechend: höherer nördlicher Breite – zeigen sich die Anpassungen der Pflanzen immer stärker ausgeprägt. Die Anpassungsfähigkeit der Pflanzen im Hochgebirge geht so weit, daß sie ihr eigenes Mikroklima bestimmen, ihren eigenen Boden bilden oder sich auch noch in schuttreichem Gelände mit metertiefen Wurzeln verankern können.

Das Stengellose Leimkraut (S. 140) beispielsweise weist als Anpassung Polsterwuchs auf. Die hübsche, rosa blühende Pflanze ist in den skandinavischen Fjells häufig zu finden. Die großen Temperaturunterschiede zwischen Tag und Nacht stellen für sie kein Problem dar. Allerdings braucht die Pflanze etwa 10 Jahre, bis sie das erste Mal Blüten ausbildet. Das Polster ist dann so dicht, daß weder der Wind Feuchtigkeit abtransportieren kann, noch Sonnenschein oder Nachtkälte nennenswerte Klimaschwankungen innerhalb des Polsters verursachen können.

Auch die Silberwurz wächst nahe am Boden; sie wird gerade 8–15 cm hoch. Oft sieht man die Pflanze ganze Flächen bedecken, und dabei sollte man bedenken, daß sie durchaus 100 Jahre alt sein kann! Die alpine »Super-Pflanze« ist der hochspezialisierte Gletscherhahnenfuß (S. 160). Er wurde in den Alpen noch in 4274 m Höhe nachgewiesen. Auf extremen Standorten schafft er es, innerhalb von nur 3 Wochen die für die nächste Vegetationsperiode notwendige Energie zu speichern!

Auf die schwierigen Lebensbedingungen der Pflanzen im Hochgebirge sei jeder Fjell-Wanderer besonders hingewiesen. Wo immer möglich, muß die sensible Vegetation geschont werden. Die Vernichtung eines unscheinbaren, kleinen Pflanzenpolsters kann bedeuten, 100 Jahre zähem Überlebenskampf ein schnelles Ende zu setzen!

Blick auf den Besseggen – links der gletschertrübe Gjende-See, rechts das klare Bessvatnet.

Im Gebiet unterwegs

Ausgehend von den Reichsstraßen 55 (der sogenannten Sognefjell-Straße, die von Juli bis September in der Regel durchgehend befahrbar ist), 15 und 51 lassen sich über Mautstrecken einige schöne Gebiete des Parks anfahren, die gut mit Tageswanderungen kombiniert werden können (günstig für den eiligen Touristen):

1. Etwa 1 km nach Jotunheimen Fjellstue (in Richtung Lom) rechts ab zur Leirvassbu. Von hier aus Tagesausflug zum **Illåbreen**, einem interessanten Gletschergebiet ①.
2. In Galdbygda rechts ab zur Juvvasshytta. Von hier aus ist eine Gipfeltour zum **Galdhøpiggen** möglich. Dort schöner Blick hinüber nach Breheimen. In der Nähe der Juvvasshytta kann man übrigens das ganze Jahr über Ski laufen (Liftbetrieb).
3. Hinter Visa Bru (in Richtung Lom) rechts ab zur Hütte Spiterstulen, dem Ausgangspunkt für eine Wanderung in das **Visdalen** (auf Elche achten!) bzw. zum **Svellnosbreen**, einem Gletscher mit bizarren Eistürmen ②.
4. Über Garmo (an der RV 15) oder Tronhus (an der RV 51) gelangt man in das **Veodalen** ③; die Straße endet etwa 1 km vor der Nationalparkgrenze. Im Veodalen kann man die Frühlingsküchenschellen bewundern. Von hier aus kann man aber auch das Gebiet

Die Frühlings-Küchenschelle blüht im Mai. Schöne Bestände sind im Veodalen zu sehen.

Blaukehlchen (Männchen) – hier im Gegensatz zur mitteleuropäischen Rasse mit rotem Kehlfleck.

Glittertinden erwandern (Dauer: 2–3 Tage).
5. Von Gjendesheim an der RV 51 fährt regelmäßig ein Boot nach Gjendebu. Auf dem Rückweg kann man alternativ über Besseggen ④ und Veslefjell oder ab Memurubru entlang des Gjende zu Fuß gehen (2 Tage rechnen). Auf der erstgenannten Strecke hat man eine sehr gute Sicht über das Jotunheimen-Massiv auf der einen Seite und den Gjende auf der anderen.
6. Von Øvre Årdal Richtung Vettismorki fahren. Ab Hjelle ist die Straße für den öffentlichen Verkehr gesperrt; von hier aus Fußwanderungen ins Waldgebiet des **Utladalen** ⑤. Es bietet sich ein Abstecher zum **Vettisfossen**, dem mit 260 m freiem Fall höchsten Wasserfall Norwegens, an ⑥.
7. In **Eidsbugarden**, das über Tyin und Tyinholmen zu erreichen ist, befindet sich ein Museum mit umfassenden Informationen über den Nationalpark Jotunheimen.

Blick auf den Gjende-See mit Gjendesheim.

Das eigentliche Wandergebiet des Nationalparks kann man am besten von der Sognefjell-Straße aus erreichen. Dem Wanderer bieten sich eine Unmenge von Touren an, die den Park kreuz und quer erschließen. Eine detallierte Karte macht die vielfältigen Routen deutlich.
Ein besonderes Erlebnis sind Skitouren in der Übergangszeit Winter/Sommer, aber: Lawinengefahr beachten, gegebenenfalls vor Ort Rat suchen! Zu dieser Jahreszeit sind an wär-

Alpenheide, Alpenazalee, Gemsheide – der im Juli blühende Zwergstrauch hat mehrere Namen.

Die Rosenwurz, ein Dickblattgewächs, blüht im Juli. Die Blütenblätter sind oft rot überlaufen (Name!).

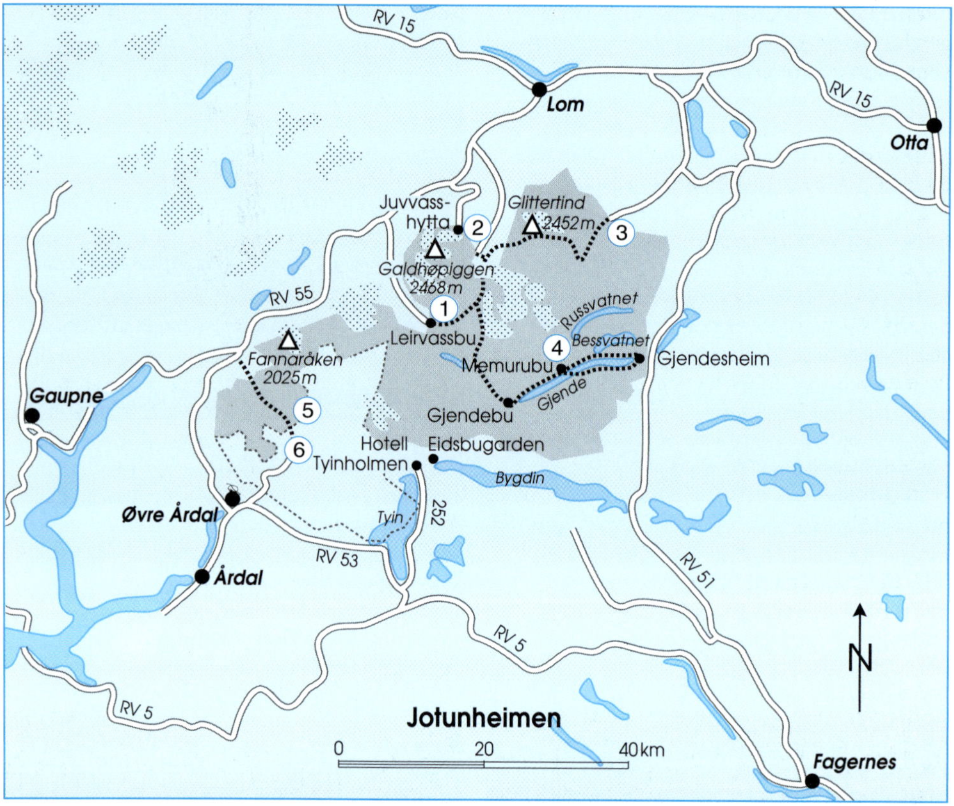

meren Stellen auch schon einige der Hochgebirgspflanzen in Blüte zu sehen. Relativ sicher sind Touren in der Zeit von Juli bis September.

In jedem Fall erfordern Touren in Jotunheimen eine sehr gute Kondition, und ohne entsprechende Ausrüstung sind sie nicht zu meistern. Überall besteht die Möglichkeit, sich einem Führer anzuvertrauen (vor Ort Termine erfragen).

Praktische Tips

Anreise

Von Oslo aus die E 68 über Hønefoss nach Fagernes nehmen. Von hier aus entweder über die RV 51 (bis Gjendesheim – Nationalpark) oder die E 68 weiter und dann über die RV 55 (Sognefjell-Straße).

Klima / Reisezeit

Das Klima in Jotunheimen ist atlantisch getönt, mit reichlichen Niederschlägen im Südwesten (800–1200 mm/Jahr) und noch höheren in den Gletschergebieten (2500 bis 3000 mm/Jahr), die jedoch in erster Linie im Herbst und Winter fallen. Frühjahr und Sommer sind deutlich niederschlagsärmer als die anderen Jahreszeiten und daher für die Erkundung von Jotunheimen am besten geeignet. Relativ arm an Niederschlägen sind ohnehin der Norden und der Osten des Nationalparks. Im Regenschatten des Galdhøpiggen fallen lediglich 460 mm Niederschlag im langjährigen Mittel.

Die durchschnittlichen Sommertemperaturen sind eher niedrig. Sie bewegen sich zwischen 10 und 11 °C, aber Fröste bis −8 °C sind nicht selten. Die Durchschnittstemperaturen der Hochgebirgslagen über 1000 m liegen bei nur 2,5 °C. Die durchschnittlichen Wintertemperaturen betragen −10 °C bis −12 °C.

Ausrüstung
Den klimatischen Gegebenheiten muß die Ausrüstung Rechnung tragen. Neben obligatorischem Regenschutz und warmer Kleidung (auch zum Wechseln) sind Gummistiefel und Bergstiefel vorzusehen. Zelt und Schlafsack müssen von sehr guter Qualität sein, denn auch im Sommer ist mit Frösten zu rechnen. Für Gletschertouren sind Steigeisen erforderlich.

Unterkunft
Im Nationalpark bzw. im Landschaftsschutzgebiet Utladalen findet man zahlreiche Campingplätze; Hütten des DNT oder Hotels in Glitterheim, Fanaråkhytta, Memurubu, Gjendebu, Olavsbu, Skogadalsbøen und Stølsmaradalen. Außerhalb des Nationalparks findet man Unterkunft in Gjendesheim, Bessheim, Spiterstulen, Leirvassbu, Krossbu, Turtagrø, Tyinholmen, Eidsbugarden und Torfinnsbu.

Blick in die Umgebung

Aurlandsfjorden: Nebenarm des Sognefjorden (s. Hauptreiseziel 27) mit sehr mildem Klima und großem Obstanbaugebiet. Zu erreichen ist der Fjord etwa von der Sognefjell-Straße aus, die in Sogndal auf die RV 5 trifft. Weiter nach Kaupanger (große Stabkirche!) und von dort aus mit der Fähre durch den Fjord nach Aurlandsvangen. Fährt man von Kaupanger aus auf der E 68 nach Osten, gelangt man nach ca. 30 km zur berühmten Stabkirche von Borgund.
Von Jotunheimen ist es auch nicht weit in die Gebiete Jostedalsbreen (s. Hauptreiseziel 21) und Breheimen (s. Nebenreiseziel 16).

Lebendgebärender Knöterich (Blütezeit: Juni).

Der Vettisfossen ist Norwegens höchster Wasserfall.

21 Jostedalsbreen

Größtes Gletschergebiet Europas, Island ausgenommen; ausgedehnter Hauptgletscher, verschiedene, schöne Gletscherzungen und wilde Gebirgsflüsse.

Am landseitigen Ende des längsten europäischen Fjordes, des Sognefjorden, beginnt das größte Gletschergebiet Norwegens. Es wird im Osten von Breheimen und vom Jotunheimen-Massiv, im Westen vom Nordfjorden und im Norden vom Ottadalen begrenzt. Seine größte geschlossene Gletscherfläche ist der Jostedalsbreen, mit 486 km^2 der größte Gletscher auf dem europäischen Festland. Die Dicke des Eispanzers beträgt nach neuesten Schätzungen etwa 300 m. Das durchschnittliche Niveau liegt bei 2000 m. Wesentlich größer als der Jostedalsbreen ist übrigens der isländische Vatnajökull. Mit einer Fläche von 8400 km^2 ist er so groß wie alle Gletscher der Alpen zusammen und damit der größte Gletscher Europas insgesamt.

Gletschereis zeigt vielfältige Formen und Farben.

Der Jostedalsbreen ist nicht, wie man vielleicht annehmen könnte, ein Relikt aus der letzten Eiszeit, die etwa 10000 Jahre zurückliegt. Die Eismassen sind vielmehr in einer Kälteperiode in der Zeit zwischen 3000 und 500 v. Chr. gewachsen. Ihre größte Ausdehnung dürften die Gletscher dieses Gebietes Mitte des 18. Jh. n. Chr. erreicht haben. In den Jahren von 1700 bis 1748 hat sich ein Seitenarm des Jostedalsbreen, der Nigardsbreen, um etwa 3 km ausgedehnt und das nach ihm benannte Gehöft Nigard (heute gibt es wieder ein Gehöft gleichen Namens) unter sich begraben. Nach dieser Zeit haben sich die Eismassen zurückzuziehen begonnen – eine Entwicklung, die bis heute nicht abgeschlossen sein dürfte.

Das Gebiet des Jostedalsbreen mit seinem Nebenarm Nigardsbreen steht heute unter Naturschutz. Zu den Sehenswürdigkeiten gehören neben diesen beiden Gletschern der Briksdalsbreen und der Bøyabreen. Letzterer zählt mit einer Fließgeschwindigkeit von 0,5 m/Tag zu den »schnellen« Gletschern.

Pflanzen und Tiere

Zum Jostedalsbreen fährt man vor allem, um einen großen Gletscher mit all den damit verbundenen glaziologischen Phänomenen zu sehen. Dennoch gibt es beispielsweise auch für den Pflanzenfreund Interessantes. So läßt sich im Tal des Nigardsbreen hervorragend eine nacheiszeitliche Sukzession nachvollziehen: Auf den durch den Rückzug des Eises freigelegten Felsen siedeln sich zuerst Flechten an. Diesen Erstbesiedlern fol-

Vor dem Gletschertor des Nigardsbreen erscheint der Wanderer klein. ▷

Gletscher

In einem nivalen Klima, in dem die Niederschläge überwiegend als Schnee fallen und im Durchschnitt der Jahre die sommerliche Verdunstung und das Abschmelzen übertreffen, kann es zur Bildung von Gletschern kommen. Dies trifft vor allem für die Gebiete nördlich und südlich der beiden Polarkreise und die Hochgebirge oberhalb der Schneegrenze zu.
Schnee besteht aus Eiskristallen. Taut der gefallene Schnee bei starker Sonneneinstrahlung an der Oberfläche auf, dringt er in Form von Schmelzwasser in die darunter liegenden Schichten ein, das hier zu Eiskörnern erstarrt. Eine erste Verdichtung tritt dabei ein. Sie wird verstärkt, weil tiefere Schichten unter dem Druck der darüber liegenden stehen. Nach und nach wandelt sich Schnee in Firn um. Unter weiterem Druck entsteht daraus kompaktes Gletschereis.
Beim sog. **Talgletscher**, dem »typischen« Gletscher, lassen sich folgende Vorgänge unterscheiden: Wo die Niederschlagsmenge größer ist als die Verdunstungsmenge, kann sich in größeren Hohlformen Eis ansammeln (**Nährgebiet** des Gletschers). Talwärts geht die Firnfläche in die **Zungenregion** über, in der der Gletscher je nach Geländebeschaffenheit mehr oder weniger schnell »fließt«. Bewegt sich das Eis über gewölbte Flächen, kommt es zu Brüchen; die berüchtigten **Gletscherspalten** entstehen. Dort, wo schließlich Verdunstung und Abschmelzen höher sind als der Niederschlag, kommt der Gletscher zum Stehen (**Zehrgebiet**).
Bei entsprechender Sonneneinstrahlung schmilzt der Gletscher oberflächlich. Das Schmelzwasser sammelt sich in Rinnsalen und Bächen, die auf der Oberfläche des Gletschers abfließen, aber auch in Spalten und anderen Hohlräumen im Eis verschwinden können. Durch die sogenannten **Gletschertore** am Fuß des Gletschers treten die Schmelzwasserbäche wieder zutage.
Gletscher wirken stark landschaftsformend. Während v-förmige Täler immer auf die erodierende Tätigkeit von Bächen und Flüssen hinweisen, zeigen u-förmige Täler stets an, daß hier Gletscher am Werk waren bzw. noch sind. Der vom fließenden Eis mitgeführte Schutt wird als **Moräne** bezeichnet. Je nach Lage der Schuttmengen spricht man von **Grundmoränen** (Schutt im Bett des Gletschers), **Seitenmoränen** (Schutt seitlich am Gletscher) und von **Endmoränen** (Schutt an der Stirn des Gletschers). Schutt und anderes Material werden aber auch auf der Oberfläche des Gletschers mitgeführt.

gen höhere Pflanzen, bis sich schließlich eine Waldgesellschaft einstellt.
Teilflächen der Täler, die von den Nebenarmen des Hauptgletschers ausgeformt wurden, werden landwirtschaftlich genutzt. An den Bächen und Flüssen lebt die Wasseramsel, der norwegische Nationalvogel (S. 200). In den zahlreichen Moorgebieten kann man den Großen Brachvogel (S. 93) beobachten. Auch Steinadler sieht man immer wieder. In höheren Lagen ist die Schneeammer vertreten.

Im Gebiet unterwegs

Gletscher »arbeiten« ständig, d. h. laufend entstehen neue Abbrüche, Wasserlöcher, Höhlensysteme und Spalten (s. oben). Wer also als »normaler« Tourist eine Gletscherwanderung in das eigentliche Jostedalsbreen-Gebiet unternehmen will, sollte sich einer Gruppe unter sachkundiger Führung anschließen. Alleinbegehungen der Gletscher sind nur etwas für Experten! Wer als Naturfreund nur »einen Hauch von Gletscher« er-

leben will, sollte sich mit den schönen Eindrücken zufriedengeben, die die Seitenarme des großen Jostedalsbreen bieten.
Den **Nigardsbreen** ① etwa erreicht man am besten über die Straße Gaupne – Jostedalen, der man bis Elvekrok folgt. Dann nur noch dem Schild »Nigardsbreen« nachfahren (Mautstraße). Die Straße führt den wunderschönen Jostedalselva entlang und ist teilweise sehr schmal.
Fährt man auf der RV 55 von Gaupne weiter in Richtung Südwesten bis Hella, kann man von hier aus mit der Fähre durch den sehr schönen Fjærlandsfjorden nach Fjærland fahren. Von hier führt die neue RV 625 nach Skei. Diese Straße durchbohrt das Gletschermassiv in einem 6 km langen Tunnel. Kurz vor dem Tunnel, bei Brevasshytta, kann man auf einem Wanderpfad zum **Bøyabreen** ② gelangen, dem »schnellen« Seitenarm des Jostedalsbreen.
Weiter der Straße 625 folgend, gelangt man zur RV 14 und über Byrkjelo und Olden zum **Briksdalsbreen** ③, einer weiteren Attraktion in diesem Gletschergebiet.

Praktische Tips

Anreise

Der Norden des Gebietes ist am einfachsten über das Ottadalen (RV 15) zu erreichen. Den Süden fährt man von Oslo aus der E 68

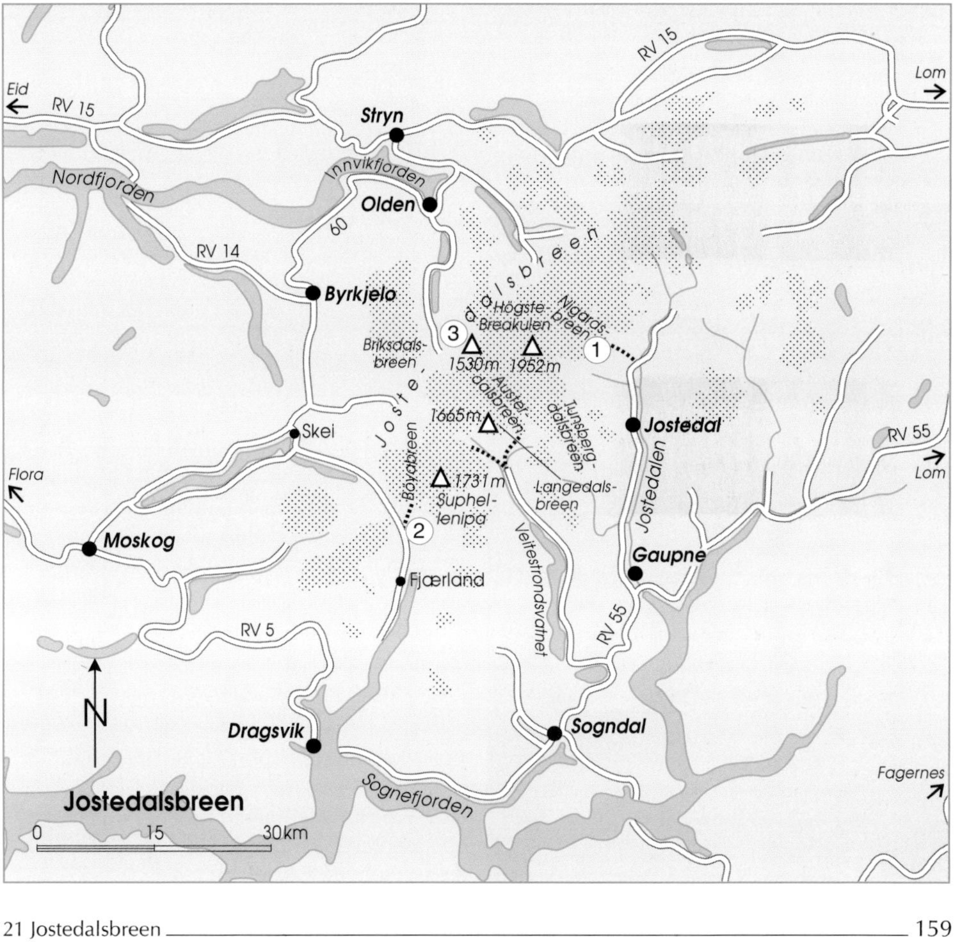

Müde Wanderer können sich mit der Pferdekutsche zum Briksdalsbreen fahren lassen. Der Weg ist recht steil.

Der Gletscherhahnfuß wurde schon in über 4000 m Höhe nachgewiesen (Blütezeit: Juli).

folgend über Hønefoss, Fagernes und Sogndal an. In Sogndal biegt man nach Gaupne ab. Von dort aus führt eine Stichstraße ins Jostedalen.

Reisezeit / Wetter
Die am besten geeigneten Jahreszeiten sind der Frühsommer und der Spätsommer ab Ende August. Zu diesen Zeiten hat man das günstigste Wetter. Die Hochsommerzeit ist oft niederschlagsreich.

Unterkunft
Direkt um den Jostedalsbreen herum gibt es nur wenige Übernachtungsmöglichkeiten: Elvekrok, Gjerde, Briksdal. In den größeren Orten findet man Hotels. Das freie Zelten ist entsprechend dem Jedermannsrecht erlaubt (Regeln beachten!), in den engen Tälern ist aber nicht leicht ein geeigneter Platz zu finden.

Blick in die Umgebung

Zwischen dem Jostedalsbreen und Jotunheimen liegt Breheimen. Dieses Gebiet umfaßt eine Vielzahl kleinerer Gletscher und bietet entsprechend vielfältige Wandermöglichkeiten (s. Nebenreiseziel 16).

22 Rondane-Nationalpark

Ältester Nationalpark Norwegens, gegründet 1962; teilweise alpiner Charakter, dabei mit einem für norwegische Verhältnisse trockenen Klima; an die Eiszeit erinnernde Ur-Erlebnisse in grüngrauen, von Flechten bewachsenen, weiten, geröllreichen Tälern.

Rondane – man könnte den Nationalpark wegen der im Gelände dominierenden Farbe auch den »grauen« nennen – liegt rund 300 km nördlich von Oslo, zwischen Gudbrandsdalen und Østerdalen. Der Nationalpark in den Provinzen Oppland und Hedmark ist das älteste Schutzgebiet mit diesem Status in Norwegen. Per königlichem Dekret wurde er 1962 eingerichtet. Seine Nord-Süd-Ausdehnung beträgt etwa 35 km, von Ost nach West mißt er etwa 20 km. Mit Höhenlagen von 880 bis 2178 m und wegen seines Geländeprofils hat der Park zumindest im Zentrum alpinen Charakter.
Der »graue« Park wirkt auf den ersten Blick eintönig und gleichförmig. Wenn man ihn aber erwandert, spürt man die Eiszeit, merkt fast den Druck des dicken Eises, das noch vor 6000 Jahren weite Teile der Rondane bedeckt hat. Die Berge sind zwar heute frei von Gletschern, aber das »Erlebnis Eiszeit« ist dennoch nach wie vor möglich. Im nordöstlichen Dørålen ragen steile Berge alpinen Charakters in den Himmel. Die Hänge sind sehr schattig und weisen wie die Täler nur geringe Vegetation auf, die sich zudem meist nur aus Flechten zusammensetzt. Diese Partien setzen sich nach Süden hin fort, bis in das Herz des Parks, das durch den Rondvatnet gebildet wird. Ost- und Nordostwärts des Kerngebietes der Rondane erreichen die Berge Höhen von bis zu 2178 m (Rondslottet). Die meisten Gipfel liegen hier über 2000 m hoch.

Das wilde, alpine Gebiet läßt der Wanderer bei Durchquerung des Illmanndalen hinter sich. Das Gelände wird sanfter. Ein weiter Horizont, Moorgründe und einige Birkenwäldchen im Vuludalen bedingen einen anderen, eigenen Fjellcharakter.
Geologisch ist das Gebiet der Rondane relativ einheitlich. Ein vor 600 Mio. Jahren vorhandenes Meer hat im gesamten Gebiet Sedimentgestein hinterlassen. Ausgangsmaterial für die Bodenentwicklung ist Sparagmit, eine Sandsteinformation, die praktisch nur in Norwegen vorkommt und Quarze und Feldspäte enthält.
Die vor allem im Vuludalen und im Gebiet Dørålen vorhandenen trichterförmigen Einbrüche sind durch Eisblöcke entstanden, die

Im Winter trägt das im Sommer graubraun gefärbte Alpenschneehuhn ein reinweißes Federkleid.

Ein Blick in Richtung Rondvassbu-Hütte (Bildmitte). Flechten bedecken über weite Strecken den Boden.

später als das zurückweichende Gletschereis geschmolzen sind (Toteiseinbrüche).
Die Rondane hat Menschen wohl nie so richtig angezogen. Lediglich im Illmanndalen bei Rondvassbu sind einige alte Fanganlagen (für Rentiere und Elche) aus der Steinzeit zu finden. Im selben Tal haben Jäger und Fischer auch Steinhütten gebaut, die aber immer nur zu kurzfristigen Besuchen gedient haben.

Pflanzen und Tiere

Aus den ungünstigen Bodenverhältnissen in der Rondane resultiert eine entsprechend arme Pflanzenwelt. In den alpinen Regionen gibt es praktisch nur Flechten (s. S. 125). Die Landkartenflechten mögen immerhin Fotografen reizen, wunderschöne Fotos sind möglich. Höhere Pflanzen gibt es kaum, le-

diglich der Gletscherhahnenfuß (S. 160) ist regelmäßig zu finden. Die Waldfläche nimmt nur einen Anteil von 25% ein, das entspricht etwa 10000 ha. Aber auch hier überwiegen die armen, flechtenreichen Gesellschaften mit Waldkiefer. Besseres Pflanzenwachstum bringen nur wenige kalkreiche Partien hervor. Hochstaudengesellschaften mit Nördlichem Eisenhut und Waldstorchschnabel, umgeben von Birken und bisweilen Espen, bestimmen hier das Bild. Wegen der schlechten Weidegründe sieht man Rentiere (S. 136) in der Rondane nur selten. Deshalb streift auch der Vielfraß (S. 19) das Gebiet nur. Durchaus häufig zu sehen ist der Rotfuchs, dessen Auftreten aber stark von der vorhandenen Nagetierpopulation abhängt. Wesentlich seltener als den Rotfuchs sieht man Schneehasen.
Artenreicher als die Säugetierfauna ist die Vogelwelt. Vor allem Heidelerche, Steinschmätzer und Schneeammer (S. 129) sind immer wieder zu beobachten. Alpenschneehühner dagegen sind schon viel seltener anzutreffen. Sie sind zudem scheu, was mit der derzeit noch erlaubten Jagd zusammenhängt, die im übrigen auch auf Schneehase, Rentier und Elch ausgeübt wird. Die wenigen Moore beherbergen einen kleinen Bestand an Rotschenkeln (S. 48) und Grünschenkeln (S. 145). In den Birkenwäldern im Vuludalen ist der Bergfink (S. 122) häufig.

Im Gebiet unterwegs

Wer einen »Vorstoß ins Eiszeitalter« unternehmen will, hat es in der Rondane einfach. Der Nationalpark ist als familienfreundlich einzustufen und – von wenigen Ausnahmen abgesehen – einfach zu begehen. Mautpflichtige Wege führen direkt bis an den Rand des Gebietes und ermöglichen so einfache, kurze Exkursionen.
1. Von Oslo (Süden) kommend, gelangt man über die E 6 ins Zentrum des Parks. In Otta fährt man etwa 400 m vor der Abzweigung ins Zentrum der Stadt rechts ab in Richtung Mysusæter. Hier nach Nordosten (links ab)

Das Gewöhnliche Fettkraut (Blütezeit: Juni) hat Fangblätter, auf denen Insekten kleben bleiben. Die Tiere werden auf der Blattfläche »verdaut«.

Landkartenflechten auf einem Felsbrocken.

Tiere im Hochgebirge

Wie die Pflanzen im Hochgebirge (s. S. 151), so zeigen auch die Tiere in diesem Lebensraum bestimmte Anpassungen an die herrschenden, teilweise extremen Lebensbedingungen. In den Höhen stellen sich Probleme des Überlebens vor allem im Winter. Da ist zum einen die Kälte, gegen die sich ein Tier schützen muß. Die Säugetiere wechseln deshalb im Herbst ihr Fell. Das dichtere Winterfell besitzt mehr und längere Haare als das Sommerfell, die gegen die Kälte wirksam schützen. Sie isolieren einfach besser, weil zwischen ihnen mehr Luft eingeschlossen werden kann.
Das zweite Problem ist der Nahrungsmangel. Einige Tiere stellen sich darauf so ein, daß sie zu Beginn des Winters Nahrungsvorräte anlegen. Andere verschlafen die nahrungsarme Jahreszeit einfach; sie verfallen in Winterruhe oder Winterschlaf. Wieder andere aber verlassen sich darauf, auch jetzt genügend Nahrung zu finden.
Das dritte Problem ist das der Tarnung. Auf der weißen Schneedecke ist ein dunkles Tier von Freßfeinden leicht zu sehen. Schneehase, Hermelin und Alpenschneehuhn tauschen deshalb ihr braunes Sommerkleid in ein weißes Winterkleid um, das allerdings zusätzlich für den Wärmehaushalt günstig ist.
Schließlich gibt es aber für die Tiere auch die Möglichkeit, in tiefer (bzw. südlich) gelegene, wärmere, schneeärmere und nahrungsreichere Zonen auszuweichen, und tatsächlich findet man bei verschiedenen Tierarten auch jahresperiodische Wanderungen.
Die Tiere im Hochgebirge haben also nicht nur die verschiedensten Anpassungen entwickelt, um an Ort und Stelle zu überdauern, sondern können ungünstigen Bedingungen auch ausweichen.

bis zum Parkplatz an der Grenze des Nationalparks. Zu Fuß weiter zur bewirtschafteten Rondvassbu-Hütte ① (dieser Weg ist auch für Rollstuhlfahrer geeignet). Die Hütte kann Ausgangspunkt für weitere Exkursionen in den Park sein, z. B. zum Rondslottet (etwas schwierig), nach Døràlen oder ins **Illmanndalen**. Lohnenswert ist eine Besichtigung der steinzeitlichen Fanganlagen im Illmanndalen ②. Auf dem Weg von Rondvassbu dorthin sollte man auf die Flechtenflora achten und auf Steinschmätzer und Blaukehlchen (S. 152), die hier brüten.
2. Auf der E 6 von Oslo kommend, in Ringebu auf die RV 220 Richtung Folldal abbiegen und bis Fisketjørn fahren. Hier der Ausschilderung nach Dørålsæter folgen (Mautstraße). Sobald die Straße das Waldgebiet verläßt und auf dem Fjell verläuft, kann man gut Goldregenpfeifer (S. 78), Bekassine, Rotschenkel (S. 48) und Sturmmöwe (S. 71) beobachten. Im Gebiet Dørålen dann die Toteiseinbrüche ③; hier auch Beobachtungsmöglichkeit vom Rauhfußbussard (S. 145).

Praktische Tips

Anreise
Der Rondane-Nationalpark ist von Oslo aus über die E 6 gut zu erreichen. Von der Europastraße führen Seiten- und Stichstraßen bis an die Grenzen des Parks. Von hier aus führen Wanderwege ins Zentrum.

Klima / Reisezeit
Die Rondane gilt als Schönwettergebiet. Wenn man von den alpinen Höhenlagen einmal absieht, entspricht die Niederschlagshöhe in etwa der Zentralspaniens. Lediglich 420–550 mm beträgt der durchschnittliche Jahresniederschlag. Hjerkinn, etwas nordwestlich vom Rondane-Gebiet gelegen, »glänzt« sogar mit nur 220 mm durchschnittlichem Jahresniederschlag und gehört damit zu den trockensten Orten in ganz Norwegen. Der regenreichste Monat ist der Juli. Die Winter sind schneereich.

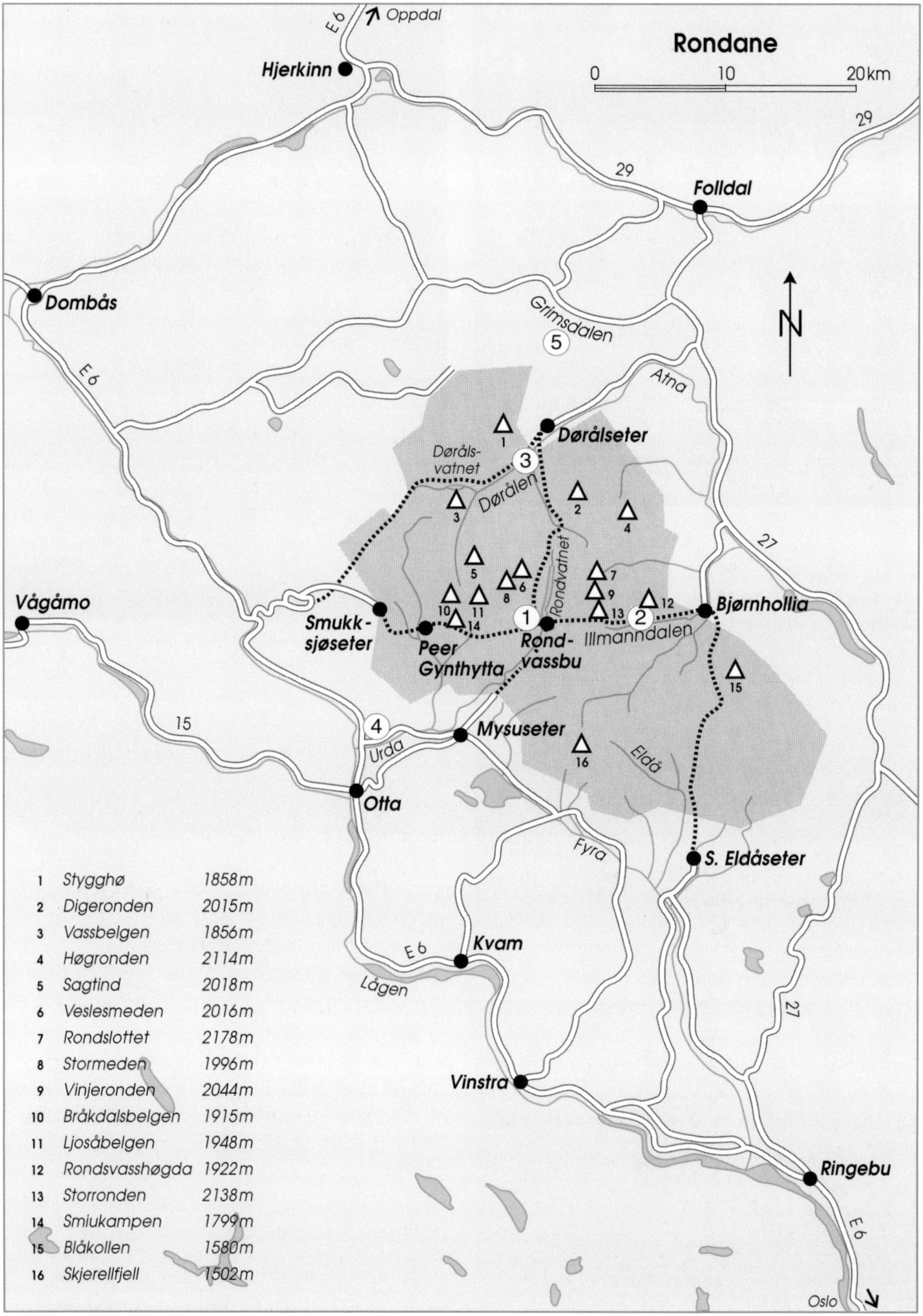
Rondane
0
10
20km
Oppdal
E6
Hjerkinn
29
29
Folldal
Dombås
Grimsdalen
5
E6
Atna
Dørålseter
Dørålsvatnet
3
Dørålen
Rondvatnet
27
Vågåmo
Smukksjøseter
Peer Gynthytta
1
Rondvassbu
Illmanndalen
2
Bjørnhollia
15
4
Mysuseter
Urda
Eldå
Otta
Fyra
S. Eldåseter
Kvam
E6
Lågen
27
Vinstra
Ringebu
E6
Oslo
1 Stygghø 1858m
2 Digeronden 2015m
3 Vassbelgen 1856m
4 Høgronden 2114m
5 Sagtind 2018m
6 Veslesmeden 2016m
7 Rondslottet 2178m
8 Stormeden 1996m
9 Vinjeronden 2044m
10 Bråkdalsbelgen 1915m
11 Ljosåbelgen 1948m
12 Rondsvasshøgda 1922m
13 Storronden 2138m
14 Smiukampen 1799m
15 Blåkollen 1580m
16 Skjerellfjell 1502m

Die Moorbirke wächst oft verzweigt und/oder krüppelig.

Flußuferläufer auf Nahrungssuche.

Steinschmätzer (Weibchen).

Durch lichten Kiefernwald geht der Blick über den Atnsjøen in das Parkgebiet hinein.

Wie in anderen Gebieten Norwegens, so gehört auch in der Rondane der Herbst zu den schönsten Wanderzeiten. In dieser Zeit ist die Beobachtung von Rentieren auf ihrer Wanderung zu den Winterweiden möglich. Skiläufer finden in der Rondane hervorragende Bedingungen vor. Am besten geeignet sind die Monate März und April. Dann bestehen Chancen, Alpenschneehuhn und Schneehase im weißen Winterkleid zu sehen.

Unterkunft
Freies Zelten im Park ist möglich. Sonst findet man Campingplätze, Hütten und Hotels vor allem entlang der E 6. Das größte Angebot bieten die Zentren Otta, Ringebu und Vinstra.

Blick in die Umgebung

Von Lillehammer bis Dombås wird der Rondane-Nationalpark im Westen vom **Gud-**

Schneehase im Winterfell, im Sommer ist das Fell hellbraun.

Die »weißgekleideten Priester« im Uladalen.

brandsdalen begrenzt, einem der ältesten und am intensivsten genutzten Landschaftsteile Norwegens. Das Tal ist von reizvoller Vielfalt und weist neben den vielen landwirtschaftlichen Betrieben auch stille Gebiete auf (s. Foto S. 16).
Etwa auf Höhe des Campingplatzes Øya ein paar Kilometer nördlich von Otta geht rechts ein Nebenweg ins **Uladalen**. Hier sind die »Kvitskriuprestene« ④ – was so viel heißt wie »weißgekleidete Priester« – zu sehen. Es handelt sich um Erdpyramiden, die im Norden eine Rarität und in Europa sonst nur in den Alpen (z. B. in Südtirol) zu finden sind. Der Mautweg von Tofte (an der E 6) nach Holen (an der RV 27) durch das **Grimsdalen** ⑤ bietet dem Vogelfreund die Möglichkeit, Steinadler, einige Limikolenarten, Sumpfohreule (S. 93) und Wasseramsel (S. 200) zu beobachten. Auf den höher gelegenen Flächen der Ostseite ist der Goldregenpfeifer (S. 78) recht häufig.

23 Gutulia-Nationalpark

Nationalpark mit Fichtenbeständen von urwaldähnlichem Charakter; östlichste natürliche Fichtenbestände Norwegens; extrem trockene Kiefernwälder; ausgeprägt kontinentales Klima.

Mit nur 19 km² Fläche ist Gutulia neben Ormtjernkampen der zweite kleine Nationalpark Südnorwegens. Der Park liegt im Norden des Østlandet, zwischen der südlichen Spitze des Femund-Sees und der schwedischen Grenze, die zugleich die Ostgrenze des Parks bildet. Bereits 1916 wurde das Gebiet um den Gutulivola Schutzzone, d. h. das vom Menschen weitgehend unberührte Waldgelände wurde von jeglicher weiteren Nutzung ausgenommen.
Der Boden in Gutulia entwickelte sich vor allem aus Quarzit und Feldspat, ist also nicht sehr fruchtbar. An einigen Stellen ist der Boden allerdings einigermaßen kalkreich, und die Vegetation ist entsprechend üppiger.

Das Geländeprofil im Park ist durch die Eiszeit gerundet. Moränenbänke sind häufig. Von dem im Zentrum liegenden Gutulivola (948 m) aus bekommt man einen guten Überblick über das ganze Gebiet. Zwischen Gutulivola und Gutulisjøen hat sich ein sehr trockener, offener Kiefernwaldtyp entwikkelt. Am Osthang des Gutulivola dagegen herrscht ein geräumiger, mit Hängebirke gemischter Fichtenwald mit sehr hohem Totholzanteil vor. Der Nordosten des Parks weist einen reichen Birkenbestand mit nur wenig Nadelbäumen auf. Hinzu treten Saumgesellschaften, in denen Erlen reichlich vertreten sind.

Pflanzen und Tiere

Urwälder dominieren im Park. Sowohl in den Fichten- als auch in den Kiefernbeständen findet man schöne Bäume, die bis 400 Jahre alt sein sollen. Wer Skandinavien kennt, weiß, daß in Anbetracht der gewalti-

Bruchwasserläufer auf seiner Warte.

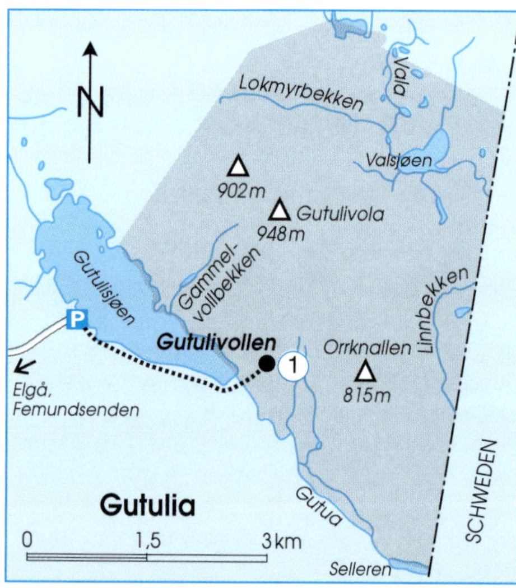

Um die Sennerei Gutulivollen herum lassen sich verschiedene Vogelarten beobachten.

gen Forstäcker ein solcher Anblick nicht gerade häufig ist. Im Park sind 250 Arten von Gefäßpflanzen nachgewiesen, als Seltenheit darunter der Widerbart, eine der schönsten europäischen Orchideen.
Der Park hat einen guten Bestand an Elchen. Man muß aber in der Dämmerung und nachts unterwegs sein, um sie beobachten zu können. Zu sehen sind weiter Rotfuchs und Dachs. Auch eine reichhaltige Vogelwelt lebt hier. Herauszuheben ist das Auerhuhn. Ein Vorkommen liegt direkt an der Sennerei Gutulivollen. Im ganzen Gebiet häufig und schön zu sehen ist der Unglückshäher. Daneben sind zahlreich Buntspecht, Trauerschnäpper, Waldlaubsänger, Tannenmeise, Bergfink (S. 122) sowie Ringdrossel (S. 121). Seltener, aber mit etwas Glück durchaus zu beobachten ist das Birkhuhn (S. 175). Eine Rarität dagegen ist der Rauhfußkauz, der ebenfalls im Park brütet. Der Vogelfreund sollte sich besonders um den Valsjøen herum umsehen, wo er eine besonders reiche Vogelfauna erwarten kann, darunter den Bruchwasserläufer und andere Limikolen.

Im Gebiet unterwegs

Vom Parkplatz am See aus muß ein Fußweg genommen werden, der in östliche Richtung zur Sennhütte **Gutulivollen** ① führt. Die Hütte ist für Touristen noch in Betrieb, und man erhält dort bereitwillig Auskunft über das Gebiet des Nationalparks. Auch Fragen nach Pflanzen und Tieren finden hier eine Antwort. Bevor man den Park weiter erwandert,

Ein seltener Brutvogel des Parks ist der Rauhfußkauz.

Der Unglückshäher ist dagegen gut zu beobachten.

Das Moosglöckchen trägt seinen wissenschaftlichen Gattungsnamen nach dem Naturforscher Carl von Linné.

was ohne Probleme möglich ist, kann man sich bei der Sennerin auch noch Kaffee oder ein einfaches Gericht geben lassen. Im Park gibt es keine markierten Wanderwege, und der Naturfreund muß selbst seine Route wählen (dabei bitte auf die Vegetation achten!).

Praktische Tips

Anreise

Die Anreise erfolgt am besten von Koppang/Åkrestrømmen aus über die RV 217 bis Femundsenden bzw. »Femund Feriesenter«. Dort biegt man links ab nach Elgå und fährt bis zum Schild »Gutulia«, das etwa auf halbem Weg zwischen Femundsenden und Elgå steht. Von hier aus führt eine Schotterpiste (mit PKW problemlos zu befahren) bis zum Parkplatz am Gutulisjøen.

Klima / Reisezeit

Der Osten Norwegens ist von kontinentalen Klimaeinflüssen geprägt. Die Sommer sind recht warm und trocken. Das Thermometer klettert häufig auf 25 °C und mehr. Der niederschlagsreichste Monat ist der August. Die Winter sind trocken, schneearm und »sibirisch« kalt; Temperaturen von −40 °C sind nicht selten. Für einen Besuch des Nationalparks bieten sich vor allem Juni und Juli an.

Unterkunft

Außer im eigenen Zelt, bestehen im Park selbst keine Übernachtungsmöglichkeiten. Im »Femund Feriesenter« oder in Elgå dagegen findet man Campingplätze und Hütten.

Blick in die Umgebung

In der näheren Umgebung von Gutulia sieht man häufig domestizierte und deshalb recht vertraute Rentiere (vorsichtig fahren, wenn die Tiere an der Straße weiden; S. 222!). Ornithologisch sehr interessant ist das **Naturschutzgebiet Galtsjøen**, etwa 6 km südwestlich von Femundsenden. An diesem See brütet u. a. der Prachttaucher (S. 68).

24 Femundsmarka-Nationalpark

Einer der unberührtesten Nationalparks in Südnorwegen mit ursprünglichen Baumbeständen und einer Vielzahl fisch- und vogelreicher kleiner Seen; lange jagdliche Geschichte.

Sehr weit im Osten Norwegens, zwischen Femund-See und schwedischer Grenze, etwa 20 km südöstlich von Røros liegt das 390 km^2 große Naturresevat Femundsmarka. Es wurde 1971 mit dem Schutzstatus eines Nationalparks versehen. Ein etwa 3 km breiter Streifen zwischen dem Femund und der Grenze zum Nationalpark ist Landschaftsschutzgebiet. Es dient als ökologische Pufferzone, in der diverse Aktivitäten erlaubt sind, die Landschaft aber im Prinzip nicht verändert werden darf. Dies betrifft vor allem die Land- und Forstwirtschaft.

Der wellige, im mittleren und nördlichen Teil seenreiche Park ist geologisch sehr homogen. Der Untergrund besteht im Süden und Norden aus Granit. Nur in einem kleinen Gebiet im mittleren Nordteil hat sich der Boden aus Gabbro entwickelt. Gabbro ist vulkanischen Ursprungs und verwittert auf Grund seines Basengehaltes zu fruchtbaren Böden. Auch der Boden im Røvollen-Gebiet ist aufgrund des kalkhaltigen Ausgangsge-

Die sonst ruhig dahinfließende Røa gibt sich bei Røvollen recht temperamentvoll.

So wandert man hier: ein Steg über die Røa.

steins deutlich fruchtbarer als der in den übrigen Teilen des Parks. Vor allem ist dies am Nedre Muggsjøen der Fall.
Seine Oberflächenform hat der Park durch die Tätigkeit von Gletschern erhalten. An den deutlich erkennbaren, in nordwestlicher Richtung verlaufenden Moränenrücken kann man die frühere Wanderrichtung der Gletscher bzw. die Abflußrichtung des Schmelzwassers heute noch nachvollziehen.
Der vom Menschen weitgehend unberührte Park bietet im Süden keine großen Sehenswürdigkeiten. Eine trostlose Steinwüste mit sanften Steigungen prägt hier das Gelände. Eine Ausnahme ist das Revlingdalen mit einem recht großen Birken-Kiefern-Waldgebiet. Jenseits der Bezirksgrenze Hedmark/Sør Trøndelag, die etwa in der Mitte des Parks verläuft, ändert sich das Bild völlig. Lichte, scheinbar endlose Wälder mit zahlreichen Baumriesen und eine Unzahl von großen und kleinen Seen, Bächen und Flüssen mit ihren besonderen Lebensbedingungen führen zu einem völlig gegensätzlichen Landschaftsbild. Hier ist die Orientierung im Gelände oft schwierig, vor allem weil man häufig die Richtung ändern muß. Der flache, mittlere Teil des Nationalparks endet etwa an der Røa, einem teilweise recht wilden Fluß, der aus dem schwedischen Rogengebiet kommt. Nach Norden hin steigt das Gelände wieder an. Seen und Moorgebiete prägen nun die Landschaft. Der Nordteil ähnelt wieder mehr dem Süden des Parks.
Die beherrschenden Höhen im Nationalpark sind der Store Svuku (1415 m) und der Grøthogna (1401 m). Beide Berge sind kahl und erlauben einen weiten Rundblick über die gesamte Femundsmarka.
Das Gebiet der Femundsmarka hat eine lange Besiedlungsgeschichte. Der Grund liegt in dem Fischreichtum der Gewässer und dem guten Wildbestand. Bei Røa sind noch Reste alter Rentier-Fanganlagen zu sehen, die wahrscheinlich aus der Steinzeit stammen. Mitte des 17. Jh. haben Rentierzüchter und Jäger erste Siedlungen im Gebiet angelegt. Diese Besiedlung fällt zusammen mit der ersten nennenswerten Kupfergewinnung um Femundshytta herum. Zeitgleich setzte auch eine erste Periode der Verwüstung der Wälder ein. Mitte des 19. Jh. erreichte die Nutzung der Kiefernbestände dann ihren Höhepunkt. Für die Holzdrift wurden zahlreiche Kanäle gebaut, die teilweise immer noch zu sehen sind. Das Gebiet des heutigen Nationalparks blieb von diesen Maßnahmen verschont, da er recht unzugänglich war. Deshalb herrschen dort auf großer Fläche noch nahezu ursprüngliche Verhältnisse.

Pflanzen und Tiere

Für den Pflanzenfreund hat die Femundsmarka leider in vielen Bereichen nicht sehr viel zu bieten. Die kahlen Hochflächen sind nur mit Flechten und Besenheide (S. 26) bewachsen. Das Bild ändert sich jedoch abrupt, wenn man in die gewässerreichen Gebiete vordringt. Die dominierende Pflanzengemeinschaft ist hier ein lichter Kiefernwald mit je nach Wasserhaushalt mehr oder weniger hohem Birkenanteil. Einen starken Eindruck hinterlassen die alten, abgestorbenen Kiefernriesen und die knorrigen, noch stehenden Exemplare. Auf den feuchteren Standorten wechselt die sonst herrschende arme Begleitflora in eine reichere Pflanzengemeinschaft mit Hochstauden wie Waldstorchschnabel und Alpen-Milchlattich. Längs der Røa und am Nedre Muggsjøen ist dies gut zu sehen. Hier ist auch das Gefleckte Knabenkraut zu finden.

Eine Besonderheit des Nationalparks ist die Wolfsflechte, die bereits Carl von Linné als hochgiftig beschrieben hat. Ihr Name besteht übrigens zu Recht: Die Samen haben die

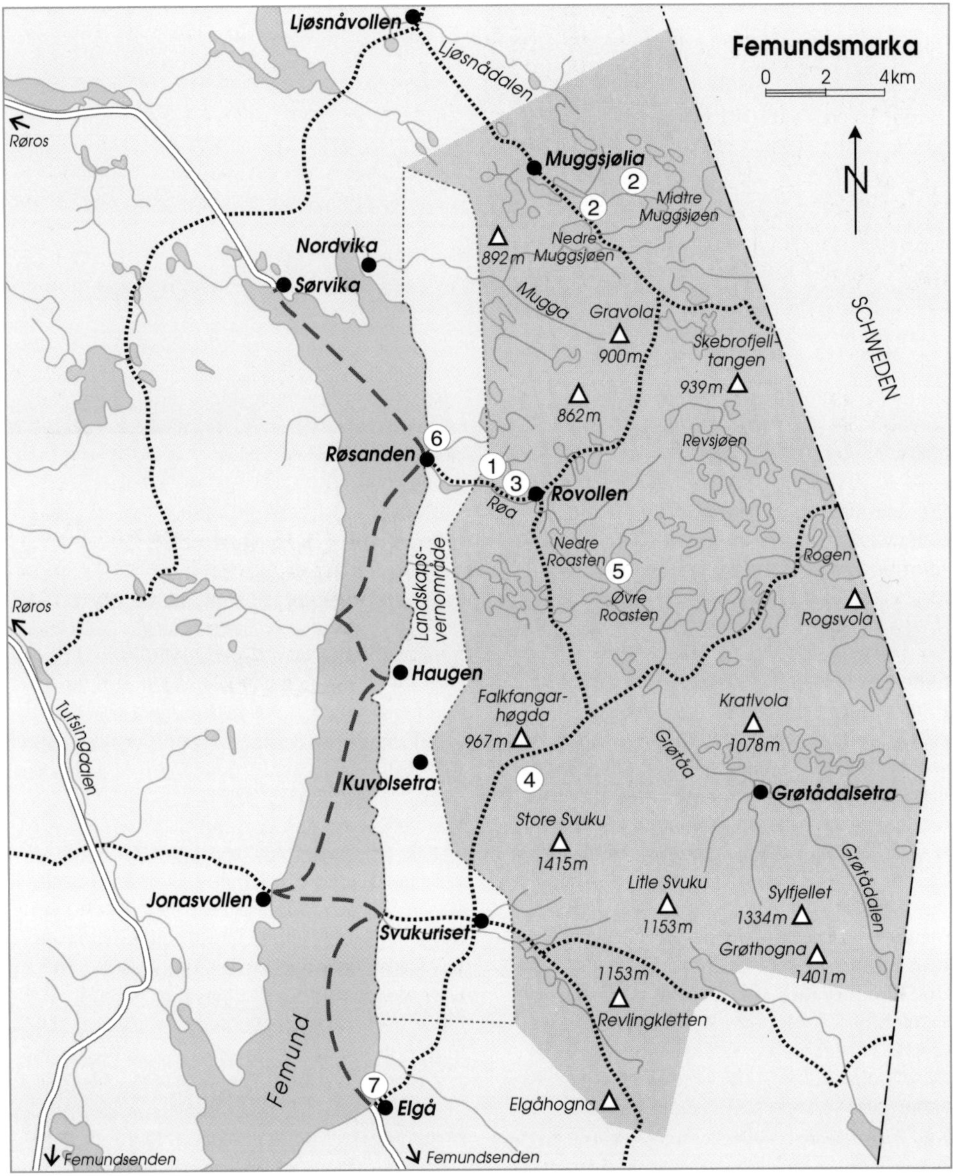

Morgenstimmung an einem See im mittleren Teil des Nationalparks.

Flechten früher in Fettklumpen gewickelt und mit diesen Ködern die ihre Rentiere gefährdenden Wölfe vergiftet. Nebenbei gelangten sie auf diese Weise auch an die für Wölfe ausgesetzten Prämien und an die Felle der Tiere.

Selten zu sehen, aber eine stabile Population bildend, sind die rund 30 Moschusochsen (S. 186), die durch natürliche Abwanderung vom Dovrefjell hierhergekommen sind. Im Sommer halten sich die Tiere vor allem um die Muggsjøen-Seen ② herum auf, im Winterhalbjahr wandern sie jedoch hinüber auf die schwedische Seite des Fjälls (Richtung Funäsdalen).

Das Seengebiet im Herzen des Parks ist reich an Elchen. Die hier ebenfalls zu beobachtenden Rentiere (S. 136) gehören zum domestizierten Typ. In neuerer Zeit haben sich an der Røa unterhalb von Røvollen ③ wieder Biber angesiedelt. Die Tiere sind aber äußert scheu und schwer zu beobachten (s. S. 176).

Falkfangarhøgda (»Falkenfanghöhe«) ④ ist die Bezeichnung für eine Anhöhe (967 m) im Südwesten des Nationalparks. Der Name läßt auf einen guten Bestand an Falken (Wanderfalke und Gerfalke) schließen. Das ist sicher zur Blütezeit des Falkenhandels der Fall gewesen, denn von hier aus sind große Mengen der herrlichen Vögel an die mitteleuropäischen Herrscherhäuser gegangen. Heute brütet nur noch der Merlin, alle anderen Greifvögel sind selten. Hin und wieder sieht man Rauhfußbussard (S. 145) und Fischadler (S. 68) jagen.

Die Seen sind naturgemäß vogelreich, und vor allem an den Røasten-Seen ⑤ bestehen gute Beobachtungsmöglichkeiten. Neben verschiedenen Entenarten brütet der Prachttaucher (S. 68). Der Fischreichtum, der den Fischadler anzieht, bildet auch die Ernährungsgrundlage für Gänsesäger (S. 200), Fluß- und Küstenseeschwalben (S. 24).

In den größeren Moorgebieten ziehen Kraniche ihre Jungen auf. Sie sind in Norwegen besonders geschützt und dürfen während der Brutzeit nicht gestört werden. Daran sollten Tierfotografen denken, gerade die aus frem-

den Ländern! Auf den kleineren Moorflächen sind Grünschenkel (S. 145) nicht selten.
In den alten Kiefernwäldern mit den vielen morschen und hohlen Bäumen lebt der Dreizehenspecht. Der Vogel ist aber relativ schwer zu beobachten. In den Nadelmischwäldern mit mindestens 30% Altholzanteil, wo zudem etwa 60% des Bodens mit Beerensträuchern (vor allem Heidelbeere) bedeckt sind und in der Nähe die Möglichkeit zur Aufnahme von Steinchen in den Magen besteht, hält sich eine stabile Auerhuhnpopulation. Im Winter besteht die Nahrung der großen Hühnervögel bevorzugt aus Kiefernnadeln.
In den blockreichen Hügellandschaften lebt als naher Verwandter des Auerhuhns das Alpenschneehuhn (S. 161; im Sommerkleid graubraun, im Winterkleid weiß) und auch die Schneeammer (S. 129). Goldregenpfeifer (S. 78) und vor allem Mornellregenpfeifer (S. 182) sind in den noch höheren, baumfreien und daher übersichtlichen Lagen anzutreffen.

Ein Tannenhäher öffnet einen Kiefernzapfen.

Mit aufgestelltem Schwanz und hängenden Flügeln balzt der Birkhahn. Die Balz läuft am frühen Morgen ab.

Im Gebiet unterwegs

In der Femundsmarka ist der Tourenwanderer gefragt. Es gibt im Park keinerlei Straßen, man kann sich das Gebiet nur zu Fuß erschließen. Allerdings hat der Park keine Extreme zu bieten, er gilt als familienfreundlich, und in der Tat läßt sich in den teilweise brettebenen Fjellgebieten sehr gut wandern. Lediglich der mittlere Teil verlangt erhöhte Aufmerksamkeit bei der Orientierung, sonst verfehlt man im Seengewirr leicht den richtigen Weg.
Eine schöne Tour beginnt in **Røsanden** ⑥. Von dort geht man den Fluß hinauf nach Røvollen, das man in etwa 1½ Stunden erreichen kann (unterwegs auf die Fraßspuren, Burgen und Dämme des Bibers achten!). In der unbewirtschafteten **Røvollen-Hütte** ③ kann man übernachten und von dort aus dann Tagesausflüge in das Seengebiet unternehmen. Gute Beobachtungsmöglichkeiten von Elch, Rentier, Biber (zumindest Fraßspu-

Die Sibirische Aster blüht im Juli/August.

Biber

Die Verbreitungskarte des Bibers in Europa weist große Lücken auf: Neben kleinen, voneinander entfernten Gebieten im mittleren und südlichen Europa kann man das Tier noch in größeren, zusammenhängenden Gebieten Süd- und Mittelskandinaviens antreffen. Wegen seines kostbaren Pelzes hat man diesen größten europäischen Nager – er kann immerhin 90 cm lang und 35 kg schwer werden – lange Zeit rücksichtslos bejagt. Hinzu kamen in Mitteleuropa die unseligen Flußbegradigungen und die Abholzung der Weichhölzer in den für den Biber lebensnotwendigen Auwäldern entlang der Flüsse. So kommt der Biber heute nur noch in Resten des früheren, ungleich viel größeren Verbreitungsgebietes vor. Dies wird sich aber zukünftig in Maßen ändern, denn an geeigneten Stellen versucht man, Biber wieder gezielt einzubürgern.
Da Biber vorwiegend nachtaktiv sind, sieht man die Tiere selbst recht selten. Durch die Spuren ihrer Nagetätigkeit – angenagte oder gefällte Bäume – wird man aber auf Vorkommen hingewiesen. Und wenn die Tiere auch oft lediglich Höhlen in die Ufer graben, meist mit einem Unterwasserzugang, so legen sie doch auch oft große, nicht zu übersehende Burgen aus Ästen und feinen Zweigen an. Zur Wasserstandsregulierung des Wohngewässers werden zudem Knüppeldämme angelegt, die dem Beobachter ebenfalls sofort auffallen.
Die Paarungszeit der Biber liegt im Februar und März. Nach einer Tragzeit von rund 100 Tagen werden 2–3 Junge geboren, die lange bei den Eltern bleiben und erst mit 4 Jahren geschlechtsreif werden.

ren), Limikolen, Auer- und Birkwild, im Kiefernwald von Dreizehenspecht und Unglückshäher (S. 170). Entlang der Røa sind alte Holzdriftanlagen zu sehen.
Der Südteil ist weniger reizvoll. Er ist einfach zu erwandern. **Elgå** ⑦ ist ein guter Ausgangspunkt.

Praktische Tips

Anreise
Die Anreise erfolgt im allgemeinen über die E 6 von Oslo aus. In Hamar dann auf der RV 25 weiter nach Nordosten. Bei Nybergsund auf die RV 26 wechseln und bis Femundsenden fahren. Von dort geht es weiter in Richtung Elgå. Auf dieser Route erreicht man gut das Südende des Nationalparks.
Die Anfahrt zum Nordende erfolgt über Røros. Von Tynset kommend, biegt man vor dem Ortseingang von Røros rechts ab nach Sørvika. Von hier aus bringt einen das Schiff »Femund II« (mit Fahrrad, Kanu/Kajak, aber ohne Auto!) nach Røsanden. Von dort geht es zu Fuß weiter oder mit dem Kanu/Kajak.

Klima / Reisezeit
Das Klima entspricht etwa dem des Gutulia-Nationalparks (s. S. 170). Das Niederschlagsmaximum liegt im Femundsmarka-Nationalpark jedoch im Juli. Für einen Besuch des Gebietes bieten sich daher der Juni und August/September an.

Unterkunft
Abgesehen von der bewirtschafteten Hütte Svukuriset und der Selbstversorgungshütte Røvollen bleibt nur das Zelt, wenn man im Nationalpark übernachten will. Außerhalb des Parks findet man in Elgå und Langen oder – weiter entfernt – in Røros und Femundsenden (»Femund Feriesenter«) Campingplätze und Hütten.

Blick in die Umgebung

Der Besucher sollte nicht verpassen, sich die Stadt **Røros** mit ihren alten Kupfergewin-

Der Dreizehenspecht ist ein typischer Bewohner der Nadelwälder des Nordens.

Das Einseitige Wintergrün blüht im Juli.

nungsanlagen anzusehen. Auf den Abraumhalden finden Mineraliensammler ein reiches Betätigungsfeld. Die Umgebung der Stadt bietet darüber hinaus noch einige lohnenswerte Ziele. So ist der **Aursunden**, ein Stausee mit einem Ausfluß zur Glåma hin, ein wichtiges Rastgebiet für die im Frühjahr zurückkehrenden Brutvögel. Vor allem sind Singschwan (S. 116), Reiherente (S. 39), Pfeifente, Krickente (S. 40), Waldwasserläufer, Rotschenkel (S. 48), Grünschenkel (S. 145) und Kranich zu beobachten. Bei **Sakrisodden** – ebenfalls am Aursunden – liegt das einzige Vorkommen der Sibirischen Aster in Europa außerhalb der Halbinsel Kola. Die Fläche wurde zwar künstlich ausgedehnt, die ältesten Pflanzen haben hier aber am natürlichen Standort überdauert. Insgesamt bietet die Femundsmarka mit ihren fischreichen Seen gute Angelmöglichkeiten (Forelle, Hecht).

Den Biber bekommt man nur schwer zu sehen.

Fraßspuren, insbesondere in typischer Weise benagte und gefällte Baumstämme, weisen auf das Vorkommen des Bibers hin.

25 Dovrefjell-Nationalpark

256 km² großes Hochfjellgebiet mit einem breiten Spektrum norwegischer Flora und Fauna – bis hin zum urtümlichen Moschusochsen; für die Norweger geschichtsträchtiger Name.

Der Dovrefjell-Nationalpark liegt nordöstlich von Dombås mitten in der Verengung des norwegischen »Beutels«. Der wohl interessanteste Hochgebirgspark Südnorwegens wurde per königlichem Dekret am 21. Juni 1974 zum Nationalpark erklärt. Damit ist ein Refugium für seltene Pflanzen und Tiere unter Schutz gestellt, wie es in Südnorwegen einmalig ist. Denn menschliche Einflüsse waren hier weitgehend ausgeblieben und sind nun auch für die Zukunft weitgehend ausgeschlossen, sieht man einmal vom Tourismus ab.
Die geologischen Verhältnisse im Nationalpark weisen ein breites Spektrum auf und wechseln kleinräumig. Im Westteil des Parks finden wir ältere Sandsteinformationen, Gneise und Glimmerschiefer. Im Osten hat sich der Boden in erster Linie aus vulkanischem Gestein und aus Sedimenten entwikkelt. Auf Böden, die aus kalkreichen Schiefern hervorgehen, gedeiht ein üppiges Pflanzenleben.
Während der letzten Eiszeit ist nahezu das gesamte Gebiet des Nationalparks von Gletschern bedeckt gewesen. Heute wird es deshalb auf großen Flächen von **Moränen** geprägt. Besonders am Zusammenfluß von Stropla und Kaldvella fällt eine große Moränenzunge auf. Westlich und nördlich vom Kaldvellsjøen sind ausgeprägte **Toteiseinbrüche** zu sehen. Im Ostteil des Parks sind sogenannte **Palsamoore** mit einem mehr oder weniger starken permanenten Eiskern im Untergrund zu sehen. Dieser Moortyp ist in Südnorwegen selten und sonst nur noch im äußersten Norden des Landes zu finden.
Nur im Westen des Parks, im Bereich des **Snøhetta** (mit 2286 m übrigens der höchste Berg des Dovrefjells) kann man dem Gebiet alpinen Charakter zuschreiben. Der Rest ist deutlich von der Eiszeit erodiert und nicht so extrem, was das Relief betrifft.
Der Nationalpark wird im Osten durch das **Drivdalen** mit der darin verlaufenden E 6 und der Bahnlinie Olso – Bodø unterbrochen. Der Bereich westlich und östlich der beiden Verkehrswege ist heute Landschaftsschutzgebiet. Auch in historischer Zeit ist das Tal die wichtigste Süd-Nord-Verbindung in dieser Region Norwegens gewesen. Davon zeugen Reste alter Straßen, die heute noch zu sehen sind, so der berühmte Vårstigen. Seine ältesten Abschnitte sind schon um das Jahr 1200 n. Chr. angelegt worden. Der Nationalpark

Kongsvoll an der E 6.

Blick auf den Snøhetta von Snøheim aus. ▷

Ohrenlerche.

selbst ist aber nie von Menschen besiedelt worden, es sind lediglich einige alte jagdliche Einrichtungen zu sehen (z. B. im Kaldvelldalen). Das Gebiet ist auch heute noch wildreich.
Das Dovrefjell hat für jeden Norweger eine besondere historische Bedeutung. Nach der Auflösung der Union mit Dänemark erklärte sich Norwegen am 17. Mai 1814 (Nationalfeiertag) für selbständig. Die Vertreter der Bezirke des Landes schworen auf der verfassungsgebenden Versammlung in Eidsvoll mit der berühmten Formel »Enige og tro til Dovre faller« (»Einig und treu, bis die Berge von Dovre verschwinden«) Einigkeit.

Die Zwergbirke wird etwa kniehoch und blüht im Mai. Die rundlichen Blätter färben sich im Herbst rot.

Pflanzen und Tiere

Das Gebiet um die Knutshøa und das Drivdalen werden als die »Wiege der norwegischen Pflanzengeographie« betrachtet. Die Botanik hat in der Tat eine gut 200jährige Tradition im Gebiet. Prof. Oeder beschrieb 1756 erstmalig das hier vorkommende Bunte Läusekraut (auch: Braunspitziges Läusekraut; S. 134). In diesem Teil des Dovrefjells wachsen mehrere Pflanzenarten, die die letzte Eiszeit hier überlebt haben müssen, z. B. die Rundblättrige Glockenblume und der Norwegische Beifuß. Zu den auffälligsten und auch häufigsten Pflanzen zählt die schon früh im Jahr blühende Frühlingsküchenschelle (S. 152), die um Kungsvoll und entlang der oberen Driva reichlich zu finden ist. Insgesamt sind hier 420 Arten höherer Pflanzen nachgewiesen worden – ein reiches Betätigungsfeld für Pflanzenfreunde.
Hochwald ist im Gebiet des Nationalparks Dovrefjell nicht zu finden. Um den Unterlauf der Kaldvella herum gibt es immerhin einen kleinen Birkenwald. Im nördlichen Teil des Landschaftsschutzgebietes Drivdalen findet man ebenfalls niedrigen Birkenwald. Entlang der Driva fällt die rote Gebirgsflechte auf. Sie weist auf mineralreichen Boden hin, auf dem meist eine artenreiche Flora zu finden ist.
An Tieren kann der Wanderer immer wieder Herden wilder Rentiere (S. 136) sehen, die allerdings wegen der noch stattfindenden Bejagung sehr scheu sind. Der Bestand innerhalb des Nationalparks liegt bei etwa 1500 Tieren. Der Vielfraß (S. 19), ewiger Begleiter der Rentiere, muß hier im Gegensatz zur Hardangervidda und zur Rondane als vergleichsweise häufig eingestuft werden, auch wenn sein Bestand auf lediglich 12 Paare geschätzt wird. Der große Marder ist extrem scheu und nur mit viel Glück (und auch dann nur auf große Entfernung) zu beobachten. Weitere Raubtiere des Parks sind Eisfuchs (S. 139) und Rotfuchs. Der Rotfuchs verdrängt leider den kleineren Verwandten immer mehr. Beide Arten leben in erster Linie von Mäusen, Lemmingen (S. 137) und ande-

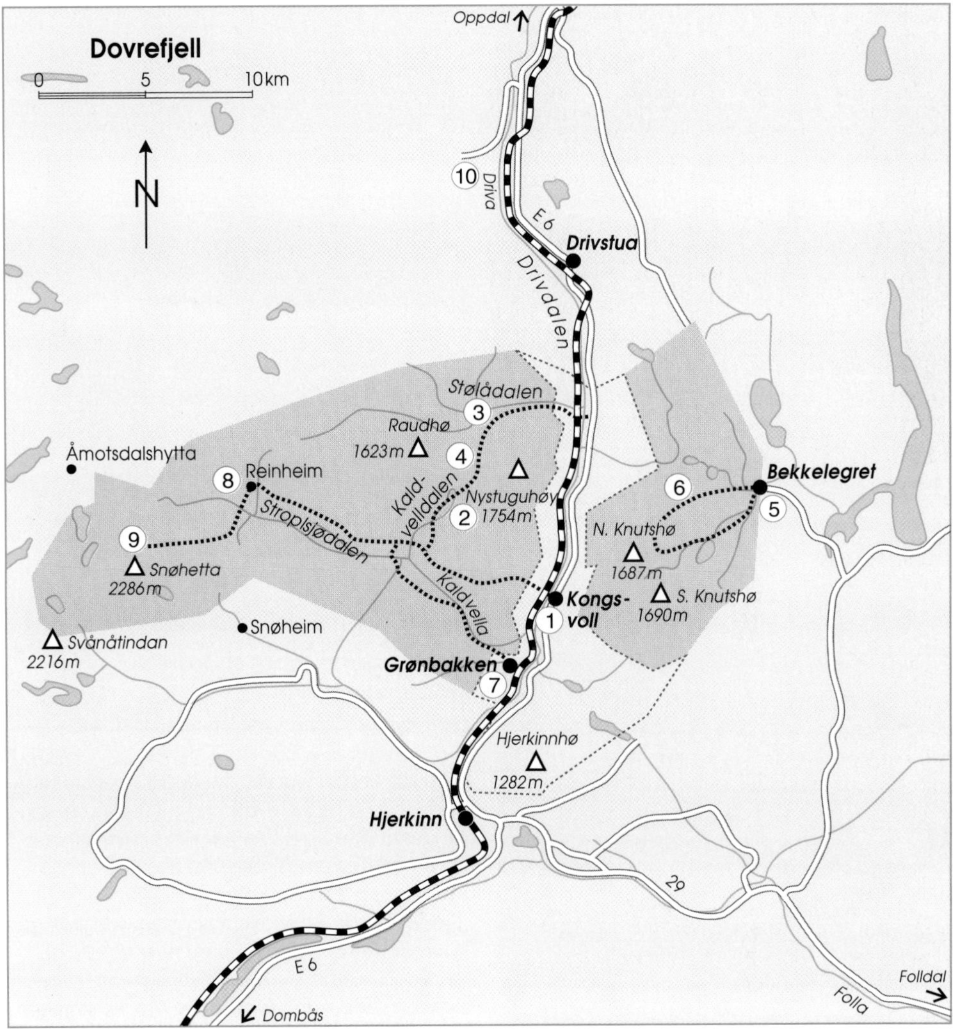

ren Nagetieren. Die Beutetiere machen periodische Bestandsschwankungen durch, und wenn sie in Massen auftreten, sind die Räuber entsprechend häufiger als in den anderen Jahren. Auch das Hermelin kommt im Park vor; es ist ebenfalls von Nagetieren als Beute abhängig.

Das Dovrefjell ist eine der ganz wenigen Stellen in Europa, wo heute freilebend Moschusochsen vorkommen (s. S. 184). Zwar haben bis zur letzten Eiszeit schon Moschusochsen hier gelebt, aber nach dem Abtauen des Eises sind die Tiere nicht wieder in das Gebiet eingewandert. 1930 jedoch hat man einige Tiere aus Grönland ausgesetzt. Die Population hat sich auch gut vermehrt, wurde aber während des 2. Weltkriegs ausgerottet. In den Jahren 1947 bis 1953 wurden dann wieder 23 Tiere aus Ostgrönland ausgesetzt, von denen 1953 noch 10 bis 12

Fjordpferde, im Hintergrund der Snøhetta.

Links: Mornellregenpfeifer.

Links unten: Roter oder Gegenblättriger Steinbrech.

Tiere am Leben waren, die den Grundstock für die heute recht stabile Population von ca. 50 Tieren bildeten. Ein Teil der Herde ist vor Jahren in die Femundsmarka abgewandert und vermehrt sich dort gut. Natürliche Feinde haben die Moschusochsen auf dem Dovrefjell nicht, der Bestand wird aber immer wieder durch schneereiche Winter und andere Wetterunbilden dezimiert. So starben 1978 12 Tiere durch Blitzschlag.
Die Vogelwelt des Dovrefjells ist artenreich. Steinadler gehören fast zum täglichen Bild. Daneben kommen an Greifvögeln noch Rauhfußbussard (S. 145), Habicht, Turmfalke und Merlin vor. Sogar der seltene Gerfalke ist zu beobachten. In nagetierreichen Jahren brütet die Schnee-Eule (S. 139) auf dem Fjell, sie ist aber sehr selten. Häufiger und regelmäßig brütet die Sumpfohreule (S. 93). In den Weidengebüschen – etwa längs der Kaldvella – sieht man Spornammer und Blau-

Bei –30 °C im winterlich vereisten Kaldvelldalen unterwegs zu sein, ist nicht jedermanns Sache.

Rechts: Karlszepter, ein Läusekraut (Blütezeit: Juli).

kehlchen (S. 152). Auf den steinigen Bergmatten in diesem Teil des Nationalparks brütet auch die Ohrenlerche. Zu einer Wanderung in der Bergtundra gehören als Begleitmusik die klagenden Flötenrufe der Goldregenpfeifer (S. 78). Der Mornellregenpfeifer dagegen ist nur schwer zu finden. Weiter kommen im Park beide in Skandinavien brütenden Schneehuhnarten vor – das Moorschneehuhn eher in den tieferen Lagen, das Alpenschneehuhn (S. 161) vor allem in den Blockhalden der Hochlagen.
Den Pferdefreund mag interessieren, daß er auf dem Dovrefjell eine der ältesten Pferderassen Europas kennenlernen kann – das Fjordpferd (norwegisch »Fjording«). Die Tiere haben noch den dunklen Aalstrich entlang der Wirbelsäule und ebenfalls dunkle Querstreifen an den Beinen – beides ursprüngliche Merkmale. Das Fjordpferd ist eng mit dem Przewalskipferd verwandt.

Im Gebiet unterwegs

Die Grenze des Parks erreicht man über die E 6 bzw. die Eisenbahn (Station Kongsvoll). Auf beiden Seiten der Straße bzw. der Bahnlinie hat man bereits sehr gute Möglichkeiten zum Botanisieren. Auch Schneehühner, Steinadler, Wasseramsel (an der Driva) und Blaukehlchen kann man hier beobachten. Den eigentlichen Reiz des Gebiets jedoch erfährt man nur zu Fuß. Das Dovrefjell ist wieder Wandergebiet!

Moschusochsen-Tour: Von Kongsvoll ① aus dem markierten Weg ins **Stroplsjødalen** folgen. Nach ca. 1½ Stunden Wanderzeit nach Norden ins **Kaldvelldalen** ② abbiegen. In beiden Tälern kann man im Hochsommer mit Moschusochsen rechnen. Wenn man in das Gebiet gelangt, suche man die weiten Flächen mit dem Fernglas ab. An sonnigen, warmen Tagen liegen die Moschusochsen gerne auf Schneefeldern, um Kühlung zu finden. Für den Rückweg nach Kongsvoll wähle man eventuell das **Stølådalen** ③; auch in die-

Moschusochse

Moschusochsen sind mit einer Länge von 2,45 m, einer Schulterhöhe von 1,45 m und einem Gewicht von 300 kg durchaus imposante Tiere. Wer also Aufnahmen der Tiere vom Dovrefjell mit nach Hause bringen will, mache sich vorher klar, daß man gegebenenfalls einen erhöhten Pulsschlag hat und deshalb besser eine schnellere Verschlußzeit wählt. Außerdem steht auf dem kahlen Fjell weit und breit kein Baum, auf den man im Falle eines Angriffs flüchten könnte. Allerdings machen die Tiere deutlich, was sie von einem Wanderer/Tierfotografen halten. Fühlen sich Moschusochsen nämlich beunruhigt, so bilden sie einen Halbkreis oder Kreis. Die mit Hörnern bewehrten Köpfe zeigen nach außen, dem Angreifer entgegen. Die Kälber werden in die Mitte genommen und so geschützt. Aus dieser Igelstellung heraus unternehmen einzelne Tiere dann Ausfallangriffe (die in Norwegen bisher zu zwei Toten geführt haben!). Dieses Verhalten wäre dem Moschusochsen fast zum Verhängnis geworden. In vielen Berichten von Forschungsreisen in die Arktis kann man nachlesen, wie mit den Tieren umgegangen wurde: Man stellte die Herde, und dann legten die Jäger ein Tier nach dem anderen um. Auf diese Weise wurde Frischfleisch für die Teilnehmer der Expedition, vor allem aber für die mitgeführten Schlittenhunde beschafft. Für die Jäger bestand darüber hinaus ein weiterer Grund, den Moschusochsen nachzustellen, und das waren die Felle. Moschusochsen haben nämlich die längsten Haare unter allen wildlebenden Säugetieren. Am Rücken messen diese »nur« 16 cm, am Hals, an den Flanken und am Hinterteil werden sie aber 60–90 cm (!) lang. Zwischen den langen Grannenhaaren stehen die feinen Wollhaare. Letztere bilden einen ausgezeichneten Kälteschutz.

Für die Tiere besteht in ihrer rauhen arktischen Umgebung denn auch kaum die Gefahr des Erfrierens (in Skandinavien besteht aufgrund der klimatischen Verhältnisse eher die Gefahr der Überhitzung). Sie gehen aber bisweilen an Nahrungsmangel zugrunde, wenn beispielsweise wäßriger Schnee gefriert und die Vegetation mit einer undurchdringlichen Eischicht bedeckt. Die Tiere können dann ihre ohnehin spärliche Nahrung nicht mehr erreichen und verhungern. Der Weltbestand des Moschusochsen liegt heute bei rund 15 000 Tieren.

sem Tal bestehen gute Chancen, Moschusochsen zu sehen. Im späten Frühjahr stehen die Tiere gerne im Birkenwald entlang der Driva.
Im übrigen suche man den Kaldvellsjøen ④ nach dem Prachttaucher (S. 68) ab. Und für den Pflanzenfreund und Botaniker hält die Wanderung ohnehin eine Fülle verschiedener Gebirgspflanzen bereit.
Näheres über Führungen zu den Moschusochsen erfährt man in Kongsvoll bzw. bei der Touristeninformation in Oppdal.

Fjordpferde: Bei Hjerkinn die E 6 in Richtung Osten verlassen. Auf der RV 29 bis Dalen fahren, hier links abbiegen und den (mautpflichtigen) Einunndalsweg bis nach **Bekkelegeret** ⑤, der staatlichen Pferdestation, fahren. Etwa 30 Tiere streifen von Mitte Juni bis Mitte August frei über das Fjell. Falls die Pferde nicht in unmittelbarer Nähe der Station sind, fragt man am besten den Pferdewart, der während der Weidezeit in der Station lebt. Die Auf- und Abtriebstermine sind stark von der Witterung abhängig; man kann sie bei der Touristeninformation in Oppdal (oder einfacher: in Kongsvoll) erfragen.
Die Pferdestation liegt direkt an der Ostgrenze des Dovrefjell-Nationalparks. Von hier aus können also Wanderungen in den Ostteil unternommen werden. Es bestehen Beobachtungsmöglichkeiten verschiedener Limikolenarten (z. B. Gold- und Mornellregenpfeifer). Bei **Haugtjørnin** ⑥ können die oben beschriebenen Palsamoore besichtigt werden. An den Nordflanken der **Knutshøa** bestehen gute Möglichkeiten, die Pflanzenwelt des Parks ausgiebig kennenzulernen.

Hochgebirgswanderung auf den Snøhetta: Von Kongsvoll oder auch Grønnbakken ⑦ zunächst bis **Reinheim** ⑧. In dieser Selbstbedienungshütte (Schlüssel in Kongsvoll abholen) besteht die Möglichkeit, sich zu verpflegen und zu übernachten. Von Reinheim aus beginnt der Aufstieg zum Gipfel des 2286 m hohen Snøhetta ⑨. Von hier aus hat man bei gutem Wetter eine sehr schöne Aussicht. Zeitbedarf für diese Tour: 2–3 Tage.

Praktische Tips

Anreise
Mit dem Auto erschließt man sich das Gebiet über die E 6, entweder von Süden über Dombås oder von Norden über Oppdal. Alternativ kann man mit der Eisenbahn anreisen; der Zug macht in Kongsvoll Station.

Die im Juli rot blühende Alpenpechnelke kommt nicht nur in Skandinavien, sondern auch in den Alpen vor.

Nördlich des Parks liegen die Gletschertöpfe Magalaupe.

Der Moschusochse – Paradetier des Dovrefjells. Die Population hat ihren Ursprung in Grönland.

Unterkunft
Im Gebiet praktisch nur in Kongsvoll bzw. in der Selbedienungshütte Reinheim (außer man zeltet frei, wobei man aber an die Gefährlichkeit der Moschusochsen denken sollte!). Das Zelten entlang der E 6 ist mittlerweile verboten. Die nächstgelegenen Orte mit weiteren Übernachtungsmöglichkeiten (einschließlich Campingplätzen) sind Dombås und Engan bzw. Oppdal.

Klima / Reisezeit
Das Gebiet hat ein Inlandsklima mit niederschlagsreichen Sommern und recht trockenen Wintern. Auf der Forschungsstation Kongsvoll werden 473 mm Jahresniederschlag gemessen. Die beste Reisezeit ist eigentlich Mai/Juni. Dann ist es zwar noch kühl, aber meist herrscht gutes Wetter, und viele Blütenpflanzen zeigen um diese Zeit ihre ganze Pracht. Die Winter können sehr kalt sein; die tiefste gemessene Temperatur liegt bei −36,4 °C. Im Sommer kann das Thermometer dagegen auf 28,2 °C ansteigen.

Blick in die Umgebung

Unbedingt einen Besuch wert ist die **Kongsvoll Kro**. Im Untergeschoß ist eine sehr gute Ausstellung über die ökologischen Verhältnisse des Dovrfjells eingerichtet. Außerdem ist hier im Sommer die Touristeninformation untergebracht, die einem (fast) jede Auskunft erteilen kann. Auf dem Hof befindet sich weiter eine Forschungsstation, und in der Nähe des Gehöftes wurde 1990 ein botanischer Garten angelegt.
Südlich des Nationalparks liegt **Fokstumyra**, ein in erster Linie der Erhaltung der Vogelwelt dienendes Naturschutzgebiet (s. Nebenreiseziel 19).
Nördlich des Parks liegen in Engan westlich der E 6 (kleines Hinweisschild!) die Gletschertöpfe Magalaupe.

Odinshühnchen, Weibchen im Brutkleid.

26 Runde

Gut erreichbare Insel vor der Küste bei Ålesund; typischer atlantischer Vogelfelsen (»Millionenstadt am Meer«); größter Vogelberg Norwegens südlich des Polarkreises.

Die Insel Runde hat eine Fläche von 6,4 km^2 und einen Umfang von rund 20 km. Der Rundebranden ist 296 m hoch, der höchste Punkt der Insel – Rundewarte – 331 m. Von allen Inseln des Herøy-Gebietes liegt Runde am weitesten draußen im Atlantik. Wegen der exponierten Lage siedeln sich hier Vogelarten an, die auf die Nahrungsquelle Meer angewiesen sind. Sie finden in den steilen Felswänden geeignete Brutplätze. Die Insel weist aber darüber hinaus ein Spektrum anderer Lebensräume auf: breite Fels- und Sandstrände, mit Gras bewachsene Hänge, eine mit Heide und Wiese bestandene Hochfläche, Bergseen, fruchtbare Weiden und Felder, angepflanzte Baumbestände. Sie ist also ökologisch recht abwechslungsreich. Die etwa 200 Einwohner Rundes leben von der Landwirtschaft und von der Fischerei. Heute spielt auch der Natur-Tourismus wirtschaftlich eine große Rolle. Erwähnenswert ist noch, daß auf der Insel der viertälteste Leuchtturm Norwegens steht.

Pflanzen und Tiere

Die meisten Besucher kommen nach Runde, weil sie verschiedene Arten von Seevögeln beobachten (und nach Möglichkeit fotografieren) wollen. An den Felsküsten haben sich angesiedelt: Dreizehenmöwe, Trottellumme

Die Felsküste von Runde, Blick in Richtung Goksøyr. Die Steine sind mit Flechten und Algen bewachsen.

und Papageitaucher – die Arten, die das Bild jedes atlantischen Vogelfelsens prägen. Dazwischen kommen in geringerer Zahl Krähenscharbe und Tordalk vor. Besonders erwähnenswert ist die Kolonie der Baßtölpel am Rundebranden. Die Vögel haben hier in den 30er Jahren das erste Mal gebrütet, und lange Zeit ist Runde der einzige Brutplatz des gänsegroßen, weißen Seevogels an der norwegischen Küste gewesen. Letzteres trifft auch für den Eissturmvogel (S. 203) zu. Inzwischen gibt es weitere Brutplätze beider Vogelarten, vor allem in Nordnorwegen. Neu angesiedelt hat sich auch die Sturmschwalbe, von der es mittlerweile ebenfalls eine Brutkolonie gibt.
Als Begleitarten treten Heringsmöwe und Sturmmöwe (S. 71) auf. Auf dem Plateau der Insel brütet weiter die Schmarotzerraubmöwe und – eine weitere Kostbarkeit der kleinen Insel – die Große Raubmöwe oder Skua, die Anfang der 80er Jahre hier aufgetaucht ist; neben einem weiteren Brutplatz in Norwegen war jetzt der zweite auf dem europäischen Festland etabliert (1988: 4 Paare). Schließlich bauen auf der Hochfläche noch Bekassine, Rotschenkel (S. 48), Flußuferläufer (S. 166), Feldlerche, Wiesenpieper, Steinschmätzer (S. 166) und Berghänfling ihre Nester. In einem Kieferngehölz brütet die Ringdrossel (S. 121).
Nahe am Strand lassen sich die Brandente (Brandgans; S. 49) und die Eiderente (S. 203) beobachten. Es brüten jeweils mehrere Paare auf der Insel. In Strandnähe und auf den Wiesen und Weiden in tiefen Lagen ist auch der Austernfischer nicht zu übersehen. Der schwarz-weiß-rote Vogel warnt laut, wenn ein unvorsichtiger Besucher in sein Brutrevier eindringt (man sollte dann sofort den Rückzug antreten!). Ähnlich verhält sich der Kiebitz (S. 46).
Als Brutvogel auf Runde verschwunden ist der Seeadler. Man kann ihn aber mit etwas Glück hin und wieder beobachten.
Im Spätsommer, Herbst und Frühjahr lassen sich auf Runde verschiedene durchziehende Vogelarten beobachten. Darunter sind besonders zu erwähnen: Samtente (S. 83), Trauerente, Weißwangengans, Knutt, Singdrossel. Insgesamt wurden auf Runde rund 180 verschiedene Vogelarten nachgewiesen.
Das Interesse des Insel-Besuchers sollte sich aber nicht nur auf die Vogelwelt beschränken. Die flachen Felssockel der Insel etwa fallen bei Niedrigwasser trocken, und es lohnt sich, hier einmal einige Pflanzen und Tiere des Litorals kennenzulernen. Verschiedene Braun- und Rotalgen kommen vor, dazwischen Strandschnecken, Seepocken, Seesterne und Moostiere.

Im Gebiet unterwegs

Da die Insel Runde bewohnt und heute über eine Brücke mit dem Festland verbunden ist (nachdem bis in die 80er Jahre hinein nur eine Autofähre als Verbindung bestand), werden die meisten Besucher Runde direkt anfahren. Auf der Insel gibt es nur eine wenige Kilometer lange Straße, die im Dorf **Goksøyr** endet. Verschiedene markierte Fußwege (nicht verlassen!) führen an die interessantesten Stellen der Insel, etwa zum **Rundebranden**, wo man u. a. in die Baßtölpelkolonie hineinsehen kann. Auf der Nordseite der Insel liegt eine Geröllhalde, in der Krähenscharben brüten.
Eine weitere Möglichkeit, die Insel und ihre Vogelwelt näher kennenzulernen, sind **Bootstouren**, die einen rund um die Insel führen. Zum einen ist die Perspektive jetzt anders als vom Land aus, und man wird sich der Höhe der Vogelfelsen bewußt. Zum anderen sieht man die Vögel aus geringer Distanz auf dem Wasser.
Eine Bootstour kann man vom Hafen Runde aus unternehmen, man kann aber auch in Ulsteinvik starten. Das dortige »Ulstein Hotell« verfügt über eine eigene seetüchtige Yacht (»S/Y Charming Ruth«), die Touristen bei geeignetem Wetter in 3–4 Stunden rund um die Insel schippert.
Wie auch immer man sich Runde erschließt, jeder Besucher sollte sich bewußt sein, daß

der Vogelfelsen eine biologische Kostbarkeit darstellt und sich entsprechend vorsichtig verhalten. Dazu ein Zitat: »Indem ich hier für eine Reise nach der üppigen, grünen Runde-Insel werbe, bin ich mir wohl bewußt, daß der Tourist – selbst wenn er beste Absichten hat – für den Frieden der Vogelkolonien eine Gefahr bedeuten kann. Darum bitte ich alle, die dort hinreisen, sehr darum, jede Schutzvornahme und Vorschrift zu respektieren, die für den Aufenthalt dort gilt. Damit die Vögel die für die Brutzeit nötige Ruhe bekommen, dürfen die Besucher nur die mit einem Zeichen versehenen Pfade gehen und nicht zu den Vogelkolonien hinaufsteigen. Wir haben ein wertvolles Erbe zu hüten. Möchten alle sich diesem anvertrauten Erbe würdig erweisen.«

Praktische Tips

Anreise
Von Oslo aus über die E 6 nach Norden. In Dombås auf die E 69 abbiegen, die in Richtung Åndalsnes und weiter nach Ålesund führt. In Spjelkavik nach Südwesten Richtung Ulsteinvik fahren. Von hier aus weiter Richtung Fosnavåg, durch Rimøy und weiter über die Brücke nach Runde. Alle Brücken auf der Anfahrt sind mautpflichtig.

Reisezeit
Bei der Reiseplanung ist die Brutzeit der Seevögel zu berücksichtigen. Ende August haben – bis auf den Baßtölpel – alle Vögel den Vogelfelsen verlassen. Am günstigsten ist also die Zeit zwischen Anfang bis Mitte Juni

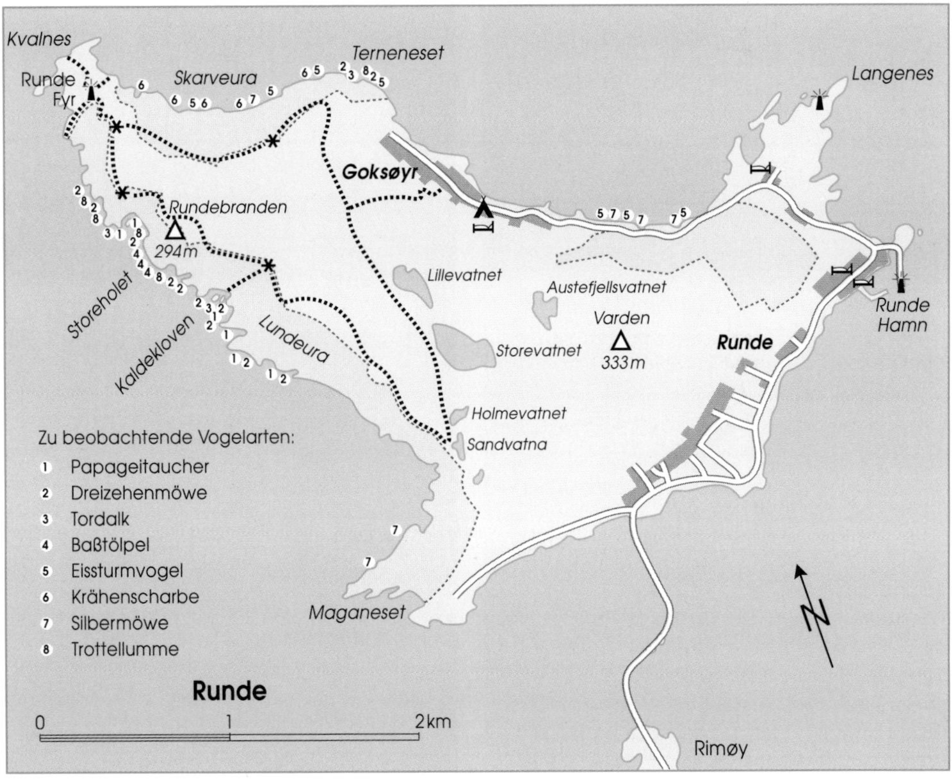

Ein Papageitaucher kommt mit einem »Bart« aus gefangenen Fischen zum Brutplatz zurück.

Der Baßtölpel – ein schnittig gebauter Seevogel.

Zur Brutzeit hat die Krähenscharbe eine Federholle.

Die Große Raubmöwe oder Skua ist erst seit Anfang der 80er Jahre Brutvogel auf Runde.

Trottellumme, hier eine »Ringellumme«.

Dreizehenmöwen-Paar am Nest.

Vogelfelsen

Große Vogelkolonien, wie die auf Runde, können sich nur dort bilden und halten, wo zwei wesentliche Voraussetzungen gegeben sind: sichere Brutplätze und großes Nahrungsangebot. Beides ist in den produktiven Meeresgebieten im nördlichen Mittel- und in Nordeuropa an vielen Stellen gegeben. An den Küsten Skandinaviens, Großbritanniens, Irlands, der Färöer und Islands gibt es eindrucksvolle Vogelfelsen mit Hunderttausenden von Bewohnern.
Bei oberflächlichem Betrachten solcher Großkolonien felsbrütender Seevögel entsteht leicht der Eindruck eines heillosen Durcheinanders. Bei näherem Hinsehen wird man aber feststellen, daß diese Lebensgemeinschaft sehr wohl in sich strukturiert ist. So sind etwa die Brutplätze an der Felswand vertikal auf die einzelnen Vogelarten verteilt: Am Fuß der Felsen brüten die Dreizehenmöwen, darüber die Trottellummen, weiter oben die Papageitaucher und auf dem Plateau Silber- (S. 38) und Mantelmöwen (S. 202). Dazwischen brüten an geeigneten Stellen Gryllteisten, Krähenscharben und Tordalken.
Warum ist dies so? Die Dreizehenmöwen beispielsweise brauchen kleine Felsvorsprünge, auf denen sie ihre solide aus Tang und anderen Pflanzenteilen zusammengefügten Nester verankern können. Meist finden sie solche Bedingungen im unteren Teil der Felswände. Trottellummen dagegen brauchen Felsbänder oder breite Felsplatten, um ihre birnenförmigen Eier abzulegen. Vor allem aber müssen die Lummen in ziemlicher Höhe brüten, weil sie schlechte Flieger sind. Die Vögel können ihren Brutsims nur durch »Unterfliegungslandung« erreichen. Das bedeutet, sie fliegen ihren Brutplatz von unten an; etwas oberhalb des Simses »stehen« die Lummen dann sozusagen in der Luft, und sie brauchen sich nur noch fallenzulassen. Dieselben Probleme mit dem Fliegen haben die Papageitaucher. Sie brüten noch höher als die Lummen, dort, wo das Gestein in Erdreich übergeht. Hier graben die Vögel mit ihrem Schnabel Höhlen in die Erde, um darin ihr weißes Ei (Höhlenbrüter!) auszubrüten. Oben auf dem Plateau brüten noch Großmöwen wie Silber- und Mantelmöwe, die es hierher zieht, weil ein Vogelfelsen natürlich immer auch ein Beutereservoir für Räuber darstellt.

und Mitte Juli. Allerdings lassen sich auf Runde auch außerhalb der Brutzeit verschiedene Vogelarten beobachten, die hier auf dem Zug kürzere oder längere Zeit rasten.

Unterkunft / Information
Auf der Insel stehen sowohl in Runde wie in Goksøyr Hütten und Zimmer zur Verfügung. Goksøyr hat zudem einen Campingplatz. In beiden Orten bekommt man ausführliche Informationen (z. B. über Bootstouren). Auf den benachbarten Inseln, etwa in Ulsteinvik bestehen ebenfalls vielfältige Übernachtungsmöglichkeiten.

Blick in die Umgebung

Die Stadt **Ålesund** sollte man sich unbedingt näher ansehen. Sie erstreckt sich über drei Inseln – Hessa, Aspøya und Norvøya – hinweg. Ihre malerische Lage wird am besten vom 189 m hohen Hausberg Aksla aus deutlich.
Ålesund besitzt einen weitverzweigten Hafen (auch den bedeutendsten Fischereihafen Norwegens) und ein Aquarium (auf Aspøya), wo man sich einen guten Eindruck der Unterwasserwelt vor der norwegischen Küste verschaffen kann.

27 Norwegische Fjorde

Für die europäischen Länder einzigartige, in den Eiszeiten entstandene Küstenform; eindrucksvolle Landschaften mit schmalen Meeresarmen und teilweise senkrecht aufragenden, hohen Felswänden; gute Einblicke in die Pflanzen- und Tierwelt der nördlichen Meeresküsten; Beobachtung von Meeresvögeln.

Was wäre Norwegen ohne die Fjorde!? Die Fjorde haben vielfach unsere Vorstellungen von Norwegen geprägt, nicht zuletzt, weil Fotos von schmalen Meeresarmen mit schwindelerregenden Felswänden auf beiden Seiten und einem winzigen Schiff auf dem Wasser in der Fremdenverkehrswerbung des Landes eine überragende Rolle spielen. In puncto Fjorde hat vor allem der Süden des Landes eine Menge zu bieten. Aber: Wer die Wahl hat, hat die Qual. Wer der schönste Fjord im Land ist, muß der Besucher selbst entscheiden. In jedem Fall sind die norwegischen Fjorde eines der eindrucksvollsten Naturphänomene, das Skandinavien bzw. Europa überhaupt aufzuweisen hat. Sie sind ein Muß – auch für denjenigen Naturfreund, den es eigentlich in erster Linie wegen der artenreichen Pflanzen- und Tierwelt in den Norden zieht. Dieser kommt

Nur Schwindelfreie mögen direkt an der fast 600 m hohen Steilkante des Preikestolen im Boknafjorden stehen.

in den Fjorden aber bei der Beobachtung von Meeresvögeln oder bei botanischen Streifzügen entlang der Küsten genauso auf seine Kosten wie der in erster Linie geographisch/geomorphologisch Interessierte.
Das Vestland – also die Provinzen Rogaland, Hordaland, Sogn og Fjordane und Møre og Romsdal – bietet die wohl großartigste Fjordlandschaft, die auf der Erde anzutreffen ist (Fjorde findet man auch an den Küsten von Chile und Neuseeland, zudem in der Arktis und in der Antarktis). Die verwirrende Küstengeographie Norwegens läßt von Süden nach Norden (bis zur Höhe von Ålesund) fünf große Fjordsysteme erkennen:

- ▷ Boknafjorden,
- ▷ Hardangerfjorden,
- ▷ Sognefjorden,
- ▷ Nordfjord,
- ▷ Storfjorden.

Alle Fjorde gehen in ihrer Entstehung auf die Eiszeiten zurück (s. S. 199). Heute bewirken die unter dem Einfluß des Golfstroms stehenden, vergleichsweise warmen Wassermassen in den Fjorden ein ausgeglichenes und mildes Klima. Fast alle Fjordgebiete im Vestland sind deshalb als Obstanbaufläche geeignet. Bereits um 1200 sollen schottische Mönche den Obstanbau hier etabliert haben. Heute wird der Hardangerfjord bisweilen das »Kalifornien Norwegens« genannt, und im Sognefjorden werden als Besonderheit sogar Pfirsiche und Aprikosen geerntet. Auf geeigneten Flächen entlang der Fjorde hat sich aber auch Industrie (vor allem chemische Industrie, Metallindustrie) angesiedelt. Ihre Grundlage ist die reichlich vorhandene, vergleichsweise preisgünstige Energie. Die großen Gefälle zwischen Meeresspiegel und Bergeshöhen werden überall genutzt, um Wasserkraft in elektrischen Strom umzusetzen.

Pflanzen und Tiere

Die Fjorde bieten dem Naturfreund eine gute Gelegenheit, einmal die formenreiche Unterwasserflora und -fauna der norwegischen Küstengewässer näher kennenzulernen. Besonders an den Südseiten der Fjorde findet man oft reich mit Meeresalgen bewachsene Litoralzonen. Vom flachen zum tiefen Wasser hin wachsen überwiegend Grünalgen (z. B. Darmtang-Arten), dann Braunalgen (verschiedene Arten der Gattungen *Fucus* und *Laminaria*) und schließlich Rotalgen (etwa Arten aus den Gattungen *Porphyra* und *Chondrus*).
Wo eine reiche Algenflora ausgebildet ist, findet man natürlich auch ein entsprechend reiches Tierleben. Auf den Algen siedeln häufig Kolonien von Moostieren. Daneben kommen Seeanemonen (z. B. die rote Purpurrose oder Pferdeaktinie), Seesterne und Seeigel vor. Mit etwas Glück kann man Borstenwürmer und verschiedene Krebse finden. In der Spritzwasserzone sitzen neben den Strand- und Napfschnecken überall Massen von Seepocken, winzigen sessilen Krebsen, an den Felsen.
Auch der Vogelfreund kommt in den Fjorden auf seine Kosten. Vor allem wird er so typischen Meeresvögeln wie Eiderente, Silbermöwe (S. 38) und Mantelmöwe begegnen. Eher in der Nähe der offenen See wird er darüber hinaus Eissturmvogel und Dreizehenmöwe (S. 191) beobachten können, aber auch die Raubmöwen.
Raubmöwen sind überwiegend dunkelbraun gefärbte, an schnittige Greifvögel erinnernde Vögel, die andere Arten in der Luft verfolgen und so lange bedrängen, bis diese die aufgenommene Nahrung auswürgen, um besser manövrieren zu können. Die Raubmöwen schnappen die Brocken dann in der Luft. Eine solche Verfolgungsjagd gehört mit zum Spannendsten, was man bei den Meeresvögeln überhaupt beobachten kann. Mit 3 Arten ist zu rechnen: Kleine Raubmöwe (= Falkenraubmöwe), Schmarotzerraubmöwe und Große Raubmöwe (= Skua; S. 191). Man unterscheidet sie vor allem an der unterschiedlichen Länge der Schwanzspieße.
Je nach Gebiet wird man bisweilen auch Alkenvögel auf dem Wasser beobachten können, etwa die Trottellumme (S. 191) oder die

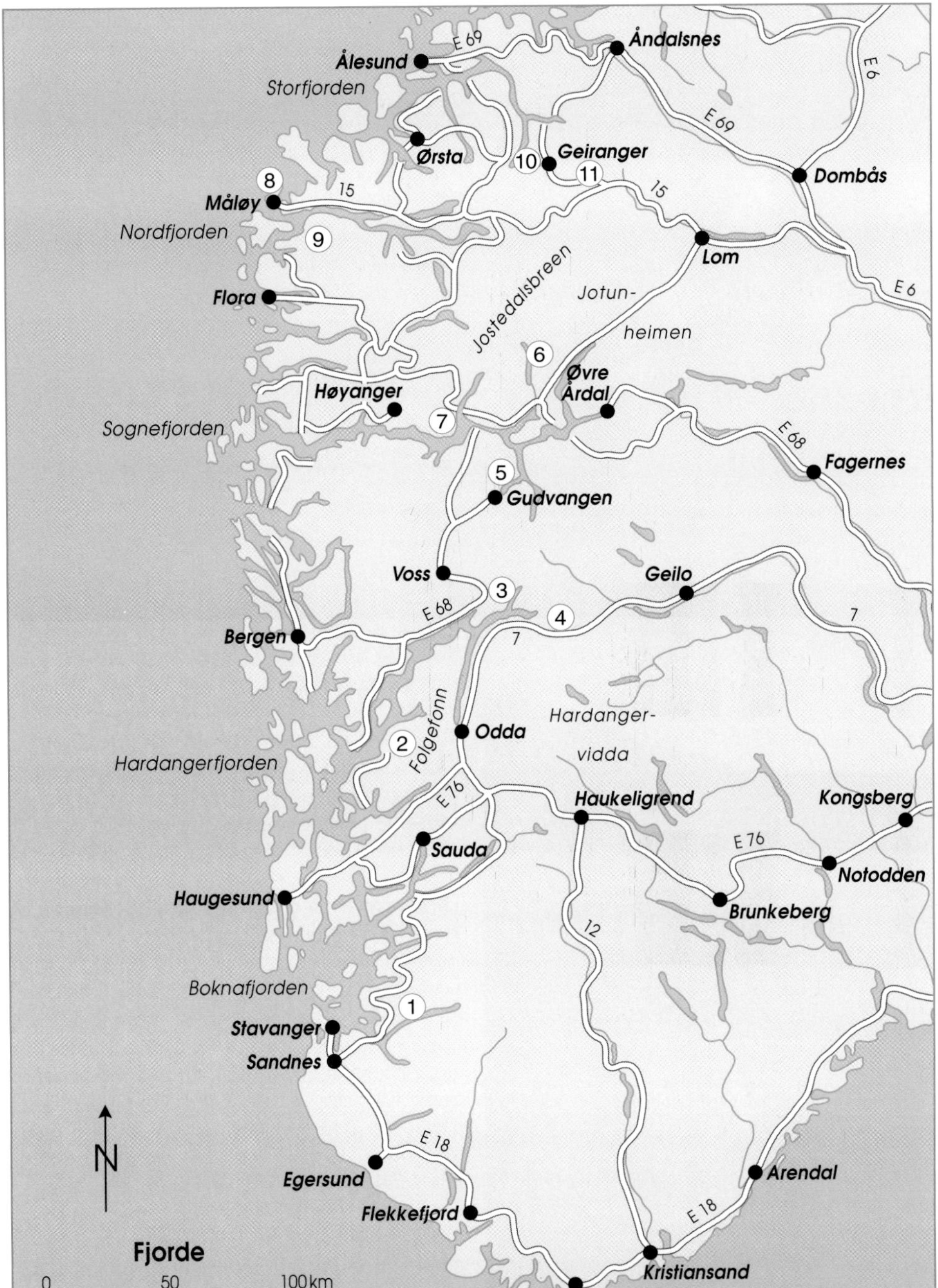
Ålesund
E 69
Storfjorden
Åndalsnes
E 6
E 69
Ørsta
10
Geiranger
11
Dombås
8
Måløy
15
15
Nordfjorden
9
Lom
Flora
Jostedalsbreen
Jotun-
heimen
E 6
6
Øvre
Årdal
Høyanger
7
Sognefjorden
E 68
Fagernes
5
Gudvangen
Voss
3
Geilo
E 68
4
7
7
Bergen
Hardanger-
vidda
Folgefonn
Odda
2
Hardangerfjorden
E 76
Haukeligrend
Kongsberg
Sauda
E 76
Notodden
Haugesund
Brunkeberg
12
Boknafjorden
1
Stavanger
Sandnes
E 18
Egersund
Flekkefjord
E 18
Arendal
Kristiansand
Mandal
N
Fjorde
0
50
100km

Obstbaumblüte am Sognefjorden.

Links: Im Nærøyfjorden bei Dyrdal.

Gryllteiste (S. 83). Und mit viel Glück kann man vor den Felswänden entlang der Fjorde Steinadler, Seeadler oder Wanderfalke kreisen sehen. Mit dem schwarz-weiß-roten Austernfischer ist dagegen entlang der Küsten immer zu rechnen, und der Wasseramsel kann man an den vielen schnellfließenden, klaren Bächen überall begegnen.

Im Gebiet unterwegs

Die Fjorde sind eine Welt für sich. Ein Besuch erfordert eine gute Planung und ist sehr zeitaufwendig, aber er lohnt wohl jeden Einsatz.

<u>Boknafjorden:</u> Dieser Fjord nördlich von Stavanger hat zum Meer hin eine sehr breite Öffnung, in der zahlreiche Inseln und Inselchen liegen. Er ist längst nicht so spektakulär wie die weiter nördlich gelegenen Fjorde. Eine interessante Erweiterung erführe die Er-

Das Ende des schmalen Nærøyfjorden von Stalheim aus.
Rechts: Die Stabkirche von Borgund.

kundung des Boknafjorden allerdings, wenn man von Stavanger (hier sind das Museum mit seiner großen zoologischen Abteilung und der botanische Garten Ziele für den Naturfreund) aus über die RV 13 bis Lauvvik fährt, dort mit der Fähre über den Høgfjorden nach Oanes setzt und weiter bis Jossang fährt. Von hier führt eine Stichstraße zur Preikestolhytta, und jetzt geht es nur noch zu Fuß weiter. In etwa 2 Stunden gelangt man zum berühmten **Preikestolen** (»Kanzel«), einem Aussichtpunkt hoch über dem Meer ①. Allerdings werden nur absolut Schwindelfreie den Blick von der 597 m fast lotrecht abfallenden Felskanzel hinunter zum Lysefjord wirklich genießen können.

Hardangerfjorden: Insgesamt ist der Fjord 120 km lang und maximal 830 m tief. In dem landschaftlich sehr reizvollen Gebiet war besonders gern der letzte deutsche Kaiser Wilhelm II. mit seiner Yacht »Hohenzollern« un-

Dicht gedrängt überdauern Gewöhnliche Strandschnecken die Zeit des Niedrigwasserstandes.

Auch der Knotentang fällt bei Ebbe trocken. Meeresalgen sind an diesen ökologischen Faktor angepaßt.

terwegs. Es bietet sich an, einen Besuch des Hardangerfjorden in der alten Hansestadt **Bergen** zu beginnen. Neben dem bekannten Stadtteil Bryggen mit seinen historischen Gebäuden sollte der Naturfreund vor allem das schöne und informative Meeresaquarium (eines der größten Aquarien Nordeuropas!) besuchen.

Im Sørfjorden liegt ein Zentrum des norwegischen Obstanbaus. Wenn die über 100000 Obstbäume um Lofthus herum in Blüte stehen, ergeben sich einmalig schöne Bilder. Über Odda kann man auf den 34 km langen und bis 16 km breiten Gletscher Folgefonn ② aufsteigen. **Ulvik** ist ein schönes Städtchen fast am landseitigen Ende des Fjords – mit einem Wasserflugplatz, von dem aus man zu Flügen über den Folgefonn, aber auch über den Hardangerjøkulen starten könnte. In Ulvik wurden übrigens 1756 die ersten Kartoffeln in norwegischen Boden gesteckt. Am Westufer von Osafjord und Ulvikfjorden zieht sich ein uriger Schluchtwald mit Bergulme (S. 58), Esche, Grünerle und Eberesche entlang, der einen Besuch lohnt, aber nicht einfach zu begehen ist ③.

Und wie an vielen Stellen der norwegischen Küste, wird auch im Hardangerfjorden Lachszucht betrieben (1989 gab es im gesamten Hordaland 120 Fischfarmen, die zusammen 31 000 Tonnen Lachse und Forellen produzierten!). Bei Strandebarm sind entsprechende Anlagen zu sehen. Zwischen Eidfjord und Eidfjordvatnet sind auch noch alte Lachsfanganlagen zu sehen. Wildlachse wiederum kann man bei Eidfjord angeln. Das Angeln bedarf in diesem Gebiet aber einer besonderen Genehmigung; die Touristeninformation in Eidfjord hilft hier weiter.

Von Eidfjord aus ist es auch nicht mehr weit zum Vøringsfossen, einem eindrucksvollen Wasserfall ④, und zur Hardangervidda (s. auch Hauptreiseziel 18).

<u>Sognefjorden:</u> Dieser Fjord ist, wenn nicht der schönste, so doch auf jeden Fall der längste und tiefste Fjord Norwegens. Die Norweger bezeichnen ihn nicht ohne Grund als »König der Fjorde«. Von seiner Meerschwelle bis Skjolden am Ende des Lustrafjorden mißt er 204 km. Von Skjolden aus könnte man übrigens die schöne Stabkirche Urnes erreichen und/oder über die Sognefjell-Straße nach Jotunheimen (s. auch Hauptreiseziel 20) vorstoßen. Die mit 1308 m tiefste Stelle des Sognefjorden liegt

vor Breivik auf der Höhe von Vadheim. Eindrucksvollster der verschiedenen Nebenarme ist wohl der Nærøyfjord, der in Gudvangen endet (von hier aus führt die E 68 hinüber in das Gebiet des Hardangerfjorden). Er ist – wieder ein Superlativ! – einer der schmalsten Fjorde Norwegens mit beklemmend steilen Wänden. In diesem Fjord befindet sich bei Klevaberg auch ein kleiner Vogelfelsen ⑤. Hauptsächlich brüten hier Gryllteisten (S. 83), die man in der Nähe auf dem Wasser häufig sieht. Es führt jedoch keine Straße zu dieser Stelle, und der Fußmarsch ist streckenweise beschwerlich. Alternativ kann man mit dem eigenen oder einem geliehenen Boot dorthin gelangen. Der südöstlich anschließende **Aurlandsfjorden** ist landschaftlich besonders schön. Von der

Entstehung der Fjorde

Alle Fjorde der Welt – ob in Norwegen, in Chile oder in Neuseeland – haben eine gemeinsame Entstehungsgeschichte. Sie sind an Gletscherbildung und an Gezeiten mit einem gewissen Tidenhub (mindestens 1 m) gebunden. Fjorde liegen also stets im Bereich von Meeresküsten. Die Verhältnisse im heutigen Grönland machen deutlich, wie es in Skandinavien zur Eiszeit in etwa ausgesehen hat: Das Land ist von einem bis zu 3,5 km mächtigen Eispanzer bedeckt, und nach allen Seiten fließt das Eis in Form von Gletschern bzw. Gletscherzungen zum Meer hin ab. Das Eis sucht sich dabei stets Vertiefungen im Gelände, die vom mitgeführten Moränenmaterial weiter ausgehobelt und ausgeschliffen werden. Die teilweise mäanderähnliche Form der norwegischen Fjorde zeigt also an, daß sie durch fließendes Eis (in Form von Gletscherzungen) entstanden sind, das sich wie Wasser eines Flusses verhält, beim Vorwärtsdrängen also den Weg des geringsten Widerstandes geht, den Flußtälern und den weicheren Gesteinen folgt.
Die Fjordbetten sind in der Regel tiefer als das Meer, zu dem sie Verbindung haben. Zum Meer hin haben sie eine Schwelle, die meist nur etwa 100 m unter dem Meeresspiegel liegt. Um die trogförmigen Fjordbetten auszuheben, waren enorme Erosionskräfte erforderlich. Diese Kräfte konnten sich in Norwegen entfalten, weil das Festland zum Meer hin steil abfiel und die fließenden Eismassen unter entsprechend hohem Druck standen. In Meeresnähe schmolzen die Gletscher dann ab, und die Endmoränen blieben als Schwelle aus Gestein liegen. Jetzt spielten eindringendes Meerwasser und aufliegendes Gletschereis zusammen: Durch die Gezeiten wurden die ins Wasser ragenden Gletscherzungen in regelmäßigen Abständen angehoben und wieder abgesenkt. Die Sogwirkung des Ebbstromes riß das vom Gletscher mitgeführte Grundmoränenmaterial mit sich ins Meer, sogar bis über die Schwelle hinaus, wo es schließlich abgelagert wurde. Eine weitere starke Erosion des Bettes war die Folge.
Nach dem Abschmelzen der Eismassen am Ende der letzten Eiszeit, das mit einem Ansteigen des Meeresspiegels einherging, wurden die ausgetieften Betten der Gletscher von eindringendem Meerwasser überflutet. Aus ehemaligen Gletschertälern wurden nun schluchtartige Meeresarme, die Fjorde. Sie sind oft genauso tief, wie die umgebenden Berge hoch sind.
Übrigens: Der Begriff Fjord findet sich auch in der deutschen Sprache als »Förde« (Kieler Förde) wieder, und die Engländer sprechen vom »firth« (Firth of Forth, Firth of Clyde).

Gänsesägerweibchen auf einem Felsen im küstennahen Wasser.

Die Wasseramsel ist Norwegens Nationalvogel.

Bahnstation Flåm aus kann man einen Ausflug zum **Hardangerjøkulen** machen (mit dem Zug bis Finse fahren, von hier aus zum Gletscher aufsteigen; s. auch Hauptreiseziel 18). Über Sogndal – Hafslo erreicht man **Veitastrandvatnet** ⑥, einen Süßwassersee, der extrem fischreich ist und daneben auch gute Möglichkeiten bietet, Gänsesäger, Küstenseeschwalbe und verschiedene Möwenarten zu beobachten. Folgt man dem Talweg weiter in Richtung Norden, gelangt man zu verschiedenen Nebenarmen des **Jostedalsbreen** (Austerdalsbreen, Langedalsbreen). Vom Ende der Straße sind mal wieder Fußmärsche erforderlich, um die Gletscherzungen zu erreichen. Bei der Pfarrei im Ort Balestrand wurde ein sehenswertes Arboretum eingerichtet ⑦. Über Balestrand gelangt man auch zum Nordfjorden (RV 5, RV 14).

Nordfjorden: Der Nordfjord ist von Måløy bis Olden rund 90 km lang. Die maximale Tiefe beträgt 565 m. Eine Besonderheit dieses Fjordgebietes sind große Seen, die an fast jeden Nebenarm zum benachbarten Fjell hin anschließen (z. B. Strynsvatn, Lovatnet, Oldevatnet, Breimsvatnet). Um die Seen herum brüten Graugänse (S. 28) und Kanadagänse. Von den östlichen und südöstlichen Nebenarmen aus hat man immer wieder schöne Blicke auf den Jostedalsbreen, dessen Gletscherzunge Briksdalsbreen man im übrigen von Olden aus über eine Stichstraße mit dem Auto erreichen kann (s. auch Hauptreiseziel 21).
Zum offenen Meer hin endet die RV 15 auf der Insel **Vagsøy**. Bemerkenswert ist hier der Kannestein an der Westküste, eine durch die Brandung wie eine Sanduhr geformte Felsformation ⑧. Der nahe Badestrand lädt zu einem Bad ein, und der Hauptort der Insel, Måløy, kann Ausgangspunkt für eine Bootstour nach **Vingen**, etwa 20 km entfernt auf der

◁ Steinwälzer im bunten Brutkleid.

Blick von der Dalsnibba hinunter nach Geiranger und zum Geirangerfjorden, einem Nebenarm des Storfjorden. ▷

Dunkle Flügeldecken, rosa Beine – die Mantelmöwe.

Schwedischer Hartriegel (Blütezeit: Juni).

gegenüberliegenden Seite des Fjords, sein. In Vingen finden sich Norwegens bedeutendste Felszeichnungen mit 2000 geritzten Figuren aus der Steinzeit ⑨.

Storfjorden: Hier befinden wir uns bereits auf der Höhe von Ålesund. Vom Hauptarm gelangt man über den Sunnylvsfjorden in den **Geirangerfjorden**. Dieser Fjord und die umgebende Landschaft sind so reich an Naturschönheiten, daß wohl jeder Reisende tief beeindruckt von einem Besuch zurückkehren wird. Steile Felswänd begrenzen dunkelgrünes Wasser auf beiden Seiten. Von der Höhe rieseln oder stürzen immer wieder Wasserfälle herab. Zu den bekanntesten Wasserfällen gehören die **Sju Søstre** (= »Sieben Schwestern«). Der Fall stürzt zur Zeit der Schneeschmelze in 7 Streifen nebeneinander in den Fjord ⑩ (s. Foto Umschlag). In der Nähe liegen die Fälle Friaren (= »Freier«) und Brudesløret (= »Brautschleier«). Von der **Dalsnibba** (1495 m) ⑪ oberhalb des Städtchens Geiranger aus hat man einen überwältigenden Blick auf diese für manche schönste Landschaft Norwegens – Lohn für eine abenteuerliche Fahrt über eine steile und serpentinenreiche Straße, den Nibbevej.

Praktische Tips

Anreise / Rundreise
Die Schiffe der berühmten Hurtigrute, die entlang der gesamten norwegischen Küste operiert, erschließen die Fjorde nur bedingt, während verschiedene Kreuzfahrtschiffe gezielt attraktive Punkte ansteuern. Rundfahrten mit Boot oder Schiff von Orten im Gebiet aus sind also oft die einzige Möglichkeit, in die Fjorde vorzudringen (Rundfahrten im Hardangerfjorden werden etwa von Eidfjord, Odda oder Ulvik aus durchgeführt; von Bergen aus führen Touren in den Sognefjorden). Und mit Hilfe der örtlichen Veranstalter gelangt man eben auch in entlegene Seitenarme. Eine weitere Möglichkeit: das eigene Boot! Weniger Glückliche können sich in den größeren Orten an den Fjorden auch Boote leihen oder Boote chartern.
Es ist aber auch durchaus möglich, die Fjorde mit dem Auto zu erleben. In der Regel werden die Hauptarme von gut ausgebauten Straßen begleitet. Aber obwohl der Autofahrer immer wieder einmal auf Fähren über einen Fjordarm setzen muß (was im übrigen stets Zeit kostet!), bleiben ihm viele spektakuläre Eindrücke verschlossen.

Insgesamt erfordert ein Besuch der norwegischen Fjorde eine gute Planung und Vorbereitung. Es bietet sich an, die Fjorde jeweils in Zusammenhang mit den interessierenden, umliegenden Gebieten (und Sehenswürdigkeiten) zu sehen und zu erkunden. Anhand einer Übersichtskarte sollte man zunächst eine grobe Route erarbeiten, um dann mit Hilfe einer spezielle Karte die Feinplanung vorzunehmen. In jedem Fall empfiehlt es sich, nicht zu viele Punkte auf einmal in sein Programm einzubauen. Lieber einmal wiederkommen!

Reisezeit

Die beste Reisezeit sind die Monate Mai/Juni. Je nach Witterungsverlauf stehen die Obstbäume um Mitte Mai herum in voller Blüte. Sie bilden einen reizvollen Kontrast zu den dunklen Bergwänden, die oben noch Schneekappen tragen. Die Hochsommermonate sind durch hektischen Tourismus geprägt, und wer kann, wird diese Zeit meiden. Der frühe Herbst dagegen macht jede Fjordfahrt zu einem Genuß – solange das Wetter mitspielt.

Unterkunft / Information

Übernachtungsmöglichkeiten von Campingplätzen über Hütten bis zu Hotels werden überall an den Fjorden in großer Zahl angeboten.

In den norwegischen Hauptferienmonaten Juli/August kommt es allerdings immer wieder zu Engpässen. Man soll sich dann schon mittags um eine Hütte für die Übernachtung am Abend kümmern! Bei speziellen Wünschen ist es empfehlenswert, seine Buchungen weit im Voraus vorzunehmen. Jedes Reisebüro wird in solchen Fällen gern mit Rat und Tat zur Seite stehen.

An Ort und Stelle können dem Besucher die Touristeninformationen weiterhelfen. Neben den Büros in den kleineren Orten sei auf die folgenden verwiesen:

Stavanger (bzw. Haugesund) für das Gebiet Boknafjorden,

Bergen (bzw. Haugesund, auch Voss) für das Gebiet Hardangerfjorden,

Balestrand für das Gebiet Sognefjorden,

Stryn und Eid für das Gebiet Nordfjorden,

Ålesund für das Gebiet Storfjorden (und das nördlich anschließende Moldefjorden).

Eissturmvögel bei der Nahrungssuche. Die Art hat sich in den letzten Jahrzehnten stark ausgebreitet.

Von einem Weibchen und zwei Erpeln werden die jungen Eiderenten zum Schutz in die Mitte genommen.

Nebenreiseziele

N 1 Rømø

Rømø (= Röm) liegt nördlich der nordfriesischen Insel Sylt im dänischen Wattenmeer (Bezirk Sønderjylland). Die Insel hat eine Fläche von 99 km^2. An der Westseite zieht sich ein 1 – 4 km breiter Sandstrand entlang. Landeinwärts liegen mehrere Dünenketten, weiter Heidegebiete, Moore, Weiher und Wälder (»Plantagen«). An der Ostseite dominiert bewirtschaftete Marsch. Unter den interessanten Pflanzenarten Rømøs sind zu nennen: Strandhafer, Grasnelke, Glockenheide (S. 52), Moorbeere (S. 95), Lungenenzian (S. 52), Sonnentau (S. 91). Die Brutvögel sind u. a. mit Rohrweihe (S. 102), Großer Brachvogel (S. 93), Bekassine, Sumpfohreule (S. 93) und Nachtschwalbe vertreten.
Auch wenn die Insel selbst für den Naturfreund einiges Interessante zu bieten hat, so sei hier das Gebiet nördlich und südlich des rund 10 km langen Steindamms besonders betont. Der Damm verbindet die Insel mit dem Festland, und zu beiden Seiten liegen Wattflächen, die vor allem zur Zugzeit (zweite Augusthälfte/ September/erste Oktoberhälfte, aber auch im Frühjahr) für den Vogelfreund außerordentlich interessant sind. Samtente (S. 83), Pfeifente, Spießente, Ringelgans, Austernfischer, Kiebitz (S. 46), Säbelschnäbler, Goldregenpfeifer (S. 78), Großer Brachvogel, Regenbrachvogel

Rømø: Blick vom Damm aus nach Norden über die weite Wattfläche, ein wichtiges Rastgebiet für Limikolen.

(S. 139), Grünschenkel (S. 145) und Alpenstrandläufer (S. 27) kann man hier in teilweise großen Zahlen beobachten. Insgesamt spielt das Wattenmeer bei Rømø eine sehr wichtige Rolle im Vogelzug an der dänischen Westküste. Und so ist verständlich, daß der Zutritt zu den Flächen beiderseits des Damms ganzjährig verboten ist. Man muß seine Beobachtungen also vom Damm aus machen (Parkplätze vorhanden), was aber ohnehin empfehlenswert ist, weil man erhöht steht.

Die Insel Rømø ist von Süden her leicht zu erreichen. Man kann entweder die E 45 nach Flensburg nehmen, um dann nördlich der deutsch-dänischen Grenze nach Westen in Richtung Tønder abzubiegen. Tønder kann man aber auch über die BAB 23/B 5 (Hamburg – Itzehoe – Heide – Husum – Niebüll) erreichen. Von Tønder aus orientiert man sich in Richtung Ribe/Esbjerg. Nördlich von Skærbæk biegt man auf die Zufahrt zur Insel ab. Da Rømø eine bekannte »Ferieninsel« ist, findet man dort jede Art von Übernachtung. Nähere Auskünfte erteilen die Touristenbüros in Skærbæk und Kongsmark.

Madum Sø im Rold Skov (N3). Am See brüten Haubentaucher, auf dem Zug tauchen zahlreiche Enten auf.

N 2 Ringkøbing Fjord / Tipperne

Das gesamte Gebiet um den Ringkøbing Fjord herum ist wieder besonders reizvoll für den Vogelfreund und Ornithologen. Der Fjord ist der längste an der westjütländischen Küste und – wie die Fjorde weiter nördlich auch – nur durch einen schmalen Landstreifen vom Meer getrennt. Im Prinzip handelt es sich heute um mehr oder weniger ausgesüßte, flache Seen mit stellenweise ausgedehnter Vegetation an den Ufern.

Besondere Erwähnung verdient das **Naturschutzgebiet Tipperne** (im Süden des Fjords) mit seinen großen Feuchtwiesen, Schilfröhrichten und Wasserflächen. Zu den zahlreichen Brutvogelarten zählen Austernfischer, Säbelschnäbler, Uferschnepfe (S. 27), Kiebitz (S. 46), Rotschenkel (S. 48), Kampfläufer (S. 76) und Alpenstrandläufer (S. 27). Im Frühling und im Herbst rasten in Tipperne Zehntausende von Vögeln, hauptsächlich Goldregenpfeifer (S. 78), Großer Brachvogel (S. 93), Regenbrachvogel (S. 139) und Alpenstrandläufer. Später als die Limikolen rasten Krickente (S. 40), Pfeifente, Stockente, Spießente, Löffelente (S. 103) und Brandgans (S. 49). Graugans (S. 28), Kurzschnabelgans, Ringelgans und Weißwangengans ziehen ebenfalls durch. Alle diese genannten Arten kann man natürlich auch außerhalb von Tipperne an geeigneten Stellen des Ringkøbing Fjords antreffen.

Leider bedeutet »Naturschutzgebiet« in Dänemark oft die fast vollständige Sperrung eines Gebietes für Besucher. Vom 1. April bis zum 31. August kann man Tipperne immerhin sonntags zwischen 10 und 17 Uhr kennenlernen, vom 1. September bis zum 31. März sonntags zwischen 10 und 12 Uhr. Bei einem Besuch muß man ganz bis zum Tipperne-Haus fahren, darf also unterwegs

nicht aussteigen. Die Besucher werden von den Vogelwärtern betreut. Man kann auf den Beobachtungssturm steigen, eine informative Ausstellung ansehen oder einen etwa 2 km langen Naturpfad abgehen.
Der Limikolenzug erreicht im Juli/August seinen Höhepunkt. März/April und September/Oktober sind besonders wegen der rastenden Enten und Gänse zu empfehlen. Und im Winter sieht man in Tipperne – wie auch an anderen Stellen des Fjords – Gänsesäger (S. 200), Schellente (S. 124) und Höckerschwan, aber auch Singschwan (S. 116) und Zwergschwan.
Im Umland des Ringkøbing Fjords liegen verschiedene Waldgebiete, »Plantagen« genannt. Ein schönes Gebiet, das man besuchen sollte, ist **Blåbjerg-Nyminde Klitplantage** südlich von Tipperne. Der namengebende Blåbjerg ist nichts anderes als ein Dünenzug – mit 64 m Höhe aber immerhin der höchste Dänemarks. Während die Flanken mit Bäumen (Stieleiche, Bergkiefer, aber auch Fichten- und Tannenarten) bewachsen sind, tritt auf der Spitze des Blåbjergs fast der reine Sand zutage. Die Baumbestände sind allesamt angepflanzt worden, um dem Sandtreiben Einhalt zu gebieten.
Im Südwesten des Blåbjergs liegt das **Heidegebiet Lyngbo Hede** mit einem Bestand an brütenden Ziegenmelkern. Zur Nordsee hin türmt sich eine Dünenkette mit einem abgeschnittenen Meeresarm auf. Südlich von Houstrup, bei Lønnestak und bei Nymindegab sind Parkplätze angelegt, von denen aus man das Gebiet auf Wanderwegen erkunden kann. Zum höchsten Punkt kann man auch auf einem ausgeschilderten Nebenweg mit dem Auto gelangen. Von hier aus hat man bei entsprechender Witterung einen weiten Blick bis hin zur Nordsee.
Ein dem Blåbjerg ähnliches Gebiet ist **Dejbjerg Plantage** (400 ha) nördlich von Skjern auf der Ostseite des Ringkøbing Fjords. Wald und Heideflächen sind durch ein Netz von Wanderwegen erschlossen.
Wegen weiterer Informationen wendet man sich an das Touristenbüro in Nørre-Nebel.

N3 Rold Skov / Rebild-Nationalpark

Zwischen den jütländischen Städten Hobro (im Süden) und Ålborg/Støvring (im Norden) liegt eines der größten Waldgebiete Dänemarks. Der Wald von Rold hat eine Ausdehnung von etwa 9000 ha und liegt wie eine grüne Oase inmitten großer, intensiv genutzter Ackerflächen. Die teilweise schroff-steilen Hügel sind durch Erosion eines ehemaligen Plateaugebietes entstanden. Der Wanderer kommt in den lichtdurchfluteten, laubholzreichen Nadelwäldern aber kaum ins Schwitzen. Der Forst wurde vor allem auf ehemaligen Heideflächen begründet. Nur so lassen sich auch die urigen Wuchsformen der Rotbuche erklären, die im **Troldeskoven** und im **Urskoven** noch bestandsbildend als Relikte vorhanden sind und den wohl interessantesten Teil im Rold Skov bilden. Viele angepflanzte Roteichen und Lärchen ergeben im Herbst einen bunten Kontrast zu den Nadelhölzern, die den größten Anteil unter der Baumarten stellen.
Während die »Plantagen« an der Westküste Dänemarks in erster Linie Schutzfunktion haben, hat die Forstwirtschaft im Rold Skov einen Wirtschaftswald nach mitteleuropäischem Muster aufgebaut. Die Baumarten umfassen ein breites Spektrum: Rotfichte, Sitkafichte, Nordmannstanne, Weißtanne, Schwarzkiefer, Waldkiefer, Europäische Lärche, Rotbuche, Vogelkirsche, Esche, Bergahorn, Traubeneiche und Bergulme (S. 58). Hinzu treten zahlreiche Sträucher. Im Jyske Skovhave beim Moldrupvej, einem forstbotanischen Garten, sind alle Arten versammelt (und beschildert).Inmitten des Waldgebietes liegen zahlreiche Quellen, Seen und Moore. Herauszuheben ist der **Madum Sø**. Im flachen Wasser nahe am Ufer wachsen Lobelie (S. 116) und Sumpfbrachsenkraut; beide Arten weisen auf das kalkarme Wasser des rund 200 ha großen Sees hin. Der Madum Sø hat einen festen Bestand an Haubentauchern. Der Fischadler (S. 68) ist häufig zu beobachten, der Seeadler dagegen nur ausnahmsweise. Zur Zugzeit versammeln sich auf der

Wasserfläche Pfeifenten, Reiherenten (S. 39), Tafelenten (S. 90) und Schellenten (S. 124) in großer Zahl.
Den Nordteil des Rold Skov bildet das Gebiet Rebild Bakker mit dem 1912 begründeten **Rebild-Nationalpark**, der 117 ha Fläche einnimmt. Er ist Dänemarks einziger Nationalpark, aber hier geht es weniger um den Schutz besonders erhaltenswerter Natur, als vielmehr um das Andenken an Dänen, die nach Amerika ausgewandert sind und sich ein Stück Dänemark erhalten wollten, so wie sie es in Erinnerung behalten haben. Das Lincoln-Blockhaus (aus Stämmen der Staaten, wo sich die Dänen ansiedelten) und ein nachgebildeter Totempfahl unterstreichen diesen Aspekt. Immerhin, der Park ist landschaftlich sehr schön, und er bietet von seinen höchsten Kuppen aus einen weiten Blick über das Himmerland.
Der Rold Skov ist leicht zu erreichen. Die E 45 durchschneidet das Waldgebiet in Nord-Süd-Richtung. Auskünfte bekommt man bei den Touristenbüros in Hobro, Skorping oder Støvring.

N 4 Börringesjön

Der mittelgroße See liegt in der welligen Landschaft im Süden von Skåne (Schonen), ca. 25 km südöstlich von Malmö bzw. 20 km nordöstlich von Trelleborg. Das Seeufer ist teilweise mit Schilf bestanden. Unter den Brutvögeln sind Graugans (S. 28), Rohrweihe (S. 102), Trauerseeschwalbe und Sprosser hervorzuheben. Weiter kann man Haubentaucher (S. 68), Graureiher, Höckerschwan, Stockente und Kiebitz (S. 46) beobachten. Im Herbst ziehen Singschwäne (S. 116), Gänse (vor allem Saatgänse), Kraniche und verschiedene Greifvogelarten – hauptsächlich Mäusebussarde, Wespenbussarde (S. 51) und Rauhfußbussarde (S. 145) – durch. Teilweise rasten die Vögel am Börringesjön und um den See herum. In den Wäldern, die den See umgeben, brüten beispielsweise Mäusebussard, Rotmilan, Pirol und Sprosser. Rotmilan und Pirol kommen ansonsten nur in kleinen Gebieten Südschwedens vor.
Das Gebiet ist leicht zu erreichen. Von der E 14 (Malmö – Svedala – Ystad) biegt man bei Börringekloster auf eine Nebenstraße nach Süden (in Richtung Anderslöv) ab. Die Straße führt entlang der östlichen Seite des Sees. Von dieser Straße aus hat man einen guten Zugang zum See über einen etwa 1 km langen Fußweg von Börringe Gård aus. Der Weg ist aber ein Privatweg, und man sollte unbedingt auf dem Hof fragen, ob man den Weg benutzen, und ob und wo man sein Auto abstellen darf. Übernachtungsmöglichkeiten in unmittelbarer Nähe des Sees bestehen nicht.

N 5 Häckeberga Naturvårdsområde

Dieses 1982 eingerichtete Naturreservat liegt im südlichen Schonen, etwa in der Mitte des Städtedreiecks Malmö – Lund – Ystad. Das Zentrum des abwechslungsreichen Gebietes bildet der fast malerisch zu nennende Häckebergasjön mit einem Vegetationsgürtel, wie er im Lehrbuch stehen könnte: Bruchwald, Schilfröhricht, Bestände der Flechtsimse (Sumpfbinse), Schwimmblattpflanzen wie Weiße Seerose, Gelbe Teichrose und Laichkräuter. Um den See herum stocken Buchen- und Eichenwälder, die stellenweise direkt an das Ufer anstoßen.
An Vögeln kann man um den See herum Haubentaucher (S. 68), Graureiher, Höckerschwan, Stockente, Rotmilan, Lachmöwe und Nebelkrähe beobachten, in den Wäldern zusätzlich diverse Kleinvogelarten. Mit viel Glück mag man auch den Nerz vor das Fernglas bekommen (Nerze sind aus Pelztierfarmen entwichen und mittlerweile verwildert.). In den Waldanteilen hat Rotwild seinen Einstand. Der im Südosten des Reservats gelegene Björkesåkrasjön ist ein wertvolles Rastgebiet für Gänse.
Häckeberga erreicht man über zwei Routen. Kommt man von Süden, biegt man von der E 14 (Malmö – Svedala – Ystad) bei Börringe-

Der Häckebergasjön (N5) weist einen ausgeprägten Gürtel von Sumpf- und Wasserpflanzen auf.

kloster auf eine Nebenstraße nach Nordosten ab und gelangt nach Assartorp. Von hier aus fährt man in genau östlicher Richtung an den See heran. Kommt man von Norden, verläßt man die RV 12 (Lund – Sjöbo) bei Bonderup in Richtung Süden, um auf einer Nebenstraße nach Genarp und weiter zum See zu fahren. Übernachtungsmöglichkeiten in unmittelbarer Nähe des Gebietes bestehen nicht.

N 6 Hammarsjön

Der flache See liegt im östlichen Skåne (Kristianstads län), direkt vor den südlichen Toren von Kristianstad. Die Landschaft ist flach bzw. leicht wellig, so daß der See auch keine schroffen Ufer aufweist. Deshalb konnte sich um den Hammarsjön herum ein breiter Vegetationsgürtel ausbilden, in dem Schilf dominiert. Zur Seeseite hin stehen Inseln mit Flechtsimse.

Den See umgeben landwirtschaftlich genutzte Flächen, aber auch kleinere und größere Waldgebiete. Die Wiesen sind teilweise recht feucht. Als besonderes Schutzgebiet wurde **Håslövs Ängar** ausgewiesen. Dieses Feuchtwiesengelände grenzt im Nordosten an den See an. Hier brüten je etwa 50 Paare Uferschnepfe (S. 27) und Kampfläufer (S. 76). Weiter kommen als Brutvögel Rohrdommel (S. 103; 5 Paare), Rohrweihe (S. 102), Tüpfelsumpfhuhn, Alpenstrandläufer (S. 27; 10 Paare), Trauerseeschwalbe (100 Paare) und Beutelmeise (10 »Paare«) vor. Kiebitz (S. 46), Austernfischer und Rotschenkel (S. 48) sind ebenfalls zu beobachten.

Am See selbst sind regelmäßig Fischadler (S. 68) zu beobachten, und im Frühjahr und Herbst ziehen neben Tausenden von Enten Gänsesäger (S. 200), Saatgans (5000 Exemplare) und Singschwan (S. 116; im Frühjahr bis zu 1200 Exemplare) durch. Diese Arten rasten auch auf der weiten Seefläche. Überwinterungsgäste am See sind Singschwan, Saatgans, Seeadler und Kornweihe.

Kristianstad erreicht man von Malmö aus gut über die E 66. Der See liegt direkt südlich der Straße bzw. der Stadt. Man biegt von der E 66 nach Süden auf die LV 118 ab und erreicht nach wenigen Kilometern die Dörfer Håslöv und Viby. Von hier aus Zugang zum Reservat Håslövs Ängar. Am Parkplatz stehen Informationstafeln. Der Fußweg rund um das Gebiet beginnt ebenfalls hier. Übernachtungsmöglichkeiten in Kristianstad.

N 7 Kalmarsund

Das Meeresgebiet zwischen dem schwedischen Festland und der Insel Öland ist besonders für Vogelfreunde und Ornithologen interessant. Tatsächlich ist der Kalmarsund neben Falsterbo (s. Hauptreiseziel 4) und Ottenby (s. Hauptreiseziel 8) **das** Gebiet für die Beobachtung des Vogelzuges in Schweden. Von Süden wie von Norden her läuft der Kalmarsund trichterförmig auf die schmalste

Stelle bei Kalmar zu (die Brücke, die hier Festland und Insel verbindet, ist 6 km lang). Entsprechend diesem Küstenverlauf ziehen viele Vögel nicht auf der Seeseite von Öland entlang, sondern durch den Kalmarsund, und werden dann auch noch so »kanalisiert«, daß man von beiden Seiten des Sundes aus zu schönen Beobachtungen kommen kann (Fernrohr). Genau die Zugzeiten sind es denn auch, die einen Besuch des Gebietes lohnen. Besonders die beiden Punkte **Revsudden** (auf dem Festland) und **Stora Rör** (auf Öland) bieten sich an, denn zwischen beiden ist der Zugweg noch schmaler als bei der Brücke (nur 3 km).
Der Frühjahrszug läßt sich am besten in der Zeit April/Mai beobachten. Der Herbstzug weist zwei Maxima auf, eines in der ersten Augusthälfte und ein zweites in der Zeit von Ende September bis Ende Oktober. Vogelarten, mit denen man im Frühjahr wie im Herbst rechnen kann, sind Prachttaucher (S. 68), Sterntaucher (S. 115), Eisente, Samtente (S. 83), Trauerente, Eiderente (S. 203), Gänsesäger (S. 200), Saatgans, Ringelgans. Die günstigste Tageszeit ist der frühe Morgen, weil sich dann die rastenden Vögel in langen Ketten auf den Weg machen.
Kalmar liegt an der E 66 und ist daher zügig zu erreichen. Nach Revsudden gelangt man, indem man von der E 66 nördlich von Kalmar bei Rockneby nach Osten (Richtung Skäggenäs) abbiegt. Stora Rör wiederum erreicht man von Kalmar aus über die Brücke nach Öland. Auf der LV 136 fährt man etwa 10 km nach Norden und biegt dann nach Westen ab. Übernachtungsmöglichkeiten bestehen in Rockneby oder Kalmar (Öland siehe Hauptreiseziel 8; Karte auf S. 75 beachten).

N 8 Bohuslän

Nördlich von Göteborg erstreckt sich entlang des Skagerrak bis hinauf zur norwegischen Grenze ein sehr stark zergliederter Küstenstrich. Diese Landschaft – Bohuslän – weist eine Unzahl von Schären ganz unterschiedlicher Größe auf. Die von Wind und Wasser glatt gefegten und gewaschenen, nur mit Heide, Wacholder und Eichen sehr spärlich bewachsenen Granitinseln und -inselchen, die weit ins Land hineinreichenden Meeresarme (z. B. der Stigfjorden) und die felsige Küste geben der Landschaft einen ganz eigenen, reizvollen Charakter. Zudem wird die Gegend landeinwärts durch Wälder und Moore aufgelockert. Bohuslän ist daher eine stark frequentierte Ferienregion, in dem besonders Wassersportler auf ihre Kosten kommen.
Ein Blick auf die Karte zeigt aber, daß vor allem im Gebiet der vorgelagerten Schären auch eine Anzahl von Natur- und besonders Vogelschutzgebieten (»Fågelskyddsområde«) besteht. Ihre Bedeutung liegt sowohl darin, daß sie Brutgebiete für verschiedene, z. T. gefährdete Arten sind, aber auch darin, daß sie Rastgebiete für zahlreiche Zugvögel (vor allem Enten, Gänse und Limikolen) darstellen. Die ornithologisch interessantesten Gebiete des Bohuslän sind von Süden nach Norden: Rörö, Ödsmåls kile, Svartedalen, Stigfjorden, Kollungerödsvattnet, Ramsvikslandet, Åbyfjorden und Strömsvattnet.
Bohuslän bietet aber auch für den Pflanzenfreund viel. Ihn mögen besonders die strandnahen Flächen interessieren. Hier kann er für die europäischen Meeresküsten so charakteristische Arten wie Strandaster, Gemeine Grasnelke, Widerstoß, Strandsode, Kalisalzkraut, Strandbeifuß, Weißer Meerkohl, Mertensie und Strandroggen finden.
Eine schöne Abrundung erfährt eine Erkundung des Bohuslän durch den Besuch der Felsgravierungen bei Tanum (darüber hinaus weitere Stellen im Gebiet). Auf den bronzezeitlichen Bildern sieht man immer wieder auch Darstellungen von Tieren. Der eine oder andere wird auch einen Besuch des Bohusläns Museum in Uddevalla lohnend finden.
Bohuslän erschließt man sich zunächst über die E 6 (Helsingborg – Göteborg – Oslo). Von dieser Hauptverbindung aus führt eine Vielzahl von Nebenstraßen auf die einzelnen

Schären. Um das Gebiet genauer kennenzulernen und sich zu orientieren, ist eine detaillierte Karte unerläßlich. Übernachtungsmöglichkeiten sind wegen des starken Fremdenverkehrs in der Region überall zu finden.

N 9 Halleberg / Hunneberg

Das Gebiet umfaßt zwei aus der Ebene aufragende Tafelberge, wie sie für die schwedische Provinz Västergötland typisch sind.
Ihr Alter wird auf 400–500 Mio. Jahre geschätzt. Das gesamte Areal umfaßt eine Fläche von 6845 ha, ist Staatsforst und wird entsprechend von der schwedischen Staatsforstverwaltung betreut.
Die Hochflächen der beiden Berge sind mit Laub- und Nadelwald bestanden. In den Senken liegen verschiedene Hochmoore (Halleberg: Rörmossen; Hunneberg: Laggemossen, Jonstorpsmossen, Öjemossarna) und kleinere

Steil ragt der Halleberg aus der Ebene am Vänern. Auf der Hochfläche des Tafelberges stockt Wald.

und größere Seen. Die Pflanzenwelt des Gebietes ist entsprechend artenreich, ebenso die Tierwelt. So kommt beispielsweise die Kreuzotter vor. An Vögeln sind vor allem Schellente (S. 124; brütet z. B. am Hallsjön), Fischadler (S. 68), Birkhuhn (S. 175), Schwarzspecht, Ziegenmelker und zahlreiche Singvogelarten – Amsel, Singdrossel, Trauerschnäpper, Fitis, Kleiber (S. 56), Buchfink, Neuntöter (S. 65), Nebelkrähe – zu nennen.
Das Tier aber, das Halle- und Hunneberg bekannt gemacht hat, ist der Elch. Über 200 Tiere durchstreifen das relativ kleine Gebiet, und man geht davon aus, daß eine solche »Elchdichte« wohl einmalig auf der Welt ist. Aufgrund des Touristenansturms und der Unvernunft der Besucher haben sich einige Elche mittlerweile so an Menschen gewöhnt, daß sie um die Autos herum regelrecht um Futter betteln. Jeder verantwortungsbewußte Naturfreund sollte diesen Trend nicht weiter fördern und deshalb nicht füttern.
Halleberg und Hunneberg liegen am Südufer des Vänern, etwa dort, wo der Göta Älv den See verläßt. Man erreicht die Tafelberge über Vänersborg und Vargön (RV 44 in Richtung Lidköping). An der Straße stehen Wegweiser; von Vänersborg kommend, geht es links ab auf den Halleberg, rechts ab auf den Hunneberg. Während der Halleberg von einer Straße fast diagonal durchschnitten wird (diese Straße benutzen, um Elche zu sehen!), kann man den Hunneberg auf einer Straße lediglich umrunden. An verschiedenen Stellen sind Parkplätze angelegt, von denen aus Wanderwege ins Gebiet führen, die sich teilweise auch für Radtouren eignen. Zu Fuß oder mit dem Fahrrad kann man zu schönen Aussichtspunkten gelangen. Von der Nordspitze des Hallebergs (dem sogenannten »Predikstolen«) aus hat man etwa einen weiten Blick auf den Vänern.
Übernachtungsmöglichkeiten findet man in Vargön, besser aber in Vänersborg. Ein Campingplatz liegt nördlich von Vänersborg direkt am Ufer des Vänern (Zugang von der RV 45 aus, Hinweisschild beachten).

Wälder, Seen und Moore bestimmen das Bild des Kroppefjälls. Vielfältig ist auch die Tierwelt.

N 10 Kroppefjäll

Die Landschaft westlich des Vänern wird durchaus intensiv landwirtschaftlich genutzt. In diesem Gebiet, fast genau in der Mitte der Provinz Dalsland, liegt aber eine Wildnis, die sich etwa 30 km in Süd-Nord- und 10–15 km in West-Ost-Richtung erstreckt: das Naturreservat Kroppefjäll. Der höchste Punkt liegt 238 m hoch oder 190 m über dem Spiegel des Vänern; von Granan aus hat man einen schönen Blick auf die Dalbo-Ebene und weiter zum Vänern. Etwa die Hälfte der Fläche wird von Wald (hauptsächlich Nadelwald) eingenommen, die andere Hälfte machen Moore und Seen aus.
Der Nadelwald setzt sich aus Fichte und Waldkiefer zusammen. Zwei weitere Nadelbäume sind besonders zu erwähnen: An einigen Stellen im Gebiet wachsen Eibe und Bergkiefer. Die Moore weisen die übliche Flora auf, also Torfmoose (S. 91), Sonnentau (S. 91), Heidekraut (S. 26), Heidegagelstrauch (S. 52) usw. An den Seen wächst stellenweise die Lobelie (S. 116).
Die Tierwelt in Kroppefjäll entspricht der der anderen südschwedischen Waldgebiete. Elch und Reh kommen in guten Beständen vor. Der Luchs ist dagegen sehr selten, wenn er das Gebiet nicht sogar ganz verlassen hat. Unter den Vögeln sind Auerhuhn und Birkhuhn (S. 175) besonders zu erwähnen.

Das Reservat Kroppefjäll liegt etwa 15 km westlich von Mellerud. Am besten nimmt man die RV 45 (Trollhättan – Mellerud), um in Brålanda oder Erikstad nach Nordwesten bzw. Westen abzubiegen. Auf Nebenstraßen gelangt man nach Bleken, von dort geht es weiter in das Gebiet hinein. An verschiedenen Stellen sind Parkplätze angelegt, von wo aus man auf markierten Wanderwegen weiter vordringen kann (hierführ bewußt Zeit nehmen). Angeln ist an verschiedenen Seen möglich (Fischereikarten in Granan erhältlich). Übernachten kann man etwa in der Karolinerstugan am Nordrand des Gebietes.

Elch und Volvo – zwei Symbole Schwedens (Halleberg).

N 11 Östen

Der flache Östen-See liegt in Västergötland (Skaraborgs län), ziemlich genau zwischen Skövde (im Süden) und Mariestad (im Norden). Von der RV 48 aus, der Verbindungsstraße zwischen beiden Städten, ist der See leicht zu erreichen, indem man in Låstad nach Osten abbiegt. Der See liegt in einer überwiegend flachen Landschaft und ist nährstoffreich. Der Wasserspiegel wurde im vorigen Jahrhundert wiederholt abgesenkt, um Land zu gewinnen. Auf den entstandenen Feuchtwiesen haben Limikolen Brutplätze gefunden. Der Östen ist aber vor allem als Rastgebiet für Zugvögel von Bedeutung. So wurden zur Zugzeit schon 1000 und mehr Singschwäne (S. 116), 3000–5000 Saatgänse und bis 1000 Kampfläufer (S. 76) gezählt. Daneben treten als Durchzügler Haubentaucher (S. 68), Rohrdommel (S. 103), Weißwangengans, Tüpfelsumpfhuhn, Wachtelkönig und Bekassine auf, ganz selten auch die Raubseeschwalbe. Besonders lohnend ist die Zeit des Frühjahrszuges (April); die Eisdecke auf dem See bricht in der Regel schon recht früh auf. Ein Beobachtungsturm liegt südlich der Kirche von Odensåker.

N 12 Svartåmynningen

Nördlich von Linköping in der Provinz Östergötland liegt der große See Roxen. In der Südwestecke fließt die Svartån in den See, und um die Mündung und die vorspringende Schwemmlandzunge Stenholmen herum ist ein vor allem ornithologisch interessantes Naturreservat errichtet worden. Der Roxen ist nährstoffreich, und entsprechend findet man um die Flußmündung herum einen breiten Vegetationsgürtel, vor allem Schilfbestände. Landeinwärts liegen Feuchtwiesen, die zeitweise überschwemmt werden (April/Mai).

Die Vogelwelt dieses relativ kleinen Gebietes ist bemerkenswert. 190 Arten sind insgesamt beobachtet worden. Zu den etwa 60 Brutvogelarten zählen Haubentaucher (S. 68), Rohrdommel (S. 103), Rohrweihe (S. 102), Wachtelkönig, Kampfläufer (S. 76), Uferschnepfe (S. 27) und Lachmöwe (S. 90). Vogelfreunde und Ornithologen zieht es aber vor allem während der Zugzeit nach Svartåmynningen. Im April und im Oktober/November lassen sich große Trupps von Wasservögeln und Limikolen beobachten. Diese Vogelansammlungen wiederum ziehen Greifvögel an. Besonders bekannt ist das Gebiet wegen seiner Gänsesäger (S. 200); mit bis zu 10000 Exemplaren ist der Roxen der größte schwedische Rastplatz – und gleichzeitig Mauserzentrum – dieser Vogelart. Man erreicht das Gebiet Svartåmynningen am besten von der E 4 aus. Beim Abzweig Linköping fährt man stadtauswärts in Richtung Vreta kloster. Vor der Brücke über die Svartån führt eine Wegschleife zum Parkplatz. Von dort gehen Wanderwege ins Gebiet und zum Beobachtungsturm. Übernachtungsmöglichkeiten in Linköping.

N 13 Ängsö-Nationalpark

Dieses Schutzgebiet liegt im Schärengürtel vor der Küste zwischen Stockholm und Norrtälje. Mit 75 ha ist die Insel nur klein, sie hat aber eine lange Geschichte. Etwa 300 Jahre kann die Besiedlung zurückverfolgt werden. Und der »Erhalt von Teilen einer älteren Kulturlandschaft« ist denn auch das erklärte Ziel des Naturschutzes auf der Insel. Ängsö wurde bereits 1909 zum Nationalpark erklärt und zählt damit zu den ältesten schwedischen Parks. Der Name bedeutet »Wieseninsel«, und Wiesen mit all ihrer Blütenpracht machen den besonderen Reiz des Parks aus – auch wenn sie nur ein Sechstel der Fläche einnehmen. Der Rest besteht aus Laubwald. Die gesamte Vegetation auf Ängsö, so wie sie sich heute darstellt, ist Produkt der Kultivierung.

Insgesamt wurden 1930 anläßlich einer Inventarisierung der Pflanzenwelt 420 verschiedene Arten auf Ängsö registriert. Auf den feuchten Wiesen wachsen beispielsweise Sumpfdotterblume, Echtes Mädesüß (S. 120), Gewöhnlicher Gilbweiderich, Bachnelkenwurz, Sumpfveilchen und Sumpfblutauge. Die trockeneren Wiesentypen weisen Arten wie Scharfer Hahnenfuß, Frauenmantel und Rotklee auf. Interessant ist die Orchideenflora der Insel; Holunderknabenkraut, Hohlzunge, Zweiblättrige und Bergkuckucksblume, Großes Zweiblatt und Nestwurz (S. 63) kommen vor. Unter den Bäumen gedeihen Buschwindröschen, Gelbes Windröschen (S. 57), Leberblümchen (S. 33), Waldstorchschnabel und Waldsauerklee. Der Busch- und Baumbestand setzt sich aus Hängebirke, Espe, Linde, Ahorn, Esche, Eiche und Wildem Apfel zusammen.

Die Vogelwelt der Insel ist ähnlich vielfältig wie die Pflanzenwelt. Nachgewiesen sind 170 Arten, davon 100 Brutvögel. Recht häufig zu beobachten sind Bachstelze, Rotdrossel (S. 119), Rotkehlchen, Mönchsgrasmücke, Waldbaumläufer, Wintergoldhähnchen und Buchfink. Der teilweise alte Baumbestand hat dazu geführt, daß sich auch eine ganze Anzahl von Höhlenbrütern auf Ängsö angesiedelt haben, etwa Hohltaube, Kleinspecht, Trauerschnäpper, Blaumeise und Kleiber (S. 56). In den Bäumen brüten Mäusebussard und Fischadler (S. 68). Lange Zeit war auch der Seeadler Brutvogel auf Ängsö. Durch die Einrichtung einer großen Schutzzone im Osten der Insel versucht man heute, den Seeadler wieder zur Brut zu bewegen. Zwischen dem 1. Februar und dem 15. August darf dieser Teil der Insel nicht betreten werden, was jeder respektieren sollte.

Die Insel mißt 1500 mal 850 m und ist auf dem viel begangenen Wanderwegenetz leicht kennenzulernen. Viele Schweden kommen mit dem eigenen Boot. Wer kein Boot hat, bestellt sich das Taxiboot aus Vettershaga. Übernachtungsmöglichkeiten bestehen auf der Insel nicht; selbst das Zelten ist nicht gestattet. Die beste Zeit für einen Besuch des Nationalparks ist Juni.

Der Bärenpark Grönklitt mit seinen Aussichtsrampen für die Besucher ist gut in die Landschaft eingepaßt.

N 14 Bärenpark Grönklitt

Wenn hier ein Wildpark als Nebenreiseziel aufgenommen ist, dann aus besonderem Grund. Schließlich sind bestimmte Gegenden Skandinaviens »Bärenland«, d. h. es gibt dort Vorkommen des Braunbären (S. 127). Schwerpunkte sind u. a.: Härjedalen, Jämtland, Lappland. Aber auch wenn der Braunbär in den genannten Gegenden zu Hause ist, so wird doch kaum ein Tourist jemals die Chance bekommen, Bären in freier Natur zu sehen. Und genau deswegen kann der Bärenpark Grönklitt schöne Eindrücke vermitteln. Das gesamte Gelände umfaßt eine Fläche von 80000 m^2, das Hauptgehege hat einen Umfang von fast 2 km. Der Park ist also groß genug, damit sich die 10–15 Tiere – so der normale Bestand – wohlfühlen. Gelände

Schön ist sie und weitläufig, die Landschaft am östlichen Ende des Romdalsfjorden: Blick auf den Rødvenfjorden im Gebiet Dovre-Romsdal (N18).

und Vegetation innerhalb des eingezäunten Bereichs sind abwechslungsreich. Es gibt flache Waldgebiete wie steile Klippen, junge Nadelbaumbestände wie alte, Gewässer und Moore. Der Park hat 3 »Überwinterungsgebäude« mit insgesamt 15 »Winterschlafplätzen«. Für den Besucher sind an zwei Stellen große Aussichtsrampen errichtet, die sich über das Gelände erheben, und von denen aus man fast das gesamte Gebiet übersehen und die Bären beobachten kann.

Man erreicht den Bärenpark Grönklitt von Orsa am Nordufer des Siljan-Sees aus (Straße ausgeschildert, Entfernung: 13 km). Übernachtungsmöglichkeiten findet man in Orsa bzw. um den ganzen Siljan-See herum (Campingplatz z. B. in Orsa). Man kann aber auch direkt bis Grönklitt fahren und im praktisch an den Bärenpark angrenzenden Feriendorf übernachten. Im übrigen hat man von hier oben (350 m über dem See) einen weiten Blick über die Landschaft am Siljan-See.

N 15 Ånnsjön

Etwa auf halbem Weg zwischen Östersund und Trondheim, rund 10 km vor der norwegischen Grenze, liegt der flache Ånnsjön, wohl einer der vogelreichsten Seen im südlichen Mittelschweden (allein über 90 regelmäßig brütende Arten). Als Ausgangspunkt für Exkursionen bietet sich der Ort Handöl am Westufer des Sees an. Die beste Zeit, Vögel zu beobachten, liegt zwischen Mitte Mai und Ende Juni. Hauptziel ist das **Delta des Handölan**, der etwas nördlich von Handöl in den Ånnsjön mündet. Im Delta brütet eine Unzahl von Limikolen, beispielsweise Kampfläufer (S. 76), Rotschenkel (S. 48) und Grünschenkel (S. 145). Weiter kann man das Odinshühnchen (S. 186) beobachten, das hier aber in erster Linie auftaucht, um Nahrung zu suchen. Der Regenbrachvogel (S. 139) wiederum brütet auf den angrenzenden Moorflächen. Zur Brutzeit ist das Betreten des Gebietes abseits der Wege verboten. Allerdings lassen sich vom Beobachtungsturm aus die meisten der genannten Vogelarten entdecken.

Auf der weiten Wasserfläche des Sees kann man verschiedene Entenarten (z. B. Bergente, S. 106; Schellente, S. 124; Trauerente, Samtente, S. 83), Gänsesäger (S. 200), Sterntaucher (S. 115) und Prachttaucher (S. 68) sehen. Man muß sich allerdings über weite Strecken zu Fuß auf den Weg entlang des Seeufers machen.

Interessant sind auch Exkursionen in die Umgebung. In den Wäldern aus Kiefer und Birke kann man Moorschneehuhn, Auerhuhn, Dreizehenspecht (S. 177), Raubwürger und Unglückshäher (S. 170) beobachten. An dem Weg zur Storulvåns Fjällstation (mit dem PKW befahrbar), lassen sich häufig Rentiere (domestizierter Typ, S. 136) sehen. Wo Moorflächen angrenzen, kommen Goldregenpfeifer (S. 78) und Brachvögel vor.

Nahe des Wasserfalls **Handölforsarna** hat jahrelang ein Rauhfußbussard (S. 145) gebrütet. Landschaftlich außerordentlich reizvolle Eindrücke bieten Wanderungen im **Blåhammarfjället**, einem wenig besuchten Gebiet. Die beste Jahreszeit ist hier eindeutig das späte Frühjahr. Das Wetter ist oft schön, und die lästigen Mücken sind noch nicht so zahlreich.

Feuchtgebiet Fokstumyra (N19) – Brutplatz interessanter Vogelarten am Rand des Dovrefjell-Nationalparks.

Den Ånnsjön erreicht man problemlos über die E 75 (Östersund – Trondheim). In Enafors biegt die Straße nach Handöl ab. Entlang der Europastraße führt auch eine Eisenbahnlinie. Man kann in Ånn oder Enafors aussteigen. Übernachtungsmöglichkeiten findet man in Handöl, Ånn und Enafors.

N 16 Breheimen

Das unter dem Namen Breheimen bekannte Gebiet liegt zwischen dem Jostedalsbreen im Westen (s. Hauptreiseziel 21) und Jotunheimen, der »Bergriesenheimat«, im Osten (s. Hauptreiseziel 20). Es umfaßt große Fjellgebiete, aber auch eine Vielzahl kleinerer Gletscher. Die Gletscher sind in Zusammenhang mit der Gletscherbildung und -entwicklung des Jostedalsbreen-Gebietes zu sehen. Die Gletscher in Breheimen sind Reste einer ursprünglich vorhandenen, ungleich viel größeren Eiskappe, als sie heute über dem gesamten Gebiet Jostedalsbreen/Breheimen liegt.
Während das Jostedalsbreen-Gebiet eher etwas für Spezialisten ist, bietet das Breheimen-Massiv eine Vielzahl von Wandermöglichkeiten für die ganze Familie. Die Ausgangspunkte für lohnende Tageswanderungen erreicht man über Stichstraßen von Skjolden, Fortun, Luster und Gaupne aus, die von der RV 55 (Sogndal – Lom) abzweigen. Wer eine Gletscherwanderung unternehmen will und sich unsicher fühlt, sollte sich gegebenenfalls einem Führer anschließen, der das Gebiet und vor allem das Eis genau kennt!

N 17 Sunnmøre

Sunnmøre ist die Bezeichnung für den südlichen Teil der Provinz Møre-og-Romsdal.
Es ist **die** Fjordlandschaft Skandinaviens schlechthin. Beginnend nördlich des Breheimen mit dem Aussichtspunkt Dalsnibba und dem berühmten Blick zum Geirangerfjord erstreckt sich bis hin nach Ålesund im Nordwesten und zum Romsdal im Nordosten ein schier unendlich verzweigtes System von Fjordarmen. Den Reiz des Gebietes machen die steil aus dem Meer aufragenden Berge aus, wie dies eine Schiffstour (z. B. mit einer der Fähren) am eindrucksvollsten vermitteln kann. Anders als z. B. auf der Hardangervidda oder in der Rondane muß im Fjordland der Sunnmøre aber nahezu jeder Gipfel neu erklommen werden. Die Landschaft ist nicht eintönig, sondern voller Spannung mit immer wieder neuen Erlebnissen (s. auch Hauptreiseziel 27).
Vom Sunnmøre-Gebiet aus gelangt man auch über das Valldal (Ørneveijen) ins Dovre-Romsdal-Gebiet (s. Nebenreiseziel 18). Im Valldal ist der Große Brachvogel (S. 93) zu beobachten.

N 18 Dovre-Romsdal-Gebiet

Im nordwestlichen Teil der Provinz Møre-og-Romsdal, zwischen Sunnmøre und Trollheimen, liegt das Gebiet Dovre-Romsdal. Wenn man die E 69 von Dombås nach Åndalsnes fährt, begleitet die Straße auf ganzer Länge die Rauma, den zentralen Fluß des ganzen Romsdalen. Eine kurze Strecke vor Åndalsnes zeigt das Gebiet seinen wahren Charakter: Während im Ostteil die für Ostnorwegen typische gewellte Landschaft dominiert, ragt hier am Ende des Romsdalen ein schroffer Gipfel neben dem anderen in den Himmel. Die bekannten Trolltindane gehören zu den steilsten Gipfeln in Europa. Die Ostwand mit 1742 m Höhe – davon knapp 1000 m senkrecht, im Volksmund Trollvegen genannt – wurde erst 1967 von französischen Bergsteigern bezwungen.
Das Isterdal hinauf gelangt man (mit dem Auto) zum Trollstigveien. Mit ihren 11 Haarnadelkurven, die teilweise an den senkrechten Fels »geklebt« wurden, ist dies wohl die eindrucksvollste Straße Norwegens (s. Foto S. 225). Sie wurde im übrigen erst 1936 fertiggestellt.
Nordöstlich der E 69 beginnt das Gebiet

Dovre mit dem Dovrefjell (s. Hauptreiseziel 25) ganz im Osten als Grenze. Dieses Gebiet ist längst nicht so schroff wie das Romsdal- und das Sunnmøre-Gebiet, hat aber für den Naturfreund seinen eigenen Reiz. Weite Flächen und Moore in den Senken bestimmen seinen Charakter. Auf den Seen ist immer wieder der Prachttaucher (S. 68) anzutreffen. In diesem Gebiet ist, wie so oft in Skandinavien, der Wanderer gefragt. Er kann hier weitab vom »Touristenrummel« eine geradezu traumhafte Ruhe genießen.

N 19 Fokstumyra

Für den Vogelfreund und Ornithologen ist Fokstumyra eines der »Muß-Reiseziele« im Süden Norwegens. Das zwischen Dombås und Hjerkinn gelegene Moorgebiet ist über die E 6 oder mit dem Zug einfach zu erreichen. Von der Europastraße biegt man beim Gehöft Fokstua ab (Schild beachten!); der bahnreisende Naturfreund steigt an der gleichnamigen Eisenbahnstation aus.
Das traditionsreiche Naturreservat ist bereits seit Beginn des vorigen Jahrhunderts bekannt und wurde 1923 unter Schutz gestellt. Die beste Zeit, Fokstumyra zu besuchen, ist – je nach Witterungsverlauf – etwa Anfang Juni (wichtig ist ein gutes Mückenöl!). Das Betreten des Gebietes ist aber während der Brutzeit (25. 4. bis 8. 7.) streng reglementiert. So muß jeder Besucher in der Vogelschutzstation, die auf dem Gehöft Fokstua untergebracht ist, eine Besucherkarte ausfüllen. Beim Naturschutzwart erhält er gleichzeitig umfangreiche Informationen über das laufende Brutgeschäft, die zu beobachtenden Arten und Besonderheiten.
Der markierte Weg durch das 7,5 km^2 große Schutzgebiet führt teilweise auf Bohlen über sumpfige Stellen und darf nicht verlassen werden. Trotz aller Reglementierung (bzw. gerade deswegen) hält Fokstumyra eine Fülle von ornithologischen Kostbarkeiten bereit: Prachttaucher (S. 68), Rauhfußbussard (S. 145), Kornweihe, Bekassine, Doppelschnepfe, Regenbrachvogel (S. 139), Goldregenpfeifer (S. 78), Kiebitz (S. 46), Kampfläufer (S. 76), Bruchwasserläufer (S. 168), Odinshühnchen (S. 186), Moorschneehuhn, Sumpfohreule (S. 93), Blaukehlchen (S. 152) und einige interessante Arten mehr. Übernachtungsmöglichkeiten findet der Tourist in Kongsvoll oder in Dombås.

Sylene: Blick auf das Syl-Massiv (N21).

N 20 Trollheimen

»Heimat der Trolle« (Trolle sind die Ungeheuer, die überall in Norwegen leben, ein freundliches Wesen haben, bei Sonnenbestrahlung aber sofort zu Stein werden) ist die Bezeichnung des Gebirgskomplexes zwischen Sunndalen im Süden, Orkladalen im Nordosten und Surnadalen im Nordwesten. Das wenig bekannte Gebiet gehört zu den schönsten in ganz Norwegen, und Teilflächen sollen demnächst zum Nationalpark erklärt werden. Einzelne steile Berge, wilde Schluchten, viel Wasser, einige Moorgebiete

Das Innerdalen ist der wohl bekannteste Teil des Trollheimen-Gebietes (N20).

und eine Geologie, die der des Dovrefjell-Gebietes (s. Hauptreiseziel 25) ähnelt, zeichnen Trollheimen aus.
Zu den bekanntesten Teilen zählt das **Innerdalen**, das »Zermatt Norwegens«. Der **Dalatårnet**, das »Matterhorn Norwegens«, ist die Hauptattraktion. Das Gebiet weist aber auch eine artenreiche Flora auf. Einen Eindruck von dem sehr guten Rotwildbestand bekommt man während der hellen Hochsommernächte vom Auto aus (Auto nicht verlassen!). In den Moorgebieten brüten Kraniche und verschiedene Limikolen, von denen Rot- (S. 48) und Grünschenkel (S. 145) besonders häufig sind. Hin und wieder ist der Merlin zu beobachten. Im selben Lebensraum wächst u. a. die Ährenlilie, eine Pflanze, die einst in den nordwestdeutschen Moorgebieten sehr weit verbreitet war und im Zuge der Trockenlegungen vielerorts verschwunden ist. Pflanzenfreunde und Botaniker finden besonders im Bereich des Gjevilvatnet und des Tyrikvamfjell ein reiches Betätigungsfeld.
Die Anreise nach Trollheimen erfolgt am besten über die E 6 von Oppdal aus oder – von der Küste her kommend – über Åndalsnes/ Sunndalsøra. Alle Wege, die ins innere Trollheimen-Gebiet hineinführen, sind mautpflichtig. Lediglich der Innerdalsweg ist gebührenfrei zu benutzen.

N 21 Sylene

Die Sylene ist ein Hochgebirgsmassiv, das sich etwa südlich der E 75 an der schwedischen Grenze entlangzieht. Auf der schwedischen Seite hat Sylene Anschluß an das Blåhammarfjället, ein schönes Wandergebiet. Neben der wilden Gebirgsromantik des Syl-Massivs werden auch grüne Birkenwälder geboten. Zu beobachten sind neben Auerhuhn, Birkhuhn (S. 175) und Moorschneehuhn auch Rentier (S. 136) und Schneehase (S. 167). Sehenswert ist der Henfallet, ein 90 m hoher Wasserfall.
Das ganze Sylene-Gebiet ist von markierten Wanderwegen durchzogen. Übernachtung und Versorgung innerhalb der Sylene sind möglich. Es stehen mehrere Selbstversorger-/ Bedienungshütten zur Verfügung. Die beste Wanderzeit ist Juni bis August. Die Seen werden aber häufig erst ab Mitte Juni eisfrei. Auf dem Nesjøen/Essandsjø, einem großen Stausee, sind ab Mitte Juni Bootstouren möglich. Das Boot fährt mehrere Punkte am Ufer an, von denen aus man zu seinen Wanderungen aufbrechen kann.
Zu erreichen ist das Zentrum der Sylene von Trondheim aus über die E 6, von der man bei Hell auf die RV 705 abbiegt, um dann bis Stuguvollen zu fahren. Ein mautpflichtiger Weg führt bis Nedalshytta (Bootsanleger).

Reiseplanung

Vor der Reise

Informationen

Die skandinavischen Länder Dänemark, Schweden und Norwegen unterhalten in Deutschland, in Österreich und in der Schweiz Informationsbüros für Touristen. Dorthin kann man sich in allen Fragen das jeweilige Land betreffend wenden. Gegebenenfalls wird man an andere Stellen verwiesen, um sehr spezielle Auskünfte zu bekommen. Bei den Informationsbüros sind auch Prospekte, Broschüren, Karten usw. erhältlich, teilweise kostenlos, teilweise gegen die Entrichtung einer Gebühr.

Deutschland:

▷ Dänisches Fremdenverkehrsamt, Glockengießerwall 2, Postfach 10 13 29, 2000 Hamburg 1, Tel. 0 40 / 32 78 03

▷ Schwedisches Touristik-Amt, Burchardstr. 22, 2000 Hamburg 1, Tel. 0 40 / 33 01 85 und 33 05 99

▷ Norwegisches Fremdenverkehrsamt, Mundsburger Damm 27, 2000 Hamburg 76, Tel. 0 40 / 22 71 08-10

Österreich:

▷ Dänisches Fremdenverkehrsamt, Ferstelgasse 3/4, 1090 Wien, Tel. 02 22 / 42 22 97

▷ Schwedens Repräsentant für Österreich: ÖAMTC-Reisen, Schubertring 1–3, 1010 Wien, Tel. 02 22 / 7 11 99

▷ Norwegisches Fremdenverkehrsamt, Hamburg (s. oben)

Schweiz:

▷ Dänisches Fremdenverkehrsamt, Münsterhof 14, 8001 Zürich, Tel. 01 / 2 11 90 23

▷ Schwedische Touristik-Information, Wiesenstr. 9, 8008 Zürich, Tel. 01 / 3 83 41 30

▷ Norwegisches Fremdenverkehrsamt, c/c Ambassade Royale de Norvège, Dufourstr. 29, 3005 Bern, Tel. 0 31 / 44 46 76

In den Ländern selbst steht man aber auch nicht verlassen da. In jeder (kleineren und) größeren Stadt bzw. an strategischen Punkten des Fremdenverkehrs gibt es Informationsstellen für Touristen. Auch auf Campingplätzen und in Hotels bekommt man Auskünfte und Informationsmaterial, zumindest über die nähere Umgebung.

Einreise

Touristen aus Deutschland, aus Österreich und aus der Schweiz benötigen zur Einreise in die skandinavischen Länder entweder einen Personalausweis oder einen Reisepaß (darauf achten, daß die Papiere noch einige Zeit gültig sind!). Kinder brauchen einen eigenen Ausweis, wenn sie nicht im Paß der Eltern eingetragen sind.
Wer mit dem eigenen Auto einreist, benötigt die üblichen Papiere: Führerschein, KFZ-Schein, grüne Versicherungskarte. Und natürlich sollte das Fahrzeug das Nationalitätenkennzeichen tragen.

Gesundheit

Der Norden Europas bietet glücklicherweise keinen Anlaß zu besonderen Vorsorgemaßnahmen. Impfungen sind nicht erforderlich. In der Reiseapotheke sollten aber Sonnenschutzmittel (besonders wichtig bei Fjell- und Gletscherwanderungen!) und vor allem Insektenabwehrmittel bzw. Mittel zur Behandlung von Insektenstichen nicht fehlen. Autofahrer sollten – wie vor Antritt jeder Reise – den Verbandskasten überprüfen. U. a. müssen elastische Binden bzw. Heftpflaster vorhanden sein; sie gehören bei Fjell- und Gletscherwanderungen in den Rucksack. Bei derartigen Unternehmungen

sollte auch eine gute(!) Sonnenbrille im Gepäck sein, da die Sonneneinstrahlung sehr intensiv sein kann. Schneeblindheit ist in jedem Fall eine unangenehme Sache!
Das skandinavische Gesundheitswesen ist auf einem hohen Stand, sowohl was die Versorgung mit Apotheken als auch die mit Ärzten und Krankenhäusern betrifft. Man erkundige sich aber vor Antritt der Reise bei der eigenen Krankenversicherung, wie sie bei Erkrankungen im Ausland verfährt.

Devisen und Zollbestimmungen
Einfuhrbeschränkungen bei Devisen bestehen nicht. Reiseschecks wie auch Eurocheques kann man bei den Banken einlösen. Bezahlung per Kreditkarte ist in vielen Hotels und Geschäften möglich und üblich. Insgesamt empfiehlt sich wie auf allen Reisen, unterschiedliche Zahlungsmittel nebeneinander zur Verfügung zu haben.
In den skandinavischen Ländern gelten im wesentlichen die international üblichen Zollbestimmungen. Alle Gegenstände für den persönlichen Gebrauch können ohne Formalitäten zollfrei eingeführt werden, also Wander- und Sportausrüstung, Foto- und Videoausrüstung, Fahrräder usw. Wegen der hohen Preise wird der Zoll am ehesten auf mitgeführte Spirituosen und Tabakwaren achten. Bei Proviant, der in Skandinavien ebenfalls teurer ist als etwa in Deutschland, kann es Probleme geben. Beispielsweise ist es nicht gestattet, Fleisch und Fleischwaren nach Dänemark einzuführen, es sei denn als Vollkonserve.
In Zweifelsfällen erkundige man sich vor Antritt der Reise noch einmal genau nach möglichen zwischenzeitlich vorgenommenen Änderungen in den Zollbestimmungen.

Reisezeit
Hauptreisezeit im Süden Skandinaviens ist etwa die Zeit von Mitte Juni bis Ende August. Will man aber bestimmte Dinge erleben, etwa die Ansammlung durchziehender Kraniche am Hornborgasjön, muß man bereits im April an Ort und Stelle sein. Der Spätsommer und der Herbst mit seinen bunten Farben bieten ebenfalls besondere Eindrücke. Man mag eine Reise also bis in den Oktober hinein ausdehnen. Und eine sicherlich ganz ungewöhnliche Erfahrung macht der, der im Spätwinter (März) mit Skiern in den südnorwegischen Fjellgebieten unterwegs ist. Somit bietet sich also nicht nur der Sommer als Reisezeit an. Im Gegenteil!

Anreise / Reisen im Land

Will man die oft abgelegenen Naturreservate Skandinaviens näher kennenlernen und sie in Form einer Rundreise aufsuchen, so ist das Auto das Verkehrsmittel der Wahl. Ein mitgeführtes Fahrrad kann aber immer wieder sinnvoll eingesetzt werden, z. T. sogar, um sich Gegenden zu erschließen, die sonst nur zu Fuß zu erreichen sind.
Wer allerdings ganz konkrete Pläne, nur einen Park oder zwei Gebiete betreffend, hat, sollte sich überlegen, ob er mit Bus und/oder Bahn nicht besser bedient ist. Der Umwelt täte es in jedem Fall gut, ein öffentliches Verkehrsmittel zu benutzen.

Mit dem Auto/Autofähren
Grundsätzlich wird man bei der Anreise mit dem eigenen Auto – vor allem nach Schweden und Norwegen – irgendwann eine Fähre benutzen müssen. Will man in der Hauptreisezeit an einem bestimmten Tag eine bestimmte Fähre benutzen, empfiehlt sich rechtzeitige Reservierung.

<u>Anreise Dänemark:</u>
Autofahrer nehmen die E 45 (Hamburg – Flensburg – Århus – Ålborg), um sich Jylland (Jütland) zu erschließen. Bei Kolding zweigt die E 20 ab, über die man Fyn (Fünen) und Langeland erkunden kann. Will man über die E 20 weiter nach Sjælland (Seeland) und nach København (Kopenhagen) fahren, muß man von Nyborg/Knudshøved aus mit der Fähre über den Großen Belt (nach Korsør) setzen. Die Überfahrt dauert 1 Stunde.

Von Hamburg aus gelangt man auf der E 22 und der E 47 über Lübeck nach Puttgarden auf der Insel Fehmarn. Die Überfahrt mit der Fähre nach Rødbyhavn dauert etwa 1 Stunde. Diese Route erschließt Lolland, Falster, Møn und Seeland.
Verschiedene Teile Dänemarks sind also nur mit dem Schiff erreichbar. Ein Sonderprospekt über alle dänischen Fährverbindungen (In- und Ausland) mit Angaben über Preise und Anzahl der Abfahrten pro Tag ist beim Dänischen Fremdenverkehrsamt erhältlich.

Anreise Schweden:
Autofahrer nehmen bevorzugt die sogenannte »Vogelflug-Linie«, um nach Schweden zu fahren. Auf der E 22/E 47 fährt man von Hamburg über Lübeck, Puttgarden und die Fähre nach Rødbyhavn weiter Richtung Kopenhagen. Man muß nun entscheiden, ob man die Fähre Dragør – Malmö (Dauer der Überfahrt: 55 Minuten) nimmt oder weiterfährt nach Helsingør, um hier die Fähre nach Helsingborg auf der schwedischen Seite des Öresundes zu erreichen (Dauer dieser Überfahrt: 25 Minuten).
Eine zweite sinnvolle Route geht über die E 45 durch Jütland, also: Hamburg – Flensburg – Århus – Ålborg – Frederikshavn. In Frederikshavn nimmt man die Fähre nach Göteborg (Dauer der Überfahrt: 3 Stunden). Interessant, weil erholsam und umweltschonend sind in diesem Zusammenhang die langen Fährverbindungen, etwa Kiel – Göteborg (Dauer der Überfahrt: 14 Stunden). Man fährt abends in Kiel ab und kommt am nächsten Morgen ausgeruht in Göteborg an. Eine andere Verbindung ist Travemünde – Trelleborg (Dauer der Überfahrt: 7 Stunden 45 Minuten).

Anreise Norwegen:
Zwei Alternativen sind für die Anreise mit dem Auto zu nennen. Die eine geht über die E 45: Hamburg – Flensburg – Århus – Ålborg. Von Ålborg aus kann man die beiden Häfen Frederikshavn oder Hirtshals anfahren. Von Frederikshavn nimmt man entweder die Fähre nach Göteborg (Dauer der Überfahrt: 3 Stunden) und fährt von dort aus mit dem Auto weiter nach Oslo, oder man steuert Oslo mit der Fähre direkt an (Dauer: 11 Stunden).
Von Hirtshals aus bestehen Fährverbindungen nach Oslo (Dauer der Überfahrt: 9 Stunden), Kristiansand (Dauer: 4 Stunden und 30 Minuten), Stavanger (Dauer: 11 Stunden und 30 Minuten) und Bergen (Dauer: 18 Stunden).
Die andere Alternative sind auch hier die langen Fährverbindungen, etwa Kiel – Oslo. Man fährt abends in Kiel ab und kommt am nächsten Nachmittag ausgeruht in Oslo an (Dauer der Überfahrt: 17 Stunden). Es gibt auch eine Verbindung Kopenhagen – Oslo (Dauer der Überfahrt: 16 Stunden).

Tips für Autofahrer:
Was das Autofahren in den skandinavischen Ländern betrifft, so sei jedem geraten, sich strikt an die jeweils geltenden Geschwindigkeitsbeschränkungen zu halten, auch wenn die gut ausgebauten Straßen, die niedrige Verkehrsdichte und die großen zurückzulegenden Entfernungen dazu verführen mögen, schneller zu fahren als erlaubt! Zum einen wollen Dänen, Schweden und Norweger einen möglichst sicheren (und deshalb stark geschwindigkeitsbeschränkten) Straßenverkehr, und das sollten Ausländer in jedem Fall respektieren. Zum anderen wird es sehr teuer, wenn man beim Rasen erwischt wird; der Führerschein wird gegebenenfalls unerbittlich eingezogen. In Dänemark gilt z. B.: Autobahnen – 100 km/h, andere Straßen außerhalb von Ortschaften – 80 km/h, Straßen in Ortschaften – 50 km/h.
Weiter werden die Delikte »Alkohol am Steuer« und »Medikamente am Steuer« streng bestraft. Man sieht in Skandinavien zwar nicht oft ein Polizeifahrzeug, aber die Ordnungshüter tauchen besonders in der Hauptreisezeit immer wieder an strategischen Stellen auf. Hinsichtlich eines »Ausländer-Bonus« gebe man sich keinen Illusionen hin!

Unvermutet können Rentiere (oder Elche) auf der Fahrbahn auftauchen. Also: vorsichtig fahren!

Und: Als Besonderheit ist in den skandinavischen Ländern Vorschrift, auch am Tag mit Abblendlicht zu fahren; Standlicht reicht nicht aus! Auch diese Maßnahme soll den Verkehr sicherer machen, ebenso die Gurtpflicht!

Schließlich sei auf eine Gefahr hingewiesen, der man sich besonders in Schweden hinsichtlich seiner eigenen Fahrweise anpassen sollte. Das »Verkehrssicherheitswerk« im schwedischen Borlänge formuliert das Problem so: »In unserem waldreichen Land gibt es viel Wild. Jeden Tag gibt es 30–40 Kollisionen mit Wild. Beachten Sie besonders in der Morgen- und Abenddämmerung die Verkehrszeichen, die vor Wildgefahr warnen.« Das angesprochene Verkehrszeichen zeigt einen laufenden Elch, und diese großen Tiere sind immer wieder Ursache schwerster(!) Unfälle auf Schwedens Straßen. An den großen Durchgangsstraßen findet man deshalb rechts und links der Trasse Schutzzäune, an den kleineren Straßen aber fehlen diese, und hier sollte man besonders bei Fahrten in der Dämmerung achtsam sein. Ein ausgewachsener Elch ist stärker als die meisten Personenwagen!

Mit der Bahn

In Dänemark macht ein dichtes Schienennetz schnelles und bequemes Reisen möglich. Zwischen Kopenhagen und den größeren dänischen Städten verkehren Intercity-Züge bzw. Schnellzüge mit nur wenigen Haltestellen. Abgelegene Naturreservate sind mit der Bahn (wie auch mit dem Bus) aber nur umständlich oder gar nicht zu erreichen. Dasselbe gilt in großen Zügen für Schweden und Norwegen. Nur ist hier das Netz dünner als in Dänemark, mit nach Norden abnehmender Tendenz. Grundsätzlich informiere man sich vorab gründlich über die Streckenführungen und Fahrpläne. Und: Vielleicht kommt ein besonders günstiger Tarif in Frage, wie etwa Gruppenrabatte.

Mit dem Flugzeug

Natürlich bestehen zwischen verschiedenen Städten in Deutschland, in Österreich und in der Schweiz und skandinavischen Städten Flugverbindungen. Für das südliche Skandinavien bietet sich ein Flug aber kaum an, weil man an Ort und Stelle ohnehin wieder auf ein Auto – sprich in diesem Fall: einen Mietwagen – angewiesen ist. Es ist wohl günstiger, gleich mit dem Auto anzureisen, zumal man dann die gesamte Camping- und Bergausrüstung usw. mitnehmen kann. Hier würden die Gepäckbestimmungen im Luftverkehr eine starke Einschränkung bedeuten.

Sonstiges

Kleidung/Ausrüstung

Wer eine »normale« Reise nach Skandinavien plant, kommt mit »normaler« Kleidung aus. Man sollte aber auch im Sommer warme Kleidung dabeihaben, dazu eine wind- und regendichte Jacke.
Wer dagegen »off the beaten track« wandern will, sollte sich vor Antritt der Reise gründlich Gedanken über Kleidung und Ausrüstung machen. Gute – und vor allem eingelaufene! – Bergstiefel sind ebenso ratsam wie die richtige Kleidung (leicht, warm, winddicht, regendicht, schnell zu trocknen). Das Zelt sollte leicht sein und dennoch kräftigen Wind aushalten können – und auf jeden Fall ein Moskitonetz vor dem Eingang haben! Der Schlafsack sollte einen noch bei Temperaturstürzen wärmen, wie sie in den Fjellgebieten im südlichen Norwegen durchaus auch im Sommer auftreten können.
Ein Hut mit angearbeitetem Moskitonetz wird derjenige klugerweise mitnehmen, der sich nicht dauernd neu mit Insektenabwehrmittel einsprühen/einschmieren will. In den großen Nationalparks ist ein Kompaß unerläßlich, mit dem man allerdings auch umgehen können muß. Und noch einmal sei gesagt, daß bei Gletscherwanderungen neben einer Sonnencreme mit hohem Lichtschutzfaktor unbedingt eine gute(!) Sonnenbrille ins Gepäck gehört, um sich gegen Schneeblindheit schützen zu können.

Unterkunft

Skandinavien – Schweden und Norwegen mehr als Dänemark – bedeutet für viele Touristen das Paradegebiet für Campingferien, ob mit dem Zelt oder mit dem Wohnanhänger bzw. Campingfahrzeug. In allen drei Ländern ist das Angebot sehr reichhaltig. Norwegen beispielsweise hat ca. 1400 Campingplätze, die in drei Kategorien eingeteilt sind (1 Stern, 2 Sterne, 3 Sterne). Fast alle bieten auch Hütten an, in denen man bequem übernachten kann. Broschüren über Campingplätze bekommt man bei den Informtionsbüros der einzelnen Länder, teilweise auch bei den Automobilclubs und an Ort und Stelle auf den Plätzen.
Darüber hinaus ist jede andere Art von Unterkunft zu bekommen, aber nicht immer dort, wo der Naturfreund gerne sein möchte. Wer also die Naturreservate Skandinaviens kennenlernen möchte, sollte sich schon vorab mit dem Gedanken vertraut machen, immer wieder campen zu müssen.

Telefon

Telefonieren kann man in **Dänemark** von öffentlichen Telefonzellen oder von Postämtern aus. Die Vorwahlen:
▷ nach Deutschland: 009 49,
▷ nach Österreich: 009 43,
▷ nach der Schweiz: 009 41.

An diesem Baum haben Braunbären ihre Krallen geschärft. Dem Wanderer droht von Bären keine Gefahr.

In **Schweden** sind Telefongespräche von öffentlichen Telefonzellen oder von den sogenannten »Telebutiken« aus möglich. Die Vorwahlen:

▷ nach Deutschland: 009 49,
▷ nach Österreich: 009 43,
▷ nach der Schweiz: 009 41.

In **Norwegen** telefoniert man von öffentlichen Telefonzellen oder von den Telegrafenämtern aus. Die Vorwahlen:

▷ nach Deutschland: 095 49,
▷ nach Österreich: 095 43,
▷ nach der Schweiz: 095 41.

In Schweden und in Norwegen sind Telefon und Post also getrennte Dinge!

Fotografie
Die eindrucksvollen Landschaften, die das südliche Skandinavien bereithält, laden zum Fotografieren förmlich ein. Wer intensiv hinschaut, wird eine Fülle lohnender Motive entdecken. Vorsichtshalber werden ein paar Filme mehr eingepackt, als man zu verbrauchen erwartet, denn mitten in der Wildnis kann man keine frischen Filme kaufen. Da man mit durchwachsenem Wetter rechnen muß, sollte man neben Filmmaterial normaler Empfindlichkeit (18 bis 21 DIN) auch solches mit hoher Empfindlichkeit dabeihaben (24 bis 27 DIN). Kleinbildfilme sind vielerorts zu bekommen, Mittelformatfilme meist nur in den größeren Städten. Kurz: Am besten nimmt man das Filmmaterial von zu Hause mit.
Das intensive UV-Licht in den Hochlagen und besonders in den Gletschergebieten erfordert vielfach ein UV- bzw. ein Skylight-Filter. In diesen Gebieten sollte man aber über die Mittagszeit ohnehin nicht fotografieren. Das Licht ist zu »steil«, die Kontraste sind zu hoch, und die Ergebnisse werden kaum befriedigen, es sei denn, man macht Nahaufnahmen von Pflanzen o. ä. Sinnvollerweise nutzt man hier die Morgen- und Nachmittagsstunden.
Sorgen mögen bisweilen die »modernen« Kameras machen, die auf Batterien angewiesen sind. Auch hier gilt: Mitten in der Wildnis kann man keine frischen Batterien kaufen. Also vorsichtshalber einen Extra-Satz Batterien mitnehmen.

Diplomatische Vertretungen
Kaum einmal wird es die Situation erforderlich machen, während einer Skandinavien-Reise die Dienste einer Botschaft in Anspruch nehmen zu müssen. Bei Schwierigkeiten kann man telefonieren, sich an die lokalen Touristenbüros oder die Automobilclubs wenden oder sogar umkehren und in relativ kurzer Zeit wieder zu Hause sein. Im Fall der Fälle kann man sich an folgende Adressen wenden:

In Dänemark:
▷ Deutsche Botschaft, Stockholmsgade 57, 2100 København O, Tel. 01 / 26 16 22
▷ Österreichische Botschaft, Gronningen 5, 1270 København K, Tel. 01 / 12 46 23
▷ Schweizerische Botschaft, Amaliegade 14, 1256 København K, Tel. 01 / 14 17 96

In Schweden:
▷ Deutsche Botschaft, Skarpögatan 9, 11527 Stockholm, Tel. 08 / 6 63 13 80
▷ Österreichische Botschaft, Kommendörsgatan 35, 11458 Stockholm, Tel. 08 / 23 34 90
▷ Schweizerische Botschaft, Birger Jarlsgatan 64, 11130 Stockholm, Tel. 08 / 23 15 50

In Norwegen:
▷ Deutsche Botschaft / Forbundsrepublikken Tysklands Ambassade, Oscarsgate 45, 0258 Oslo 2, Tel. 02 / 55 20 10
▷ Botschaft der Republik Österreich, Sophus Lies gate 2, 0264 Oslo 2, Tel. 02 / 55 23 48
▷ Botschaft der Schweiz, Bygdøy Allé 78, 0268 Oslo 2, Tel. 02 / 43 05 90

Der Trollstigveien im Isterdalen (Dovre-Romsdal-Gebiet, s. S. 216) ist die wohl eindrucksvollste Straße Norwegens bzw. Skandinaviens überhaupt. Insgesamt elf Haarnadelkurven hat der Autofahrer zu »überwinden« (Aussicht erst oben genießen!). Die Straße wurde 1936 fertiggestellt.

Anhang

Karten

Für die allgemeine, großräumige Routenplanung empfehlen sich die beiden folgenden Karten:
Straßenkarte Südskandinavien 1:1 000 000 von Kümmerly + Frey.
Große Länderkarte Skandinavien (Südnorwegen, Südschweden, Dänemark) 1:800 000 von RV.

Detaillierter ist folgendes Kartenmaterial, das sich für die »Arbeit vor Ort« empfiehlt:

Dänemark:
Euro-Regionalkarte 1:300 000 von RV.

Schweden:
»Bonniers stora Bil & Turist Atlas Sverige« (Atlas, der ganz Schweden im Maßstab 1:250 000 bzw. 1:400 000 abdeckt).
Straßenkarte 1:300 000 von Kümmerly + Frey (deckt ganz Schweden in 8 Blättern ab; den in diesem Führer beschriebenen Raum decken die Blätter 1 bis 5 ab).

Norwegen:
Karten mit touristischen Informationen 1:325 000 von Kümmerly + Frey/Cappelens Kartinstitutt (deckt ganz Norwegen in 5 Blättern ab; den in diesem Führer beschriebenen Raum decken die Blätter 1, 2 und 3 ab).

Für Fjell-Wanderungen sind gute Wanderkarten erforderlich. Man kann sie vorab besorgen, aber auch örtliche Buchhandlungen halten solches Material bereit, da die Skandinavier selbst sehr gerne wandern.

Literatur

Berg, Bengt (1928): Tookern – Der See der wilden Schwäne. Verlag Dietrich Reimer/Ernst Vohsen, Berlin.

Betz, Klaus (1984): Wanderwege in Skandinavien. Verlag F. Bruckmann, München.

Colston, Peter & Philip Burton (1989): Limicolen. BLV Verlagsgesellschaft, München.

Ekstam, Urban, Rolf Jacobson, Marcus Mattson & Tord Porsne (1984): Ölands och Gotlands växtvärld. Bokförlaget Natur och Kultur, Stockholm.

Engvik, Roger (1971): Fuglene på Runde. Sunnmørsposten, Ålesund.

Ferguson-Lees, James & Ian Willis (1987): Vögel Mitteleuropas. BLV Verlagsgesellschaft, München.

Gillsäter, Sven & Sigvard Malmberg (1983): Öland – Nattviol och näktergal. Bokförlaget Trevi, Stockholm.

Gjærevoll, Olav & Reidar Jørgensen (1974): Fjellflora. F. Bruns Bokhandels Forlag, Trondheim.

Hedgren, Stellan (1987): Värt att se i Sveriges natur. Bonnier Fakta Bokförlag, Stockholm.

Jahns, Hans Martin (1987): Farne, Moose, Flechten Mittel-, Nord- und Westeuropas. BLV Verlagsgesellschaft, München.

Karlsson, Sture och Britt (1981): Tiveden – Urskog, trollskog, nationalpark. Stenström Interpublishing, Stockholm.

Königsson, Lars-König & Ulf Svedberg (1974): Ölandsblommor. Bokförlaget torilia, Mörbylånga.

Lid, Johannes (1979): Norsk og svensk flora. Det Norske Samlaget, Oslo.

Ludwig, Herbert W. (1989): Tiere unserer Gewässer. BLV Verlagsgesellschaft, München.

Lundin, Bo (1968): Ölands orkidéer. Förlag Kvarngården, Byxelkrok.

Nyström, Hans (1986): Hornborgasjön – fågelsjö i förvandling. Liber Förlag, Stockholm.

Olsson, Olle G. & Bo Nylen (1985): Fjällflora. Rutsker Verlag, Kiel.

Peterson, Roger, Guy Mountfort & P. A. D. Hollom (1985): Die Vögel Europas. Verlag Paul Parey, Hamburg und Berlin.

Pott, Eckart (1987): Vögel am Meer. Landbuch-Verlag, Hannover.

Pott, Eckart & J. C. Roché (1989): Vogelstimmen an Strand und Küste. Franckh'sche Verlagshandlung, Stuttgart (Tonkassetten mit Begleitheft).

Ryvarden, Leif (1989): Norges Nasjonalparker. Universitetsforlaget, Oslo.

Schwedisches staatliches Amt für Umweltschutz (1984): Schwedische Nationalparks. Umschau Verlag Breidenstein, Frankfurt.

Schwirtz, Norbert & Winfried Wisniewski (1990): Schweden – Finnland: Landschaften, Tiere, Pflanzen. Landbuch-Verlag, Hannover.

Steiniger, Fritz (1966): Mit den Zugvögeln zum Polarkreis. Landbuch-Verlag, Hannover.

Steiniger, Fritz (1972): Reise nach Runde. Kilda-Verlag, Greven.

Svensson, Lars (1979): Fågellokaler i Sverige. Albert Bonniers förlag, Stockholm.

Wörterbuch
deutscher Name / wissenschaftlicher Name

Pflanzen
(einschließlich Algen, Pilzen und Flechten)

Adlerfarn / Pteridium aquilinum
Ährenlilie = Beinbrech / Narthecium ossifragum
Ähriger Ehrenpreis / Veronica spicata
Ästiger Igelkolben / Sparganium erectum = Sparganium ramosum
Akelei, Gewöhnliche / Aquilegia vulgaris
Alpenazalee = Alpenheide = Gemsheide / Loiseleuria procumbens
Alpenbärentraube / Arctostaphylos alpinus
Alpenfrauenmantel / Alchemilla alpina
Alpenheide = Alpenazalee = Gemsheide / Loiseleuria procumbens
Alpen-Milchlattich / Cicerbita alpina
Alpenpechnelke / Viscaria alpina = Lychnis alpina
Ampfer, Großer / Rumex acetosa
Apfel, Wilder = Holzapfel / Malus sylvestris
Arktischer Mohn / Papaver radicatum
Aronstab / Arum maculatum
Aster, Sibirische / Aster sibiricus
Astlose Graslilie / Anthericum liliago

Bachnelkenwurz / Geum rivale
Bärenlauch / Allium ursinum
Bärentraube (Alpen-) / Arctostaphylos alpinus
Bärtige Glockenblume / Campanula barbata
Bartflechte / Usnea spec.
Bastardschwertlilie / Iris spuria
Beifuß, Norwegischer / Artemisia norvegica
Beifuß, Öländischer / Artemisia laciniata
Beinbrech = Ährenlilie / Narthecium ossifragum
Bergahorn / Acer pseudoplatanus
Bergblasenfarn / Cystopteris montana
Bergehrenpreis / Veronica montana
Bergkiefer / Pinus mugo
Bergkuckucksblume / Platanthera chlorantha
Bergulme / Ulmus glabra
Besenheide = Heidekraut / Calluna vulgaris
Blaubeere = Heidelbeere / Vaccinium myrtillus
Blaufichte / Picea pungens
Blauheide / Phyllodoce coerulea
Blutroter Storchschnabel / Geranium sanguineum
Brandknabenkraut / Orchis ustulata
Braunspitziges Läusekraut / Pedicularis oederi
Braunwurz, Knotige / Scrophularia nodosa
Breitblättriges Knabenkraut / Dactylorhiza majalis
Buschwindröschen / Anemone nemorosa

Cassiope, Moosähnliche / Cassiope hypnoides

Darmtang / Enteromorpha spec.
Drachenwurz / Calla palustris
Dreilappiges Leberblümchen / Anemone hepatica = Hepatica nobilis
Duftlose Kamille / Matricaria inodora

Eberesche / Sorbus aucuparia
Echter Eichenfarn / Gymnocarpium dryopteris
Echtes Mädesüß / Filipendula ulmaria
Echte Sumpfwurz / Epipactis palustris
Efeu, Gewöhnlicher / Hedera helix
Ehrenpreis, Ähriger / Veronica spicata
Eibe / Taxus baccata
Eichenfarn, Echter / Gymnocarpium dryopteris
Einseitiges Wintergrün / Orthilia secunda
Eisenhut, Nördlicher / Aconitum septentrionale
Elsbeere / Sorbus torminalis
Erdglöckchen = Moosglöckchen / Linnaea borealis
Esche, Gewöhnliche / Fraxinus excelsior
Espe = Zitterpappel / Populus tremula
Europäische Lärche / Larix decidua
Europäische Trollblume / Trollius europaeus

Färberwaid / Isatis tinctoria
Federgras / Stipa spec.
Feldenzian / Gentianella campestris
Feldthymian / Thymus serpyllum
Felsenfetthenne / Sedum reflexum
Felsenlabkraut = Harzer Labkraut / Galium hercynicum
Fetthenne, Weiße / Sedum album
Fettkraut, Gewöhnliches / Pinguicula vulgaris
Feuerlilie / Lilium bulbiferum
Fieberklee / Menyanthes trifoliata
Fichte / Picea abies
Flachs / Linum usitatissimum
Flechtsimse = Sumpfbinse / Scirpus lacustris = Schoenoplectus lacustris
Fleischfarbenes Knabenkraut / Dactylorhiza incarnata
Frauenschuh / Cypripedium calceolus
Froschbiß / Hydrocharis morsus-ranae
Froschlöffel, Gewöhnlicher / Alisma plantago-aquatica
Frühlingsküchenschelle / Pulsatilla vernalis
Frühlingsplatterbse / Lathyrus vernus

Geflecktes Knabenkraut / Dactylorhiza maculata
Gegenblättriger Steinbrech = Roter Steinbrech / Saxifraga oppositifolia
Gelbe Schwertlilie = Sumpfschwertlilie / Iris pseudacorus
Gelbe Spargelbohne / Tetragonolobus maritimus
Gelbes Windröschen / Anemone ranunculoides
Gelbe Teichrose / Nuphar lutea
Gelbstern, Gewöhnlicher / Gagea lutea
Gemsheide = Alpenazalee = Alpenheide / Loiseleuria procumbens
Geschlängelte Schmiele / Deschampsia flexuosa
Gewimperter Steinbrech / Saxifraga aizoides
Gewöhnliche Akelei / Aquilegia vulgaris
Gewöhnliche Esche / Fraxinus excelsior
Gewöhnliche Grasnelke / Armeria maritima
Gewöhnliche Küchenschelle / Pulsatilla vulgaris
Gewöhnliche Kugelblume / Globularia elongata
Gewöhnlicher Efeu / Hedera helix
Gewöhnlicher Froschlöffel / Alisma plantago-aquatica
Gewöhnlicher Gelbstern / Gagea lutea
Gewöhnlicher Gilbweiderich / Lysimachia vulgaris
Gewöhnlicher Hornklee / Lotus corniculatus
Gewöhnlicher Schneeball / Viburnum lantana
Gewöhnlicher Seidelbast / Daphne mezereum
Gewöhnlicher Strandhafer / Ammophila arenaria
Gewöhnlicher Tüpfelfarn / Polypodium vulgare
Gewöhnliche Schafgarbe / Achillea millefolium
Gewöhnliches Fettkraut / Pinguicula vulgaris
Gewöhnliche Zwergmispel / Cotoneaster integerrima
Gilbweiderich, Gewöhnlicher / Lysimachia vulgaris
Glänzender Storchschnabel / Geranium lucidum
Gletscherhahnenfuß / Ranunculus glacialis
Glockenblume, Bärtige / Campanula barbata
Glockenblume, Rundblättrige / Campanula rotundifolia
Glockenheide / Erica tetralix
Goldnessel / Lamium galeobdolon
Goldrute / Solidago virgaurea
Graslilie, Astlose / Anthericum liliago
Grasnelke, Gewöhnliche / Armeria maritima
Großer Ampfer / Rumex acetosa
Große Sternmiere / Stellaria holostea
Großes Zweiblatt / Listera ovata
Grünerle / Alnus viridis

Hängebirke = Warzenbirke / Betula pendula = Betula verrucosa
Hahnenfuß, Kriechender / Ranunculus repens
Hahnenfuß, Platanenblättriger / Ranunculus platanifolius
Hahnenfuß, Scharfer / Ranunculus acris
Hainbuche / Carpinus betulus
Hartriegel, Schwedischer / Cornus suecica
Harzer Labkraut = Felsenlabkraut / Galium hercynicum
Hasel / Corylus avellana
Heckenrose / Rosa dumetorum
Heidegagelstrauch / Myrica gale = Gale palustris
Heidekraut = Besenheide / Calluna vulgaris

Heidelbeere = Blaubeere / Vaccinium myrtillus
Heidewacholder / Juniperus communis
Hemlocktanne / Tsuga canadensis
Herbst-Wendelähre / Spiranthes spiralis
Hohe Schlüsselblume / Primula elatior
Hohler Lerchensporn / Corydalis bulbosa = Corydalis cava
Hohlzunge / Coeloglossum viride
Holunderknabenkraut / Dactylorhiza sambucina
Holzapfel = Wilder Apfel / Malus sylvestris
Hornklee, Gewöhnlicher / Lotus corniculatus

Igelkolben, Ästiger / Sparganium erectum = Sparganium ramosum
Isländisch Moos / Cetraria islandica

Kalisalzkraut / Salsola kali
Kamille, Duftlose / Matricaria inodora
Karlszepter / Pedicularis sceptrum-carolinum
Kleine Simsenlilie / Tofieldia pusilla
Kleines Knabenkraut / Orchis morio
Kleines Zweiblatt / Listera cordata
Kleine Teichrose / Nuphar pumila
Kleinfrüchtige Moosbeere / Vaccinium oxycoccus
Knabenkraut, Breitblättriges / Dactylorhiza majalis
Knabenkraut, Fleischfarbenes / Dactylorhiza incarnata
Knabenkraut, Geflecktes / Dactylorhiza maculata
Knabenkraut, Kleines / Orchis morio
Knabenkraut, Traunsteiners / Dactylorhiza traunsteineri
Knöllchenknöterich = Lebendgebärender Knöterich / Polygonum viviparum
Knöterich, Lebendgebärender = Knöllchenknöterich / Polygonum viviparum
Knolliges Rispengras / Poa bulbosa
Knotentang / Ascophyllum nodosum
Knotige Braunwurz / Scrophularia nodosa
Krähenbeere, Schwarze / Empetrum nigrum
Kratzdistel, Verschiedenblättrige / Cirsium heterophyllum
Kriechender Hahnenfuß / Ranunculus repens
Kriechendes Netzblatt / Goodyera repens
Kuckucksblume, Zweiblättrige / Platanthera bifolia
Küchenschelle, Gewöhnliche / Pulsatilla vulgaris
Kugelblume, Gewöhnliche / Globularia elongata
Kugelige Platterbse / Lathyrus sphaericus

Labkraut, Harzer = Felsenlabkraut / Galium hercynicum
Labkraut, Niederes / Galium pumilum
Lärche, Europäische / Larix decidua
Läusekraut, Braunspitziges / Pedicularis oederi
Laichkraut, Schwimmendes / Potamogeton natans
Landkartenflechte / Rhizocarpon spec.
Lebendgebärender Knöterich = Knöllchenknöterich / Polygonum viviparum
Leberblümchen, Dreilappiges / Anemone hepatica = Hepatica nobilis
Leimkraut, Stengelloses / Silene acaulis
Lerchensporn, Hohler / Corydalis bulbosa = Corydalis cava
Lichtnelke, Rote / Melandrium rubrum
Lobelie / Lobelia dortmanna
Lungenenzian / Gentiana pneumonanthe

Mädesüß, Echtes / Filipendula ulmaria
Maiglöckchen / Convallaria majalis
Mauer-Felsenblümchen / Draba muralis
Mauerlattich / Mycelis muralis
Mauerpfeffer, Scharfer / Sedum acre
Meerkohl, Weißer / Crambe maritima
Meersalat / Ulva lactuca
Mehlprimel / Primula farinosa
Mertensie / Mertensia maritima
Mohn, Arktischer / Papaver radicatum
Moltebeere / Rubus chamaemorus
Moorbeere = Rauschbeere / Vaccinium uliginosum
Moorbirke / Betula pubescens
Moorsteinbrech / Saxifraga hirculus
Moos, Isländisch / Cetraria islandica
Moosähnliche Cassiope / Cassiope hypnoides
Moosbeere, Kleinfrüchtige / Vaccinium oxycoccus
Moosglöckchen = Erdglöckchen / Linnaea borealis
Mückenhändelwurz / Gymnadenia conopea

Natternkopf / Echium vulgare
Nestwurz / Neottia nidus-avis
Netzblatt, Kriechendes / Goodyera repens
Netzweide / Salix reticulata
Nickendes Perlgras / Melica nutans
Niederes Labkraut / Galium pumilum
Nördlicher Eisenhut / Aconitum septentrionale
Nordmannstanne / Abies nordmanniana
Norwegischer Beifuß / Artemisia norvegica

Öländischer Beifuß / Artemisia laciniata
Öländisches Sonnenröschen / Helianthemum oelandicum

Perlgras, Nickendes / Melica nutans
Platanenblättriger Hahnenfuß / Ranunculus platanifolius
Platterbse, Kugelige / Lathyrus sphaericus
Preiselbeere / Vaccinium vitis-idaea
Purpurenzian / Gentiana purpurea

Quirlblättrige Weißwurz / Polygonatum verticillatum

Rauschbeere = Moorbeere / Vaccinium uliginosum
Rentierflechte / Cladonia stellaris
Riesenlebensbaum / Thuja plicata
Rispengras, Knolliges / Poa bulbosa
Rohrkolben / Typha latifolia
Rosenwurz / Sedum rosea = Rhodiola rosea
Rosmarinheide / Andromeda polifolia
Rotbuche / Fagus sylvatica
Roteiche / Quercus rubra
Rote Lichtnelke / Melandrium rubrum
Roter Steinbrech = Gegenblättriger Steinbrech / Saxifraga oppositifolia
Rotklee / Trifolium pratense
Rundblättrige Glockenblume / Campanula rotundifolia
Rundblättriger Sonnentau / Drosera rotundifolia

Säuerling / Oxyria digyna
Schafgarbe, Gewöhnliche / Achillea millefolium
Scharbockskraut / Ranunculus ficaria = Ficaria verna
Scharfer Hahnenfuß / Ranunculus acris
Scharfer Mauerpfeffer / Sedum acre
Schattenblume, Zweiblättrige / Maianthemum bifolium
Scheidenwollgras / Eriophorum vaginatum
Schilf / Phragmites communis
Schlangenbärlapp / Lycopodium annotinum
Schlehdorn / Prunus spinosa
Schlüsselblume, Hohe / Primula elatior
Schmalblättriges Weidenröschen = Waldweidenröschen / Epilobium angustifolium = Chamaenerion angustifolium
Schmiele, Geschlängelte / Deschampsia flexuosa
Schnabelried, Weißes / Rhynchospora alba
Schneeball, Gewöhnlicher / Viburnum lantana
Schneeflechte / Cetraria nivalis
Schuppenwurz / Lathraea squamaria
Schwalbenwurz / Cynanchum vincetoxicum
Schwanenblume / Butomus umbellatus
Schwarze Krähenbeere / Empetrum nigrum
Schwarze Zwergmispel / Cotoneaster melanocarpa
Schwarzkiefer / Pinus nigra
Schwedischer Hartriegel / Cornus suecica
Schwertlilie, Gelbe = Sumpfschwertlilie / Iris pseudacorus
Schwimmendes Laichkraut / Potamogeton natans
Seerose, Weiße / Nymphaea alba
Seidelbast, Gewöhnlicher / Daphne mezereum
Sibirische Aster / Aster sibiricus
Silberwurz / Dryas octopetala
Simsenlilie, Kleine / Tofieldia pusilla
Sitkafichte / Picea sitchensis
Sonnenröschen, Öländisches / Helianthemum oelandicum
Sonnentau, Rundblättriger / Drosera rotundifolia
Spargelbohne, Gelbe / Tetragonolobus maritimus
Spitzahorn / Acer platanoides
Springschaumkraut / Cardamine impatiens

Steinbrech, Gegenblättriger = Roter Steinbrech / Saxifraga oppositifolia
Steinbrech, Gewimperter / Saxifraga aizoides
Steinbrech, Roter = Gegenblättriger Steinbrech / Saxifraga oppositifolia
Steinpilz / Boletus edulis
Stengelloses Leimkraut / Silene acaulis
Sternmiere, Große / Stellaria holostea
Sternsteinbrech / Saxifraga stellaris
Stieleiche / Quercus robur
Storchschnabel, Blutroter / Geranium sanguineum
Storchschnabel, Glänzender / Geranium lucidum
Strandaster / Aster tripolium
Strandbeifuß / Artemisia maritima
Stranddistel / Eryngium maritimum
Strandhafer, Gewöhnlicher / Ammophila arenaria
Strandplatterbse / Lathyrus maritimus
Strandroggen / Elymus arenarius
Strandsalzmiere / Honckenya peploides
Strandsode / Suaeda maritima
Strauchfingerkraut / Potentilla fruticosa
Strauß-Gilbweiderich / Lysimachia thyrsiflora
Sumpfbärlapp / Lycopodiella inundata
Sumpfbinse = Flechtsimse / Scirpus lacustris = Schoenoplectus lacustris
Sumpfblutauge / Comarum palustre
Sumpfbrachsenkraut / Isoëtes lacustre
Sumpfdotterblume / Caltha palustris
Sumpfporst / Ledum palustre
Sumpfschwertlilie = Gelbe Schwertlilie / Iris pseudacorus
Sumpfveilchen / Viola palustris
Sumpfwurz, Echte / Epipactis palustris

Teichrose, Gelbe / Nuphar lutea
Teichrose, Kleine / Nuphar pumila
Torfmoos / Sphagnum spec.
Traubeneiche / Quercus petraea
Traubenkirsche / Prunus padus
Traunsteiners Knabenkraut / Dactylorhiza traunsteineri
Trollblume, Europäische / Trollius europaeus
Tüpfelfarn, Gewöhnlicher / Polypodium vulgare
Türkenbundlilie / Lilium martagon

Verschiedenblättrige Kratzdistel / Cirsium heterophyllum
Vielblütige Weißwurz / Polygonatum multiflorum
Vogelkirsche / Prunus avium

Wacholder (Heide-) / Juniperus communis
Waldbingelkraut / Mercurialis perennis
Walderdbeere / Fragaria vesca
Waldgeißblatt = Waldheckenkirsche / Lonicera periclymenum
Waldheckenkirsche = Waldgeißblatt / Lonicera periclymenum
Waldkiefer / Pinus sylvestris
Waldsauerklee / Oxalis acetosella
Waldschwingel / Festuca altissima
Waldstorchschnabel / Geranium sylvaticum
Waldveilchen / Viola reichenbachiana
Waldweidenröschen = Schmalblättriges Weidenröschen / Epilobium angustifolium = Chamaenerion angustifolium
Waldziest / Stachys silvatica
Warzenbirke = Hängebirke / Betula pendula = Betula verrucosa
Weidenröschen, Schmalblättriges = Waldweidenröschen / Epilobium angustifolium = Chamaenerion angustifolium
Weißdorn / Crataegus spec.
Weiße Fetthenne / Sedum album
Weißer Meerkohl / Crambe maritima
Weiße Seerose / Nymphaea alba
Weißes Schnabelried / Rhynchospora alba
Weißklee / Trifolium repens
Weißtanne / Abies alba
Weißwurz, Quirlblättrige / Polygonatum verticillatum
Weißwurz, Vielblütige / Polygonatum multiflorum
Widerbart / Epipogium aphyllum
Widerstoß / Limonium vulgare
Wiesenküchenschelle / Pulsatilla pratensis
Wiesenschaumkraut / Cardamine pratensis
Wiesenschlüsselblume / Primula veris
Wilder Apfel = Holzapfel / Malus sylvestris
Windröschen, Gelbes / Anemone ranunculoides
Wintergrün, Einseitiges / Orthilia secunda
Winterlinde / Tilia cordata
Wolfsflechte / Letharia vulpina
Wollgras / Eriophorum spec.
Wurmfarn / Dryopteris filix-mas

Zitterpappel = Espe / Populus tremula
Zweiblättrige Kuckucksblume / Platanthera bifolia
Zweiblättrige Schattenblume / Maianthemum bifolium
Zweiblatt, Großes/Listera ovata
Zweiblatt, Kleines / Listera cordata
Zwiebel-Zahnwurz / Dentaria bulbifera
Zwergbirke / Betula nana
Zwergmispel, Gewöhnliche / Cotoneaster integerrima
Zwergmispel, Schwarze / Cotoneaster melanocarpa

Wirbellose

Birkenspanner / Biston betularia
Eichenbock, Großer / Cerambyx cerdo
Gelbrandkäfer / Dytiscus marginalis
Gewöhnliche Strandschnecke / Littorina littorea
Großer Eichenbock / Cerambyx cerdo
Hirschkäfer / Lucanus cervus
Linienbock (Weiden-) / Oberea oculata
Napfschnecke / Patella spec.
Pferdeaktinie = Purpurrose / Actinia equina
Plattbauch / Libellula depressa
Purpurrose = Pferdeaktinie / Actinia equina
Seepocke / Balanaus spec. und Chthalmus spec.
Strandschnecke, Gewöhnliche / Littorina littorea
Teichmuschel / Anodonta cygnea
Wellhornschnecke / Buccinum undatum

Fische, Amphibien, Reptilien

Aal / Anguilla anguilla
Forelle / Salmo trutta
Gründling / Gobio gobio
Hasel / Leuciscus leuciscus
Hecht / Esox lucius
Hering / Clupea harengus
Katzenhai, Kleingefleckter / Scyliorhinus caniculus
Kleingefleckter Katzenhai / Scyliorhinus caniculus
Kreuzkröte / Bufo calamita
Kreuzotter / Vipera berus
Lachs / Salmo salar
Laubfrosch / Hyla arborea
Moorfrosch / Rana arvalis
Ringelnatter / Natrix natrix
Schlingnatter / Coronella austriaca
Seefrosch / Rana ridibunda
Springfrosch / Rana dalmatina
Wandersaibling / Salvelinus alpinus
Zauneidechse / Lacerta agilis

Vögel

Alpenschneehuhn / Lagopus mutus
Alpenstrandläufer / Calidris alpina
Amsel / Turdus merula
Auerhuhn / Tetrao urogallus
Austernfischer / Haematopus ostralegus
Bachstelze / Motacilla alba
Bartmeise / Panurus biarmicus

Baßtölpel / Sula bassana (= Morus bassanus)
Baumfalke / Falco subbuteo
Baumpieper / Anthus trivialis
Bekassine / Gallinago gallinago
Bergente / Aythya marila
Bergfink / Fringilla montifringilla
Berghänfling / Acanthis flavirostris
Beutelmeise / Remiz pendulinus
Bienenfresser / Merops apiaster
Birkhuhn / Lyrurus tetrix
Bläßhuhn / Fulica atra
Blaukehlchen, Rotsterniges / Luscinia svecica
Blaumeise / Parus caeruleus
Brachpieper / Anthus campestris
Brachvogel, Großer / Numenius arquata
Brandente = Brandgans / Tadorna tadorna
Brandgans = Brandente / Tadorna tadorna
Brandseeschwalbe / Sterna sandvicensis
Bruchwasserläufer / Tringa glareola
Buchfink / Fringilla coelebs
Buntspecht / Dendrocopos major

Dohle / Corvus monedula
Doppelschnepfe / Gallinago media
Dorngrasmücke / Sylvia communis
Dreizehenmöwe / Rissa tridactyla
Dreizehenspecht / Picoides tridactylus
Drosselrohrsänger / Acrocephalus arundinaceus
Dunkler Wasserläufer / Tringa erythropus

Eichelhäher / Garrulus glandarius
Eiderente / Somateria mollissima
Eisente / Clangula hyemalis
Eissturmvogel / Fulmarus glacialis

Falkenraubmöwe = Kleine Raubmöwe / Stercorarius longicaudus
Fasan / Phasianus colchicus
Feldlerche / Alauda arvensis
Fischadler / Pandion haliaetus
Fitis / Phylloscopus trochilus
Flußseeschwalbe / Sterna hirundo
Flußuferläufer / Actitis hypoleucos = Tringa hypoleucos

Gänsesäger / Mergus merganser
Gartengrasmücke / Sylvia borin
Gartenrotschwanz / Phoenicurus phoenicurus
Gebirgstelze / Motacilla cinerea
Gerfalke / Falco rusticolus
Goldregenpfeifer / Pluvialis apricaria
Graugans / Anser anser
Graureiher / Ardea cinerea
Große Raubmöwe = Skua / Stercorarius skua
Großer Brachvogel / Numenius arquata
Große Rohrdommel = Rohrdommel / Botaurus stellaris
Grünschenkel / Tringa nebularia
Grünspecht / Picus viridis
Gryllteiste / Cepphus grylle

Habicht / Accipiter gentilis
Halsbandschnäpper / Ficedula albicollis
Haselhuhn / Tetrastes bonasia
Haubenmeise / Parus cristatus
Haubentaucher / Podiceps cristatus
Heckenbraunelle / Prunella modularis
Heidelerche / Lullula arborea
Heringsmöwe / Larus fuscus
Höckerschwan / Cygnus olor
Hohltaube / Columba oenas

Kampfläufer / Philomachus pugnax
Kanadagans / Branta candensis
Karmingimpel / Carpodacus erythrinus
Kernbeißer / Coccothraustes coccothraustes
Kiebitz / Vanellus vanellus
Kleiber / Sitta europaea
Kleine Raubmöwe = Falkenraubmöwe / Stercorarius longicaudus
Kleinspecht / Dendrocopos minor
Knäkente / Anas querquedula
Knutt / Calidris canutus
Kohlmeise / Parus major
Kolkrabe / Corvus corax
Kormoran / Phalacrocorax carbo
Kornweihe / Circus cyaneus
Krähenscharbe / Phalacrocorax aristotelis
Kranich / Grus grus
Krickente / Anas crecca
Kuckuck / Cuculus canorus
Küstenseeschwalbe / Sterna paradisaea
Kurzschnabelgans / Anser brachyrhynchus

Lachmöwe / Larus ridibundus
Laubsänger, Nordischer / Phylloscopus borealis
Löffelente / Anas clypeata

Mantelmöwe / Larus marinus
Mäusebussard / Buteo buteo
Merlin / Falco columbarius
Mittelsäger / Mergus serrator
Mönchsgrasmücke / Sylvia atricapilla
Moorschneehuhn / Lagopus lagopus
Mornellregenpfeifer / Eudromias morinellus

Nachtschwalbe = Ziegenmelker / Caprimulgus europaeus
Nebelkrähe / Corvus corone
Neuntöter / Lanius collurio
Nonnengans = Weißwangengans / Branta leucopsis
Nordischer Laubsänger / Phylloscopus borealis

Odinshühnchen = Odinswassertreter / Phalaropus lobatus
Odinswassertreter = Odinshühnchen / Phalaropus lobatus
Ohrenlerche / Eremophila alpestris
Ohrentaucher / Podiceps auritus

Papageitaucher / Fratercula arctica
Pfeifente / Anas penelope
Pfuhlschnepfe / Limosa lapponica
Pirol / Oriolus oriolus
Prachttaucher / Gavia arctica

Raubmöwe, Große = Skua / Stercorarius skua
Raubseeschwalbe / Hydroprogne caspia
Raubwürger / Lanius excubitor
Rauhfußbussard / Buteo lagopus
Rauhfußkauz / Aegolius funereus
Regenbrachvogel / Numenius phaeopus
Reiherente / Aythya fuligula
Ringamsel = Ringdrossel / Turdus torquatus
Ringdrossel = Ringamsel / Turdus torquatus
Ringelgans / Branta bernicla
Ringeltaube / Columba palumbus
Rohrammer / Emberiza schoeniclus
Rohrdommel = Große Rohrdommel / Botaurus stellaris
Rohrweihe / Circus aeruginosus
Rotdrossel / Turdus iliacus
Rotfußfalke / Falco vespertinus
Rothalstaucher / Podiceps grisegena
Rotkehlchen / Erithacus rubecula
Rotmilan / Milvus milvus
Rotschenkel / Tringa totanus
Rotsterniges Blaukehlchen / Luscinia svecica

Saatgans / Anser fabalis
Saatkrähe / Corvus frugilegus
Säbelschnäbler / Recurvirostra avosetta
Samtente / Melanitta fusca
Sandregenpfeifer / Charadrius hiaticula
Schafstelze / Motacilla flava
Schellente / Bucephala clangula
Schmarotzerraubmöwe / Stercorarius parasiticus
Schneeammer / Plectrophenax nivalis
Schnee-Eule / Nyctea scandiaca
Schwarzhalstaucher / Podiceps nigricollis
Schwarzspecht / Dryocopus martius
Seeadler / Haliaeetus albicilla

Seeregenpfeifer / Charadrius alexandrinus
Silbermöwe / Larus argentatus
Singdrossel / Turdus philomelos
Singschwan / Cygnus cygnus
Skua = Große Raubmöwe / Stercorarius skua
Sperbergrasmücke / Sylvia nisoria
Spießente / Anas acuta
Spornammer / Calcarius lapponicus
Sprosser / Luscinia luscinia
Star / Sturnus vulgaris
Steinadler / Aquila chrysaetos
Steinschmätzer / Oenanthe oenanthe
Steinwälzer / Arenaria interpres
Sterntaucher / Gavia stellata
Stockente / Anas platyrhynchos
Strandpieper = Wasserpieper / Anthus spinoletta
Sturmmöwe / Larus canus
Sturmschwalbe / Hydrobates pelagicus
Sumpfmeise / Parus palustris
Sumpfohreule / Asio flammeus

Tafelente / Aythya ferina
Tannenhäher / Nucifraga caryocatactes
Tannenmeise / Parus ater
Teichhuhn / Gallinula chloropus
Teichrohrsänger / Acrocephalus scirpaceus
Tordalk / Alca torda
Trauerente / Melanitta nigra
Trauerschnäpper / Ficedula hypoleuca
Trauerseeschwalbe / Chlidonias niger
Trottellumme / Uria aalge
Tüpfelsumpfhuhn / Porzana porzana
Turmfalke / Falco tinnunculus

Uferschnepfe / Limosa limosa
Uferschwalbe / Riparia riparia
Uhu / Bubu bubo
Unglückshäher / Perisoreus infaustus

Wacholderdrossel / Turdus pilaris
Wachtelkönig / Crex crex
Waldbaumläufer / Certhia familiaris
Waldkauz / Strix aluco
Waldlaubsänger / Phylloscopus sibilatrix
Waldwasserläufer / Tringa ochropus
Wanderfalke / Falco peregrinus
Wasseramsel / Cinclus cinclus
Wasserläufer, Dunkler / Tringa erythropus
Wasserpieper = Strandpieper / Anthus spinoletta
Wasserralle / Rallus aquaticus
Weidenmeise / Parus montanus
Weißrückenspecht / Dendrocopos leucotos
Weißwangengans = Nonnengans / Branta leucopsis
Wespenbussard / Pernis apivorus
Wiesenpieper / Anthus pratensis
Wintergoldhähnchen / Regulus regulus

Ziegenmelker = Nachtschwalbe / Caprimulgus europaeus
Zwerggans / Anser erythropus
Zwergmöwe / Larus minutus
Zwergsäger / Mergellus albellus
Zwergschnäpper / Ficedula parva
Zwergschwan / Cygnus bewickii
Zwergseeschwalbe / Sterna albifrons
Zwergstrandläufer / Calidris minuta
Zwergtaucher / Tachybaptus ruficollis

Säugetiere

Amerikanischer Nerz = Mink / Mustela vison

Baummarder / Martes martes
Biber / Castor fiber
Braunbär / Ursus arctos

Dachs / Meles meles
Damhirsch / Dama dama

Eichhörnchen / Sciurus vulgaris
Eisfuchs = Polarfuchs / Alopex lagopus
Elch / Alces alces

Feldhase / Lepus capensis
Fischotter / Lutra lutra
Fjordpferd / Equus przewalskii f. caballus

Haselmaus / Muscardinus avellanarius
Hermelin / Mustela erminea

Kegelrobbe / Halichoerus grypus

Lemming / Lemmus lemmus
Luchs / Felis lynx

Mink = Amerikanischer Nerz / Mustela vison
Moschusochse / Ovibos moschatus

Nerz, Amerikanischer = Mink / Mustela vison

Polarfuchs = Eisfuchs / Alopex lagopus
Przewalskipferd / Equus przewalskii f. caballus

Reh / Capreolus capreolus
Rentier / Rangifer tarandus
Rotfuchs / Vulpes vulpes
Rothirsch / Cervus elaphus

Schneehase / Lepus timidus
Seehund / Phoca vitulina

Wolf / Canis lupus
Wildkaninchen / Oryctolagus cuniculus

Vielfraß / Gulo gulo

Register

Fett gesetzte Seitenzahlen verweisen auf Fotos, schräg gesetzte auf Essays (im Text blau unterlegt).

Pflanzen- und Tiernamen

Ortsnamen, Sachbegriffe und Personen

Seitenzahlen mit dem Zusatz »ff.« bezeichnen den Beginn der Besprechung eines Hauptreiseziels.

Bildnachweis

R. Behlert: 36/37, 38 u., 40 o., 40 M., 41 o., 42, 44 o., 45 o., 126 o. l.
G. Bethge: 65 o., 68 M., 68 u., 102 o. l., 102 u., 103 o. r., 122, 137, 145 u., 168, 177 o. l.
J. Diedrich: 45 u., 56 o. l., 76 u., 97 u., 118 l., 153 u. r., 170 M., 170 u.
W. Eisenreich: 52 o. r.
H. Hautala: 139 o. l., 145 o., 170 o.
P. Hermansen: 134 u., 136 o., 144 u., 153 u. l., 193, 196 o., 217
R. König: 65 u.
W. Küpker: 1, 2/3, 11, 17, 20, 22, 23, 25 o., 25 u., 26 o., 27 o., 29, 34 u., 57 M. r., 62, 80 o, 82, 85, 107 o., 127 l., 127 r., 132, 133, 136 u., 141, 142, 144 o., 146 o., 148, 149, 152 o., 152 u. l., 153 o., 155 l., 155 r., 156, 157, 160 o., 160 u., 162, 163 u., 166 o. l., 166/167, 167 u., 169, 171, 172, 174, 175 u., 177 u., 178, 182 o., 183 o., 185 u., 186 o., 187, 190 u., 190/191, 196 u., 197 o., 197 u., 200 o., 202 l., 204, 205, 214, 215, 218, 223, 225
A. Lang: 124 l.
W. Layer: 119 u. r., 143
A. Limbrunner: 44 u., 51, 54, 65 M., 79 o. r., 79 u. l., 93 o., 102/103, 119 o., 119 u. l., 121 u., 145 M., 167 o., 175 o., 200 M.
E. Pott: 16, 18, 19 l., 19 r., 24, 26 u., 27 u. l., 27 u. r., 28, 32 o. l., 32 o. r., 33 M., 33 u., 38 o., 39, 40 u., 46 l., 46 r., 47, 48 o. l., 48 o. r., 48 u., 49 o. r., 49 u., 50 l., 50 r., 52 o. l., 52 u., 53, 56 o. r., 57 o. l., 57 o. r., 58 o., 58 u., 59, 60/61, 63 o. l., 63 o. r., 63 u., 64 o., 64 u., 66, 67, 68 o., 69 o., 69 u., 71 o., 71 u., 72/73, 74 o., 74 u., 76 o., 77 o., 77 u., 78, 79 o. l., 79 u. r., 80 u., 81, 83 o., 83 u., 84, 88 o., 90 M., 90 u., 91 o., 91 M., 91 u., 93 u., 94, 95 u., 96 l., 96 r., 97 o., 99, 101, 103 u., 104 o., 104 u., 105, 106 o., 106 u., 107 u., 110 o., 110 u., 111, 112 o., 112 u., 114/115 (alle), 116 o., 116 M., 116 u., 120, 121 o., 121 M., 123, 124 o. r., 124 u., 126, 129 M., 129 u., 134 o., 139 o. r., 139 u., 140 o. l., 140 u., 147, 150 o., 150 M., 150 u., 161, 163 o., 166 M., 166 u., 175 M., 177 M., 179, 180 u., 182 M., 182 u., 185 o., 186 u., 190 o., 190 M., 191 o., 191 M., 191 u., 198 l., 198 r., 202 r., 203 l., 203 r., 208, 210, 211 u., 213, 222
G. Quedens: 49 o. l.
H. Reinhard: 56 M. l., 146 u.
D. Singer: 55, 56/57, 88 u., 90 o., 131
H.-J. Vermehren: 30/31, 33 o., 34 o.
J. Weber: 93 M., 95 o., 152 u. r., 211 o.
K. Wernicke: 76 M., 86/87, 106 M.
W. Wisniewski: 41 u., 98, 118 r., 126 o. r., 129 o., 139 o. r., 177 o. r., 180 o., 183 u., 200 u., 201
H. Wöhler: 83 M.